Das große Familien-bastelbuch

Deko- und Bastelideen für jede Gelegenheit
Viele Ideen für Kinder

Weltbild

WILLKOMMEN BEI
UNS ZU HAUSE

50 Jahre frechverlag – 50 Jahre Basteln

Die Wiege des Bastelns

Die Geschichte des Bastelns kann nicht ohne den frechverlag geschrieben werden. Und die Geschichte des frechverlags kann nicht ohne den Verlagsgründer Eugen Krauss geschrieben werden. Dieser wurde 1950 Geschäftsführer der Druckerei Michael Frech, die ab 1955 auch als Verlag firmierte. Das erste Verlagsprodukt hatte allerdings nichts mit Basteln zu tun, es war das Buch ‚Weltfahrt mit Motorrad und Kamera'.

Das erste Buch des frechverlags

Die 50er Jahre: Modellbau und Elektronik

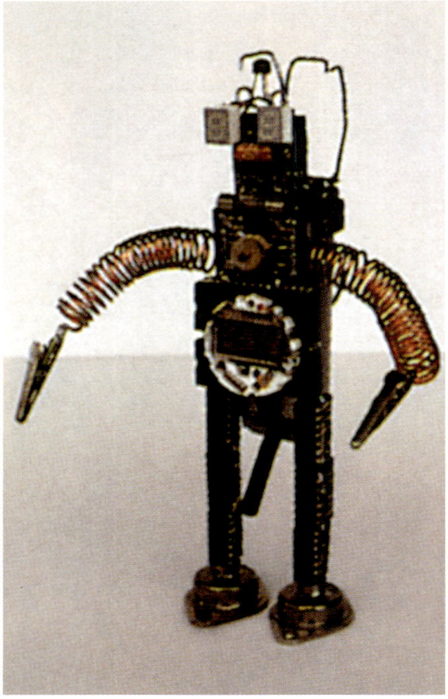

In den folgenden Jahren bestimmten jedoch nicht Reiseberichte das Verlagsprogramm: In den fortschrittsbegeisterten Wirtschaftswunderjahren stieß man dafür bei Männern auf großes Interesse für Modellbau und Elektronik. Das Bauen von Modellflugzeugen und -booten blieb bis in die 80er Jahre ein wichtiges Verlagssegment. Mit Büchern wie ‚Minispione und Microspione' spielten Tüftler James Bond und Freunde des Science Fiction konnten sich einen Spielzeugroboter bauen.

Ein Roboter aus „Minispione und Microspione"

Die 60er Jahre: Basteln für Mutti und Vati

In den 60er Jahren wuchs der Anteil der Bastelbücher. Die Bastelideen in den Bestsellern von Ursula Kühnemann ‚Geschenke für Mutti' und ‚Geschenke für Vati', 1962 erschienen, ließen sich mit einfachen, überall erhältlichen Materialien umsetzen. Es war ein sehr vielfältiges Buch. Für Vati gab es Pfeifentasche und Aschenbecher. Mutti bekam Nützliches für Küche und Wohnzimmer. Hier finden sich auch die ersten Löffelkerlchen.

Eines der erfolgreichsten Bücher des Verlages

1964 stieß man mit Emaillieren, einer kunsthandwerklichen Technik, auf Begeisterung: Der erste Basteltrend war geboren. Die Schmuckbegeisterten ließen sich vom Aufwand nicht abschrecken. Schließlich passte emaillierter Schmuck optimal zur Mode mit ihren geschwungenen Mustern und farbenfrohen Stoffen.

Emaillschmuck prägt die Mode der 60er Jahre

Die 70er Jahre: Makramee und Strumpfgewebe

Bis zu diesem Zeitpunkt musste man sich die Materialien für sein kreatives Hobby aus verschiedenen Geschäften zusammensuchen. In den 70er Jahren entwickelte sich dann eine Hobby- und Bastelbranche mit eigenen Messen und spezialisierten Herstellern. Die Zunahme von Einkommen und Freizeit schuf eine Grundlage für Hobbys. In dieser Zeit, in der Individualität einen hohen Stellenwert hatte, die verschiedensten Techniken wie Schmelzgranulat, Bauernmalerei, Glasritzen, Makramee, Batik und Strumpfgewebe ebenso zu den 70er Jahren wie Flower Power und der Minirock. Besonders erfolgreich war das von der Autorin Freya Lentz entdeckte Makramee-Knüpfen. Bestimmt finden sich auch heute noch in einigen Haushalten Blumenampeln, Gürtel, Wandbehänge und Lampen in dieser Technik.

Makramee ist aus den 70er Jahren nicht wegzudenken

Das Basteln mit Wäscheklammern – heute als Klemmentinis bekannt – ist ebenfalls ein Kind der 70er Jahre. Aus halben Wäscheklammern wurden Autos, Türme, Tiere und vieles mehr gebaut.

Noch war der Begriff Recycling nicht erfunden, da schuf Lieselotte Dilger 1979 aus ihren alten Strümpfen ‚Blumen aus Strumpfgewebe'. Diese Technik war so erfolgreich, dass sie diese im Fernsehen präsentierte.

Auch das Glasritzen, mit dem man Gläsern und Vasen einen persönlichen Schliff geben kann, fand nicht nur den Weg in die Küchen- und Wohnzimmerschränke, sondern auch ins Fernsehen.

Blumen aus Strumpfgewebe

Ein Salzteigbild aus dem Jahr 1981

80er Jahre: Salzteig und Seidenmalerei

Mit dem Marmorieren wurde ein kunsthandwerkliches Hobby modern. Glückwunschkarten, Einbände und Geschenkpapier ließen sich durch diese Technik edel gestalten.

Sehr beliebt war in den 80er Jahren das Modellieren mit Salzteig. Nach anfänglichen Einwänden des Verlegers Eugen Krauss gegen das Basteln mit Lebensmitteln waren die Bücher jahrelang sehr erfolgreich.

Modellieren mit FIMO® schloss sich an diesen Trend an. FIMO® hat den Vorteil, durch Brennen hart und haltbar zu werden. Dieses Material ist zum festen Bestandteil der Bastelwelt geworden und wird bestimmt noch einige Beliebtheitswellen erfahren.

Der Seidenmalereiwelle konnte kaum jemand widerstehen. Seide ist ein wunderbares, weiches Material, das Farben satt leuchtend aufnimmt. Zahlreiche Autorinnen sorgten für thematische und stilistische Vielfalt und boten jedem, vom Kind bis zur Hobbykünstlerin, das passende Buch. Durch das Fixieren der Seide in der Mikrowelle, eine praktische Erleichterung, erlebte die Seide in den 90ern ein kleines Comeback.

Seidenmalerei wurde zum Bastelklassiker

Am Meisenring

Alles aus Artischockentechnik

Die Tonkarton-Ära 90er Jahre

Einige Bastelmaterialien und -techniken sind nur kurze Zeit populär, andere hingegen bleiben feste Bestandteile des kreativen Gestaltens. Das Basteln von Fensterbildern aus Tonkarton stammt aus Skandinavien. In Deutschland sorgten Sieglinde Holl und Armin Täubner für die Beliebtheit und Verbreitung des Fensterbildes. Weitere Autorinnen wie Monika Gänsler, Ingrid Wurst und Angelika Kipp sorgten für stilistische Vielfalt von mini bis maxi, von edel bis kindlich. Auch andere Ideen aus Papier wie Bandornamente und Themenketten waren sehr beliebt.

Moosgummi gab es schon vor 1990, doch erst in den folgenden Jahren wurde dieses Material durch die passenden Bastelbücher zum beliebten Bastelmaterial insbesondere für Kinder.

1995 war das Jahr der Artischockentechnik. Ausgehend von Kugeln und Zapfen entstanden auch andere Obst- und Gemüsesorten in Artischockentechnik. Die Artischockentechnik bereitete den Weg für die Patchwork-Art.

Was uns heute so selbstverständlich scheint, das ist noch gar nicht so alt: Erst 1997 wurde der Herbst als Bastelthema so richtig entdeckt. Das hängt bestimmt damit zusammen, dass Halloween erst in den letzten zehn Jahren den Sprung über den großen Teich zurück nach Europa geschafft hat.

Der sensationelle Siegeszug von Windowcolor führte dazu, dass es im Jahr 1998 kaum noch freie Fenster gab. Windowcolor war und ist ein Renner! Ob naturalistische Gemälde oder lustige Kindermotive – dieser Trend lebt als klassisches Bastelthema weiter.

Für Bastler, die nicht gerne zum Pinsel greifen, ist die Serviettentechnik wie geschaffen. Es gibt unendlich viele Serviettenmotive, die man auf Materialien wie Holz, Papier, Stoff, sowie Steine, Ziegel und vieles mehr kleben kann. Die Resultate können sich sehen lassen!

Kein Fenster ohne Windowcolor

Tonis – der Renner aus dem Jahr 2002

Trends und Mega-Trends im neuen Jahrtausend

Ein wirklicher Mega-Trend war das Basteln von Tonis. Inzwischen bevölkern die sympathischen Tontopffiguren Gärten und Wohnungen zu jeder Jahreszeit. Die Autorinnen Annette und Natalie Kunkel, die diesen Trend ins Leben riefen, können auf ihre töpfernen Geschöpfe und die unglaubliche Vielfalt, die daraus entstand, stolz sein. Kurz darauf bekamen die Tonis Verwandte: Die Mini-Tonis von Armin Täubner. Diese Figuren aus 3,5 cm großen Tontöpfen gibt es von heimischen Tieren bis zu Sternzeichen in allen erdenklichen Formen und Varianten.

Wer braucht nicht manchmal einen Schutzengel? Dieses Trendthema wurde in vielen verschiedenen Materialien wie Holz, Tontöpfen und Papier umgesetzt. Und auch hier bekommt vom Gärtner bis zum Baby jeder seinen persönlichen Bodyguard.

Löffelkerlchen gab es schon einmal in den 70er Jahren. 2003 erwachten sie aus ihrem Dornröschenschlaf in den Küchenschubladen und lächelten sich in die Herzen der Bastler.

Mit den Klemmentinis kam ein weiterer Haushaltsbewohner, die Holzwäscheklammer, zu neuen Ehren bzw. zu Farbe und einem lustigen Gesicht. Diese anhänglichen kleinen Freunde sind als Gedächtnisstützen einfach praktisch.

Löffelkerlchen – ran an die Kochlöffel

Dekorative Figuren aus Holz werden immer beliebter, seit Dekupiersägen günstig zu erwerben sind.

Fröhlicher Froschklemmentini

Holz wird immer beliebter

Die Scoubidou-Welle breitete sich 2004 von Frankreich aus in ganz Deutschland aus. Es gab kaum einen Schreibtisch, unter dem nicht heimlich mit den bunten Plastikschnüren geknüpft wurde.

Einige Trends liegen bereits in den Schubladen, andere liegen noch in der Luft ... Schon fragt man sich, was als nächstes kommt.

Scoubidou: Knüpfspaß aus Frankreich

HINWEIS

Weitere Bastelideen aus den letzten 50 Jahren finden Sie bei den einzelnen Modellen.

So wird’s gemacht

IHRE GRUNDAUSSTATTUNG
Folgende Materialien und Werkzeuge sollten im Haus sein. Sie werden in den einzelnen Materiallisten nicht mehr mit aufgeführt:

- Bleistift, Radiergummi, Anspitzer
- Kugelschreiber
- feine Permanentmarker in Schwarz und Rot
- Lackstift in Weiß
- Buntstift in Rot
- Lineal
- Schere, Nagelschere
- Zackenschere
- Cutter mit entsprechender Unterlage
- Prickelnadel mit weicher Unterlage
- Bürolocher oder Lochzange
- Paus- oder Kopierpapier, Kreidepapier, Transparentpapier
- Schreibmaschinenpapier
- dünne Pappe für Schablonen
- Nähnadel
- Stopfnadel
- verschiedene Pinsel
- Malschwämmchen
- Seitenschneider
- Flach- und Rundzange, Bastelzange
- Hammer
- Bohrmaschine
- Lappen oder Küchenpapier
- Klebestift
- Klebefilm
- Alleskleber, Alleskleber Kraft
- Sekundenkleber
- Bastelband (doppelseitiges Klebeband)
- Klebepads
- Heißklebepistole
- Holzleim
- Schaschlikstäbchen, Zahnstocher
- Wattestäbchen
- wetterfester Klarlack

HINWEIS
Mit „Rest“ ist immer ein Stück gemeint, das maximal die Größe A5 hat.

FÜR HOLZ
- Laub- oder Dekupiersäge
- Schmirgelpapier, z. B. mit einer Körnung von 80 und 120
- evtl. Schraubzwinge
- Feile

FÜR PLUSTERFARBE
- Glasplatte
- Ofen, Föhn oder Bügeleisen

Vorlagen übertragen

Die Vorlagen können mit Schablone oder direkt übertragen werden:

Mit Schablone

Mit einem Bleistift die Einzelteile von der Vorlage auf Transparentpapier übertragen, das Transparentpapier auf dünnen Karton kleben und ausschneiden. Die Schablonen auf das Werkstück legen und mit einem Bleistift die Umrisse umfahren.

Direkt übertragen

1 Die Vorlage mit Transparentpapier abpausen. Zwischen das Werkstück und das Transparentpapier Kopierpapier legen, mit Klebefilm befestigen und die Linien mit einem Stift übertragen.

2 Alternativ auf der Rückseite des Transparentpapiers mit einem weichen Bleistift die Linien nachfahren. Das Blatt mit der Rückseite auf das Werkstück legen und mit einem harten Bleistift nachfahren.

HINWEIS

Bitte beachten Sie, dass einige Vorlagen spiegelbildlich abgebildet sind. Das ist für die zweite Variante des direkten Übertragens besonders praktisch.

Zusammenfügen der Tontopffiguren

1 Den Boden des größeren Tontopfes innen ausmessen, Holzstäbchen oder Zahnstocher in der entsprechenden Länge zuschneiden, in der Mitte zusammenlegen und in das Loch des Tontopfs schieben. Das Stäbchen samt Schnur mit Klebstoff im Tontopf fixieren. Überstehende Paketschnur rechts und links oben außerhalb des Töpfchens als Arme hängen lassen. Perlen auffädeln und mit Knoten sichern. Für den Fuß ein kleines Tontöpfchen verwenden und in den Körper kleben.

2 Die Köpfe zusammenfügen. Gesichter mit Acrylfarbe aufmalen, feine schwarze Konturen mit einem dünnen, wasserfesten Stift in Schwarz nachzeichnen. Den Zahnstocher auf die Rückseite kleben. Nach dem Trocknen die Holzperlen aufziehen und ebenfalls mit Klebstoff fixieren. Den Öffnungsrand des Tontopfes mit Klebstoff bestreichen und den Kopf einsetzen.

Drachen bauen

Was ist was am Drachen?

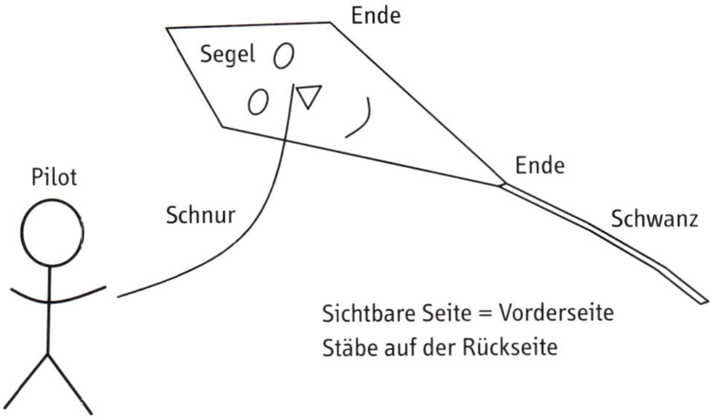

Die Drachen in diesem Buch sind aus Tyvek®. Dieses Material lässt sich wie Papier verarbeiten, ist jedoch reiß- und wasserfest.

1 Das Segel aufzeichnen und ausschneiden.

2 Das Gestänge anfertigen und aufkleben. Die Drachen haben einen Längs- und einen Querstab. Die Winkel gibt es aus Plastik fertig zu kaufen. Die Stäbe immer auf der Rückseite anbringen und durch das Überkleben mit Tyvek®-Resten gut fixieren. Auf dem Segel unter dem Winkel als Verstärkung am besten auch einen Streifen Tyvek® anbringen, so ist das Segel vor Schäden geschützt.

3 Durch das Aufkleben der im Winkel befestigten Querstäbe erhält das Segel eine V-Form in sich. Die V-Form der Querstäbe steigt mit der Spitze auf den Drachenpiloten. Die Enden der Stäbe weisen vom Piloten weg. Die V-Form verleiht dem Drachen Stabilität, so kippt er seitlich nicht ab. Ein anschließendes Bemalen bedarf einiger Vorsicht, damit Winkel und Stäbe nicht brechen.

4 Den Schwanz ankleben oder anknoten. Die Schnur befestigen. Die Schnur zum Steigenlassen wird von der Vorderseite durch das Segel geführt und auf der Rückseite um einen Stab gebunden. Den Knoten unbedingt mit Klebstoff sichern.

TIPP

Zum Drachen steigen lassen braucht man gleichmäßigen Wind. Vergessen Sie nicht, den Drachen mit in den Strandurlaub zu nehmen!

Windowcolor

1 Das Motiv von der Vorlage kopieren. Die Malfolie auf die Vorlage legen und mit Klebefilm festkleben. Dann das Motiv mit der Konturenfarbe nachziehen.

2 Nach dem Trocknen der Konturen unschöne Linien korrigieren bzw. wegschneiden und neu aufzeichnen. Dabei vorsichtig arbeiten und die Folie nicht zerschneiden. Die Fläche bis zum Konturenrand mit Windowcolor ausfüllen. Dazu am besten eine Stopfnadel oder einen Zahnstocher benutzen. Schattierungen erhält man, indem man die noch feuchten Farben mit einem dünnen, spitzen Gegenstand (Stopfnadel oder Zahnstocher) gleichmäßig ineinander zieht. Falls ein Motiv mit Glaskügelchen verziert werden soll, müssen diese in die noch feuchte Farbe gestreut werden.

3 Das komplett ausgefüllte Bild trocknen lassen. Die Farbe braucht einige Stunden (ca. 24 Stunden) Trocknungszeit. Erst wenn das Motiv vollständig trocken ist, kann es von der Folie abgelöst (bei Malfolie) oder daraus ausgeschnitten (bei Windrad- bzw. Mobilefolie oder auch Adhäsionsfolie) und aufgehängt bzw. aufgeklebt werden.

Plusterfarbe

1 Die Vorlage unter eine Glasplatte legen und mit dem Plusterstift nachzeichnen. Oder direkt auf Fotokarton Umrisse und Konturen übertragen und mit Plusterfarbe nachziehen. Die Farbe direkt auftragen, indem die Spitze über den Malgrund geführt wird. Je nach Druck und Geschwindigkeit verändert sich die Dicke des Farbauftrags. Um größere Halbkugeln (Köpfe) zu modellieren, den Stift unter gleichmäßigem Druck langsam in einer Spiralbewegung über die Fläche bewegen. Sollen eine Nase auf- oder Ohren angesetzt werden, so sollte zwischen den einzelnen Arbeitsschritten gewartet werden, bis die Farbe leicht angetrocknet ist, um ein Verlaufen von Farben und Formen zu verhindern.

2 Nach dem Auftragen der Farbe sollten die Modelle ca. 6 Stunden trocknen um ungewollte Erhebungen beim Aufplustern zu verhindern. Die Trocknungszeit verlängert sich in Abhängigkeit von der Dicke des Farbauftrags.

3 Zum Aufplustern entweder einen Backofen (vorgewärmt auf 150 °C), einen Föhn (1800 W) oder ein Bügeleisen (Baumwolltemperatur) verwenden. Sicherheitshalber die Angaben auf dem verwendeten Plusterstift lesen, da sie von den oben genannten etwas abweichen können. Das Aufplustern beenden, wenn die Farben matt und reliefartig erscheinen. Nach dem Auskühlen die Arbeiten vorsichtig von der Glasplatte ziehen.

4 Augen, Münder, Fellmuster etc. frei Hand mit Acrylfarbe auftragen. Für dünne Linien mit Acrylfarbe am besten einen Zahnstocher verwenden.

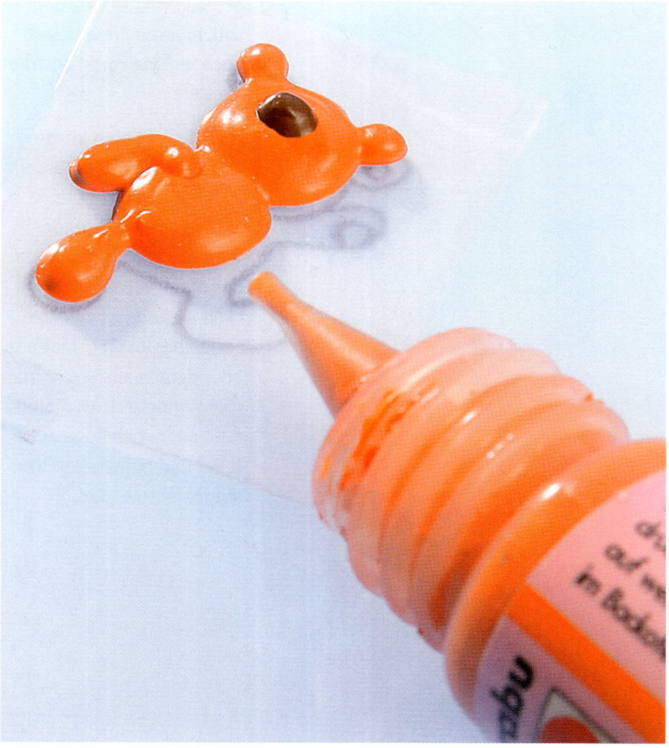

Tontopf-Schutzengel

1 Eine Drahtöse biegen, um später die Beine einzuhängen.

2 Die Montagekugel auffädeln. Wenn nötig, die Beine einhängen.

3 Den Topf auffädeln.

4 Die Arme oben festbinden, ggf. einen Kragen auffädeln.

5 Den Kopf auffädeln.

6 Eine Öse zum Aufhängen biegen, die groß genug sein sollte, dass die Kugel nicht rutschen kann. In das Loch der Kugel das Haarteil oder eine Kopfbedeckung kleben.

Holz

1 Zuerst alle Motivteile auf das Sperrholz übertragen. Zusätzliche Einzelteile mit etwas Abstand zum Grundmotiv auf das Sperrholz übertragen. Darauf achten, dass die Motivteile nicht überlappen.

2 Alle Teile mit der Laub- oder Dekupiersäge aussägen. Die Kanten sorgfältig mit Schmirgelpapier glätten. Für das Aussägen innen liegender Bereiche zunächst ein großes Loch in die Fläche bohren (Bohrer mit ø 6 mm), das Sägeblatt durchführen und die Fläche aussägen.

3 Alle Teile wie abgebildet bemalen und trocknen lassen. Danach die Augen und Innenlinien mit einem dünnen schwarzen Stift ergänzen. Für das Weiß der Augen wird bei einigen Modellen ein weißer Lackstift verwendet. Zum Schluss alle benötigten Löcher bohren und die Teile wie in der jeweiligen Anleitung beschrieben zusammensetzen. Für den Außenbereich das Motiv mit wetterfestem Klarlack behandeln.

TIPP

Holz bis zu einer Stärke von 8 mm können Sie mit der Laubsäge sägen. Bei stärkerem Holz lieber eine Dekupiersäge nehmen.

Tipp & Tricks

- Die Angaben in diesem Buch sind Mindestangaben. Ein etwas größeres Stück lässt sich beim Aussägen besser festhalten und ist dadurch sicherer zu handhaben.
- Um ein Ineinanderfließen der Farben zu vermeiden, sollte die erste Farbe vollständig trocken sein, bevor die nächste aufgetragen wird.
- Zum Aufmalen der Augen oder Nasen evtl. eine Kreis- oder Ellipsenschablone verwenden.
- Wenn das Motiv alt wirken soll, wird Krakelier-Lack verwendet. Wenn das Motiv damit bestrichen wird, entstehen feine Risse. Dafür als Erstes das ausgesägte Holzteil mit der gewünschten Grundfarbe grundieren und trocknen lassen. Nun die Teile mit Krakelier-Lack bestreichen. Wenn auch dieser trocken ist, alles mit der gewünschten Farbe bemalen. Die Farben sollten zügig und möglichst in eine Richtung aufgetragen werden. Die kleinen Risse entstehen schnell.
- Für schöne Drahtlocken die Drahtenden um einen runden Gegenstand wickeln, z. B. einen Pinselstiel.

1

2

3

Säckchen nähen

1 Stoffstreifen rechts auf rechts übereinander legen und mit Stecknadeln fixieren. Die Seitennähte mit 5 mm bis 1 cm Rand zunähen. Um einen ebenen Boden zu erzielen, eine Seitennaht auf die Boden-Mittellinie legen, mit Nadeln fixieren und ca. 1,5 cm von der Spitze abnähen.

2 Das Säckchen wenden, den oberen Rand weit nach innen umklappen. Für feine Stoffe, wie z. B. Organza, diesen Rand zusätzlich durch Bügeln fixieren. Achtung! Nur mit niedriger Temperatur bügeln. Das Säckchen füllen und zusammenbinden.

TIPP

Da Organza sehr transparent ist, können Sie auch erst 5 mm abnähen, das Säckchen umdrehen und nochmals 6 mm abnähen. Das sieht sauberer aus!

Pappmaché

Pappmaché ist ein Brei, der sich wie Ton oder Modelliermasse verarbeiten lässt. Man kann Pappmaché-Pulver im Fachhandel kaufen und mit Wasser anrühren oder es selbst herstellen.

1 Dafür Zeitungspapier in kleine Stücke reißen und in einen Eimer mit heißem Wasser geben. Das Papier darin eine halbe Stunde quellen lassen und mit einem Mixstab zu Brei verarbeiten.

2 Die Masse durchsieben und kneten. Drei Esslöffel Holzleim und Tapetenkleister dazu rühren und nochmals durchkneten.

3 Die Grundform mit der Pappmachémasse überziehen und modellieren. Kanten mit Schmirgelpapier bearbeiten. Objekte aus Pappmaché-Masse müssen vor dem Bemalen ein bis zwei Tage trocknen.

4 Zum Kaschieren Zeitungspapier in kleine Stücke reißen. Die Grundform mit Tapetenkleister bestreichen und die Zeitungsschnipsel in drei bis vier Lagen überlappend aufkleben. Nach dem Trocknen mit weißer Acrylfarbe grundieren.

Hexentreppen falten

Die Enden von zwei gleich langen und gleich breiten Papiersteifen rechtwinklig aufeinander kleben. Den unten liegenden Streifen (blau) über den oberen (rot) falten. So bis zur gewünschten Länge falten. Die überstehenden Streifenenden abschneiden, je nach Modell den letzten oder vorletzten Faltenabschnitt ankleben.

Embossing

1 Das Stempelgummi mit dem Stempelkissen gleichmäßig einfärben. Wichtig: Nicht wie beim Bürostempelkissen mit viel Druck, stattdessen mehrfach tupfen. Motiv oder Schriftzug aufstempeln.

2 Auf den noch feuchten Stempelabdruck großzügig Embossing-Pulver streuen. Es besteht kein Grund zur Eile, da die Pigmentfarbe nur sehr langsam trocknet.

3 Das überschüssige Pulver auf ein geknicktes Blatt Papier schütten. Darauf achten, dass keine Körnchen um das Motiv herum haften bleiben. Abhilfe schafft leichtes Schnippen gegen die Rückseite oder ein trockener Pinsel. Mit Hilfe der Papierrinne das Pulver zurück in die Dose schütten.

4 Das so vorbereitete Motiv über einem Toaster erhitzen. Das feine Kunstharzpulver verschmilzt zu erhabenen Konturen und einer reliefartigen Oberfläche mit Glanzeffekt. Zum Verschmelzen eignen sich auch Bügeleisen oder Herdplatte. Der Vorgang ist abgeschlossen, wenn die Pulverschicht glänzt bzw. nicht mehr körnig ist. Das Motiv sollte darüber hinaus nicht mehr erhitzt werden, da die Pulverschicht sonst wieder flach wird.

Basteln mit Kindern

Familienbasteln bedeutet natürlich, dass viele Basteleien mit Kindern im Buch stecken. Damit man die gut erkennt, sind sie durch einen Kinderbutton mit Altersangabe gekennzeichnet. Das ist natürlich nur eine Schätzung. Es kommt darauf an, wie geübt ein Kind ist, wie geschickt es ist und vielleicht auch, ob es an dem Tag überhaupt Lust hat zu basteln.

Kindgerechtes Basteln

Egal wie ordentlich das Kind bastelt, ob es geduldig ist oder nicht, ob es sich lieber genau an die Anleitung hält oder eigene Gestaltungsideen hat: Basteln ist für Kinder aus vielerlei Gründen wertvoll. Kinder lernen dadurch, sich besser zu konzentrieren. Sie lernen, mit Frustration umzugehen, stellen aber auch fest, dass sie schon richtig tolle Sachen machen können. Das stärkt ihr Selbstwertgefühl. Ganz wichtig ist, dass Kinder ein Material kennen lernen und wissen, ob es leicht oder schwierig zu schneiden und zu kleben ist, ob man es bemalen kann und welche Farbe dazu am besten geeignet ist. Sie machen die Erfahrung, dass es besser ist, pfleglich mit der Schere und anderem Werkzeug umzugehen: Wenn die Schneiden einer Schere mit Klebstoff beschmutzt sind, dann schneidet sie beim nächsten Basteln eben nicht mehr so leicht.

Spaß ohne Leistungsdruck

Das Allerwichtigste ist natürlich, dass Klein und Groß Spaß am Basteln haben! Bitte von keinem Kind Perfektion erwarten und lieber motivieren anstatt zu kritisieren. Falls dann ein „Oh, das ist aber unsauber ausgeschnitten!“ herausrutscht, sollte etwas Konstruktives wie „Schön, jetzt schau mal, ob du diese kleine Ecke noch wegschneiden kannst.“ folgen.
Zur Motivation gehört auch, dass man den Kindern vermittelt, warum sie das basteln sollen. Dabei helfen Gespräche über das jeweilige Motiv. Hat das Kind bereits im Zoo oder in einem Bilderbuch einen Seelöwen gesehen? War der Nikolaus bereits da oder hat das Kind Mühe, sich an den Nikolaus vom letzten Jahr zu erinnern?

Besonders Kinder im Vorschulalter können sich nicht sehr lange konzentrieren. Daher sollten weder die einzelnen Arbeitsschritte noch die gesamte Bastelei allzu lange dauern.

Hier ein kleiner Überblick, welche Techniken sich für welches Alter eignen:

Prickeln und Ausschneiden: Zum Prickeln braucht man eine Prickelnadel und eine weiche Unterlage. Die Kinder stechen damit an einer Linie entlang bis das Motiv sich vom Hintergrund löst. Wem das nicht liegt, kann eine Schere benutzen.
Altersstufe: 3 – 5 Jahre.

Ausreißen: Ausreißen macht Spaß, dabei können auch Aggressionen abgebaut werden. Damit können entweder Papiermosaike geklebt werden oder die Schnipsel dienen als Ausgangsmaterial für Pappmaché.
Altersstufe: 3 – 5 Jahre.

Kleben: Beim Kleben mit kleinen Kindern sollte man darauf achten, dass der Klebstoff keine Lösungsmittel enthält. Dafür gibt es spezielle Bastelkleber und Papierkleber für Kinder, die man sogar aus Kleidung auswaschen kann. Falls nur ein ganz normaler Alleskleber zur Verfügung steht, ist das nicht schlimm. Sicherheitshalber sollten ganz kleine Kinder dabei beraten und beaufsichtigt werden, damit nicht zu viel auf Kleidern, Händen oder Möbeln landet.
Altersstufe: 3 – 5 Jahre.

Modellieren und Pappmaché: Beim Modellieren mit Modelliermasse und FIMO® können Kinder ein dreidimensionales Verständnis entwickeln und ihrer Fantasie freien Lauf lassen. Altersstufe: ab 4 Jahre.

Malen: Beim Auftragen von Farbe mit Fingern, Pinseln und Schwämmchen, lernen Kinder die Farben richtig zu dosieren.
Altersstufe: ab 5 Jahre.

Laubsägen: Bitte auf dünnes Sperrholz bis zu einer Stärke von 5 mm achten. Die Geschicklichkeit wird gefördert, aber man braucht eben auch ein bisschen Kraft, was nicht nur Jungen gerne spüren. Alterstufe: ab 8 Jahre.

Bohren: Beim Arbeiten mit Holz kann man Kinder mit einem Nagelbohrer arbeiten lassen. Das Bohren von Löchern mit der Bohrmaschine sollten Erwachsene übernehmen. Altersstufe: ab 8 Jahre.

Dekorationen durchs Jahr

Ob Frühling, Sommer, Herbst oder Winter - jede Jahreszeit ist reizvoll und hat ihre besonderen Motive und Anlässe. Daher lieben wir es, unser Zuhause entsprechend der Jahreszeit zu schmücken. Zusammen mit den Kindern etwas Jahreszeitliches zu basteln und mit ihnen über die Besonderheiten der Jahreszeiten und die Bedeutungen der jeweiligen Motive zu sprechen, ist für das Familienleben besonders schön.

Vier Jahreszeiten

→ Hausnummern- oder Willkommensschild

MATERIAL

- 4 Holzkochlöffel mit runder Kelle, ø 5,5 cm, 32 cm lang
- Sperrholz, 4 mm stark, A4
- Acrylfarbe in Maigrün, Weiß, Purpurrosa, Hautfarbe, Orange, Himmelblau, Sonnengelb, Siena Burnt und Schwarz
- Prägefolienrest in Gold
- 9 bzw. 16 Bastelhölzer, 2 cm breit, 15 cm lang
- Rohholzhalbkugeln, 2 x ø 1,5 cm und 6 x ø 2 cm
- Holzperle in Rot, ø 1 cm
- Draht in Schwarz, ø 0,65 mm, 2 x 10 cm und 1 x 80 cm lang
- Strohhut, ø 9,5 cm (außen)
- Buntstift in Pink
- Nagelbohrer

VORLAGE SEITE 218

1 Die Löffelstiele auf 14 cm (inkl. Löffelkelle) kürzen. Aus Sperrholz die Hasennase und -ohren, zwei Blümchen, Nase und Mütze des Schneemanns sowie ein ca. 17 cm x 10 cm (Welcome) bzw. 29,5 cm x 10 cm (Willkommen zuhause!) großes Rechteck aussägen. Die Bastelhölzer auf 12 cm kürzen und auf das Rechteck kleben. An den Seiten mit einem Nagelbohrer Löcher für die Drahtaufhängung bohren.

2 Die Einzelteile nach Abbildung gestalten, die Wangen mit Buntstiften färben.

3 Die Prägefolie mit einem Schwämmchen in Siena Burnt wischen. Für die Vogelscheuche zwölf Streifen à 5 mm x 12 cm (Haare) und einen 3 cm x 14 cm großen Streifen (Schal) zuschneiden, für den Schneemann einen 3 mm x 12 cm großen Streifen.

4 Für die Haare die Prägefolienstreifen eng um ein Schaschlikstäbchen wickeln, etwas auseinander ziehen und festkleben. Darüber den Hut kleben und die Haare in Form schneiden. An den Schalenden Fransen einschneiden und den Schal leicht gerafft festkleben.

5 Die Nasen aufkleben, für die Biene und die Vogelscheuche eine Holzperle halbieren. Die Blumen als Fühlerenden des Bienchens an einen um einen Bleistift gebogenen Draht kleben und von hinten an der Kelle fixieren.

6 Alle Figuren hinter das Schild kleben. Den Aufhängedraht anbringen und die Halbkugeln als Hände aufkleben.

TIPP

Das kleine Schild ist auch als Hausnummernschild toll!

Blumenkinder

→ Frühlingsdeko oder Geschenkidee

MATERIAL

- Fotokartonreste in Hautfarbe, Gelb, Weiß, Lila und Hellblau
- Tonpapierreste in Gelb und Schwarz
- Holzperlen in 6 x Schwarz und je 2 x Weiß, Hellblau und Gelb, ø 8 mm
- Aludraht in Schwarz, ø 1,5 cm, 30 cm lang

VORLAGE SEITE 218

1 Die einzelnen Teile nach Vorlage auf Fotokarton und Tonpapier übertragen und ausschneiden. Für die Schleifen ein Stück Karton knicken, den Knick an die gestrichelte Linie der Vorlage anlegen und die Schleife ausschneiden.

2 Auf den bunten Blütenkörpern die Aludrahtteile für den Hals und die Ärmchen mit Kraftkleber fixieren und die Klebestelle mit einem gelben Kartonstück mit aufgemalten Punkten verdecken. Nach Wunsch kann auch eine Rückseite gefertigt werden.

3 Die Gesichter mit schwarzem und rotem Filzstift sowie mit rotem Buntstift gestalten. Das Köpfchen mit Kraftkleber an den Halsdraht kleben und das Haarteil aus Tonpapier mit aufgesetzter Schleife anbringen.

4 An der Rückseite die Aludrahtstücke für die Beinchen befestigen. An Armen und Beinen mit Kraftkleber bunte Holzperlen fixieren und die Beine zurechtbiegen oder um ein Holzstäbchen zu Schlaufen eindrehen.

TIPP

Die niedlichen Blumenmädchen sind toll als Tischkarte, Blumenstecker, Fensterbild und Geschenkanhänger einsetzbar.

Im Jahre 1987 ...

...erfreuten Blumenkinder auch schon so manchen Bastler und Blumenfreund. Blumenkinder stehen für die Schönheit und Ursprünglichkeit der Natur sowie für Frieden.

In diesem Jahr brachte der Sportflieger Mathias Rust seine Friedensbotschaft unkonventionell, aber auch sehr riskant in die Sowjetunion, indem er mit seiner Cessna auf dem Roten Platz in Moskau landete. Ob sein Flug dem Weltfrieden dienlich war, bleibt zweifelhaft, medienwirksam war er allemal!

Bild aus Margret Glende: Blumen-Elfen und Blumen-Kinder aus Seidenblumen.

Süßes Käferpärchen

→ bringt Glück

MATERIAL PRO KÄFER

- Holzkochlöffel mit ovaler Kelle, 7,5 cm breit, 50 cm lang
- Acrylfarbe in Maigrün, Hautfarbe, Schwarz und Karminrot
- Holzplatine, ø 5 cm
- Moosgummirest in Rot, 2 mm stark
- 2 halbgebohrte Rohholzkugeln, ø 1,5 cm
- 2 Holzfüße, 2 cm breit, 2,5 cm lang
- Draht in Schwarz, ø 0,65 mm, 16 cm und 20 cm lang

ZUSÄTZLICH FÜR DAS MÄDCHEN

- Filzrest in Schwarz
- Holzperlen in Rot, 1 x ø 8 mm und 2 x ø 1 cm

ZUSÄTZLICH FÜR DEN JUNGEN

- 3 Holzperlen in Rot, ø 8 mm
- kleines Glas (z. B. von Babynahrung), ø 5 cm, 6 cm hoch
- Satinband in Maigrün, 4 mm breit, 50 cm lang
- Draht in Schwarz, ø 0,65 mm, 10 cm (Hals), 15 cm (Fühler) und 20 cm lang (Glasanbringung)
- Holzbohrer, ø 3 mm

VORLAGE SEITE 219

1 Die Flügel von der Vorlage auf Moosgummi übertragen und ausschneiden.

2 Alle Holzteile nach Vorlage und Abbildung bemalen. In den Löffel beim Jungen vorher das Loch bohren. Für die Nasen kleine Holzperlen halbieren. Die Moosgummiflügel dünn in Karminrot grundieren und nach dem Trocknen mit Punkten bemalen.

3 Beim Mädchen die Flügel unten an die Löffelkelle kleben. An den Kopf die bemalten Holzperlen mit den eingezogenen Filzzöpfen kleben. Den Kopf auf die Löffelkelle kleben. Draht für Arme (16 cm lang) und Beine (20 cm lang) an die Kellenrückseite kleben. Die Drahtenden mit einer Bastelzange ca. 3 mm umknicken, mit Klebstoff bestreichen und die Holzkugeln und -füße festkleben.

4 Für den Kopf des Jungen den Halsdraht um ein Schaschlikstäbchen winden und damit Kopf und Körper verbinden. Ebenso Draht für die Fühler anfertigen, nicht auseinander ziehen, mittig knicken und hinter die Holzplatine kleben. Je eine Perle als Abschluss aufkleben. Den Draht für die Arme und Beine an die Kellenrückseite kleben und Hände und Füße fixieren. Ein Drahtstück um das Glas schlingen und die Enden fest verdrehen. Den Draht durch das Loch im Löffel führen, auf der Rückseite umknicken und mit Klebstoff fixieren. Dann die Flügel festkleben.

5 Die Arme und Beine in Form biegen und beim Jungen das Windlicht mit einem Band schmücken.

TIPP

Mit gelb-schwarz bemalten Körpern werden aus den Käfern Bienen!

Im Jahre 1989 ...

erfreute dieser lecker gefüllte Marienkäfer Schleckermäuler. Der Marienkäfer ist ein beliebtes Frühlingsmotiv und natürlich ein ganzjähriges Glückssymbol! In der Bastelwelt leben vor allem Käfer der sechspunktigen Marienkäferart. Auch „echte" Marienkäfer sind beliebt. Sie sind außerdem nützlich, da sie Blattläuse fressen und so auf natürliche Weise für die Gesundheit von Pflanzen sorgen.

Bild aus Sigrid Wetzel-Maesmanns: Kinder basteln für Ostern.

Alle meine Entchen

→ lustig

MATERIAL PRO ENTE

- Faltpapier in Gelb, 15 cm x 15 cm (Rumpf)
- Faltpapier in Gelb, 5 cm x 5 cm (Kopf)
- Tonpapierrest in Rot
- 2 Wackelaugen, ø 7 mm
- Geo-Dreieck®

VORLAGE SEITE 219

1 Auf das Faltpapier in unregelmäßigen Abständen diagonal parallele Linien mit weißem Lackstift und dem Geo-Dreieck® zeichnen.

2 Kopf und Schnabelteile aufeinander kleben. Den Schnabel von hinten am Rumpf ankleben, den Kopf befestigen und die Wackelaugen anbringen. Zum Schluss die Füße ankleben.

TIPP

Die Enten sehen auch in anderen Farben niedlich aus.

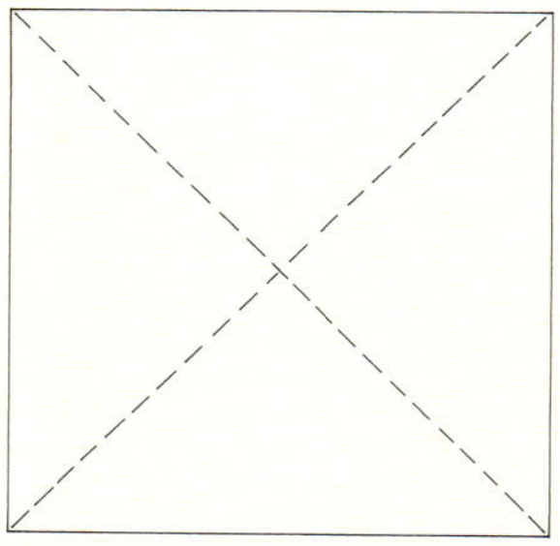

1 Das Rumpfpapier diagonal falten (gestrichelte Linie) und wieder öffnen. Im rechten Winkel zur gepunkteten Linie nach rechts falten.

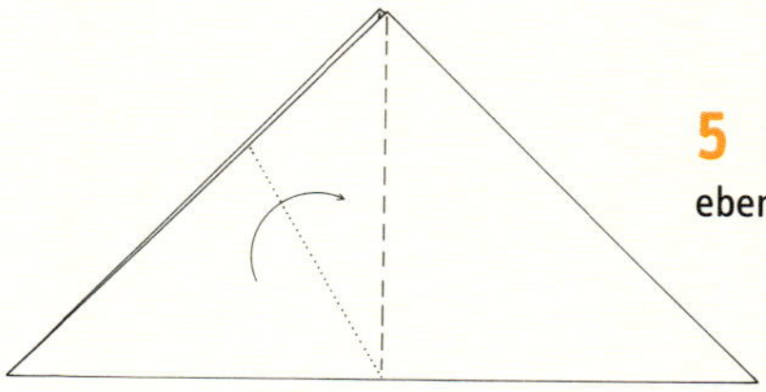

2 Die linke untere Ecke an der gepunkteten Linie nach rechts falten.

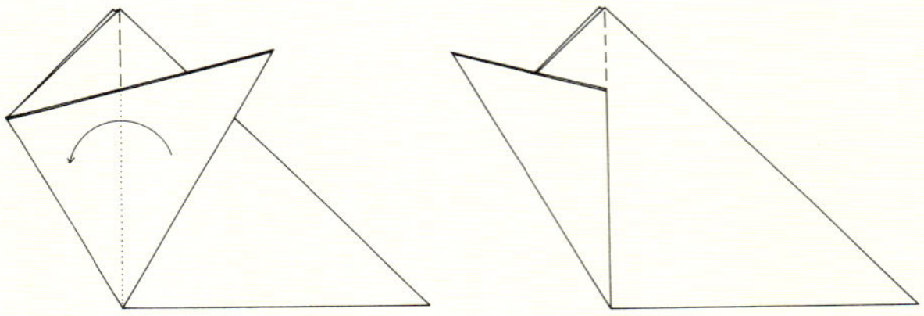

3 und **4** Dieselbe Ecke an der senkrechten gepunkteten Linie nach links falten.

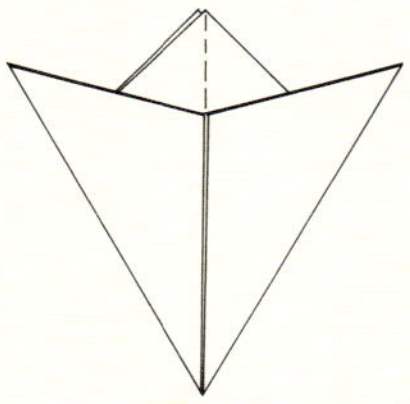

5 Die rechte Seite ebenso falten.

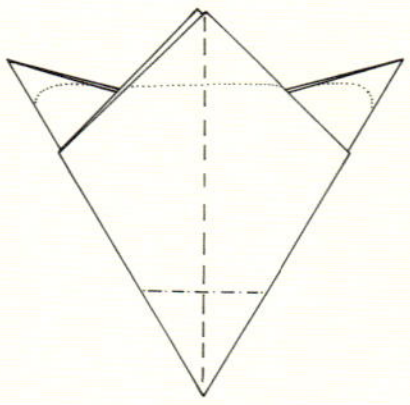

6 Das Papier umdrehen. Den Schwanz an der Strickpunkt-Linie nach hinten falten. Hals und Flügel an den gepunkteten Linien abschneiden.

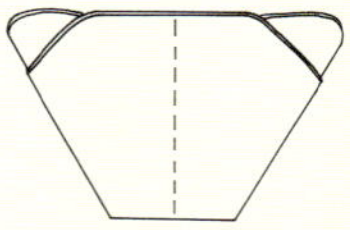

7 Kopf, Schnabel (2 x) und Füße aus Falt- bzw. Tonpapier ausschneiden.

Kikeriki

→ filigraner Morgengruß

MATERIAL
- Regenbogentonkarton, 18 cm x 24 cm
- Regenbogentransparentpapier, 16 cm x 22 cm
- Tonpapier in Rot, 15 cm x 15 cm

VORLAGE SEITE 219

1 Das Osterei aus Regenbogentonkarton doppelt anfertigen. Transparentpapier so zuschneiden und dazwischen kleben, dass es am Rand nicht sichtbar ist, d. h. ca. 1 cm kleiner arbeiten.

2 Den Hahn mit dem Cutter aus rotem Tonpapier schneiden und auf das Transparentpapier kleben.

TIPP

Den Hahn können Sie auch auf eine Karte kleben und als Osterkarte verschicken.

Im Jahre 1989 ...

schlüpfte dieses Küken aus seinem roten Ei. Inzwischen hat es so manchen Frühling durchlebt und ist ein filigraner und dennoch stattlicher Hahn geworden.

Hühner wurden zum Frühlingsmotiv, weil sie früher den Winter über keine oder kaum Eier legten. Bei Hühnern, die besonders natürlich gehalten werden, ist das auch heute noch so.

Bild aus Armin Täubner: Österliche Fensterbilder.

Pfiffige Eivasen

→ ein Augenschmaus

MATERIAL PRO VASE

- Ei in Weiß
- Aludraht in Silber, ø 2 mm, 50 cm lang
- Filzreste in Hellblau und Lila
- insgesamt 3 Pompons in Hellblau und Grün, ø 1,4 cm

VORLAGE SEITE 220

1 Das Ei im oberen Drittel aufschlagen und gründlich auswaschen.

2 Die Filzblumen nach Vorlage ausschneiden und zusammen mit den Pompons mit etwas Klebstoff am Ei befestigen.

3 Den Draht zunächst mithilfe einer Zange zu einer Spirale für den Fuß biegen, anschließend vorsichtig um das Ei führen und mit einer Spirale enden.

TIPP

Damit die Spiralen nicht kippen, die Eier mit etwas Sekundenkleber am Draht befestigen.

Frühlingsboten

→ ei, ei, wie niedlich

1 Beide Zapfen bogenförmig ausschneiden, zusätzlich an jedem Bogen mittig eine Zacke einschneiden, sodass acht Bögen entstehen. Mit Wasser befeuchten und nach außen biegen. Die Einzelteile erst weiß grundieren, dann gemäß Abbildung bemalen. Die Gesichter mit schwarzem Filzstift, einem roten Buntstift und einem weißen Lackstift gestalten.

2 Die Holzperle an das Nähgarn knoten. Das Nähgarn mit Hilfe einer Nähnadel durch das Kleid sowie durch den bemalten Kopf ziehen.

3 Grüne Basthaare (je 2 cm lang) anbringen. Etwas Bast am Kleid fixieren.

4 Etwa 1,5 cm von der Spitze entfernt mit einer Nähnadel ein Loch in den Hut stechen und den Aufhängefaden durchziehen. Danach den Hut mit Klebstoff auf dem Kopf befestigen.

MATERIAL PRO FRÜHLINGSBOTE

- 2 kurze Eierschachtelzapfen, 1 x 5 cm, 1 x 3,5 cm hoch
- Wattekugel, ø 2 cm
- Acrylfarbe in Mango, Krokus oder Arktis sowie Weiß und Hautfarbe
- Bast in Grün
- Holzperle in Natur, ø 8 mm
- Nähgarn in Weiß

Skater-Hasen

→ flott unterwegs

MATERIAL

- Fotokarton in Gelb, Orange und Hellbraun, A4
- Fotokartonreste in Weiß, Hautfarbe, Grün, Hellgrün, Violett, Rot, Türkis und Hellblau
- Pompons in 1 x Rot, 2 x Schwarz, ø 7 mm
- Knopf in Rot, ø 1 cm
- Filzstift in Hellblau
- Buntstifte in Gelb und Grün

VORLAGE SEITE 220

1 Auf das weiße Hemdchen mit Filzstift hellblaue Punkte, auf das blaue mit Lackstift weiße Punkte malen. Hose und Hosenträger aufsetzen. Innenlinien ergänzen. Hinter den gestalteten Kopf das zweite Ohr kleben und auf dem vorderen das Innenohrteil fixieren.

2 Die zwei Schalhälften mit Karos bemalen, die Enden fransig einschneiden und von vorne und hinten ankleben. Den roten Knopf aufsetzen und Hände und Füße anbringen. Dem kleinen Häschen das zweite Ohr an der Hinterseite ankleben und einen roten Pompon als Nase aufsetzen.

3 Für das Skateboard das gelbe Teil auf das orangefarbene kleben und die bunten Radkreise mit den schwarzen Pompons im Zentrum anbringen.

4 Beide Häschen auf dem Board positionieren und fixieren.

Ostern 1984 ...

waren Hasen noch nicht mit Funsportarten wie Skateboarden beschäftigt, sondern kümmerten sich ganz traditionsbewusst um das Verstecken und Bemalen von Ostereiern.

Die zylinderförmigen Osterhasen konnte man auf die Frühstückseier setzen. Für das Babyhäschen musste man dann allerdings ein Wachtelei verwenden.

Bild aus Inge Walz: Fröhliches Osterbasteln.

Eierbaum

→ für Friesenbaumfreunde

Im Jahre 1990 ...

...wuchs dieser Eierbaum mit modellierten Hühnern, einem Hasen und natürlich bunt bemalten Eiern. In diesem Jahr waren die Farben schön knallig. Übrigens gibt es auch in der Natur Eierbäume: Die Früchte dieses südamerikanischen Baumes sehen aus wie gepellte Eier!

Friesenbäume sind vor allem im Norden Deutschlands sehr beliebt zum jahreszeitlichen oder saisonneutralem Dekorieren.

Bild aus Katharina Zechlin: Osterbasteln für groß und klein.

MATERIAL

- Holzkochlöffel mit Spitze, 30 cm lang
- Fotokartonreste in Rot, Weiß und Goldgelb
- Acrylfarbe in Schilf, Taubenblau, Pfirsich, Scharlachrot, Olivgrün und Weiß
- Rundholzstäbe, ø 4 mm, 12 cm (für den oberen Arm) und 16 cm lang (unterer Arm)
- 4 Rohholzkugeln, ø 2 cm
- Friesenbaumfuß in Natur, 9 cm x 1,5 cm x 6,5 cm
- Schleifenband in Hellblau, 6 mm breit, 35 cm lang
- 2 Federn in Weiß
- 5 Watteeier, 3 cm hoch
- Bast in Natur
- Kokosfasern in Grün
- Holzbohrer, ø 1,5 mm und 4 mm

VORLAGE SEITE 221

1 Den Stiel in Schilf und die Kelle in Weiß anmalen.

2 Die Rohholzkugeln pfirsichfarben, die Friesenbaumarme taubenblau und den Friesenbaumfuß olivgrün bemalen. Die benötigten Bohrungen im Stiel und an der Löffelspitze ausführen, die Rundhölzer entsprechend durchstecken und evtl. fixieren. Die Holzkugeln an die Enden der Rundhölzer kleben.

3 Ein Satinband oben auf der Rückseite des Stiels fixieren. Das Band spiralförmig um den Stiel wickeln und hinten am unteren Ende des Stiels ankleben.

4 Beide Federn fixieren und den zusammengesetzten Kopf sowie den Fuß aus Fotokarton befestigen. Den Fuß hinter die Federspitzen kleben.

5 Den Eierbaum in den olivgrünen Friesenbaumfuß stecken und mit der Heißklebepistole fixieren. Kokosfasern schmücken den Friesenbaumfuß.

6 Die Watteeier pastellfarben bemalen, jeweils eine Bastfaser als Aufhängeband in den Löchern der Eier fixieren und diese an den Eierbaum hängen.

TIPP

Den Friesenbaum können Sie auch sommerlich mit Blüten und Bienen gestalten.

Hasengymnastik

→ elegant

MATERIAL

- Fotokarton in Hellbraun, A3
- Fotokartonreste in Blau, Hellblau, Hellrosa, Weiß, Pink, Lila, Violett, Rot, Orange, Gelb und Grün
- gemusterte Fotokartonreste in Hellgrün-Weiß gestreift, Dunkelgrün-Weiß gestreift, Hellgrün mit Blüten und Hellblau mit Blüten
- Tonpapierreste in Türkis, Violett, Pink, Rot, Weiß, Gelb und Orange (für Halskrausen und Nasen)
- 2 Schaschlikstäbchen
- je 2 Holzperlen in Rot und Hellblau, ø 8 mm
- Pompons, 1 x Rot und 5 x Hellblau, ø 7 mm
- Wollfaden in Grün, 30 cm lang
- Motivlocher: Blume
- Nylonfaden
- Buntstifte in Gelb, Weiß, Blau und Rosa

VORLAGE
SEITE 220+221

1 Alle Hasenmädchen aus hellbraunem, den Hasenjungen aus weißem Fotokarton fertigen. Arme und Beine bestehen jeweils aus einem Stück, so ist die Positionierung einfacher.

2 Die Gesichter zeichnen, die roten Papiernasen aufsetzen und mit weißen Lichtpunkte versehen. Hinter jedes Kleidchen den entsprechenden Volant kleben, die Halskrausen aus Tonpapier anbringen und das fertige Köpfchen daran fixieren. Arme und Beine an der Rückseite ankleben und die Beine auf die Schuhe setzen.

3 Für die Tänzerin in Pink mehrere Blüten an den grünen Wollfaden kleben, diesen am Kleidchen fixieren und die Enden über die Händchen schlingen. Der anderen Tänzerin eine Blüte in die Hand kleben.

4 Für den Hasenjungen einen braunen Henkelkorb – das Karomuster mit Buntstift aufzeichnen – mit vielen bunten Eiern fertigen und in die Hand kleben. Mit der anderen Hand und einem Fuß hängt er an einem Schaschlikstäbchen. Dessen Enden anspitzen und mit zwei roten Holzperlen schließen, die mit etwas Heißkleber aufgeschoben werden.

5 Auch ein Mädchen mit den Ohren an ein Stäbchen mit Perlenenden hängen, ein anderes macht Handstand auf den eigenen Ohren.

6 Alle Figuren an Nylonfäden aufhängen.

Bienchen

→ summende Blumenstecker

MATERIAL PRO BIENE

- Sperrholzrest, 4 mm stark
- je 2 Holzperlen in Orange, ø 6 mm, 8 mm und 1,2 cm
- Acrylfarbe in Weiß, Gelb und Orange
- wasserfeste Stifte in Gelb oder Orange
- Draht, ø 0,35 mm, 4 oder 5 x 10 cm lang
- Nylon-ummantelter Draht in Schwarz, ø 1 mm, 12 cm lang (Fühler)
- Papierdraht in Gelb, 8 cm (Arme) und 11 cm lang (Beine)
- evtl. Abacafasern in Orange, 5 cm lang
- Spanndraht, ø 2 mm, 50 cm lang
- Sprühlack in Gelb
- Holzbohrer, ø 1 mm (Flügel und Fühler) und ø 2,5 mm (Arme und Beine)

VORLAGE SEITE 221

1 Den Rumpf und die Flügel als ein Teil aussägen, siehe Anleitung Holz auf Seite 11. Die Flügel absägen und Löcher bohren.

2 Die Motivteile bemalen, das Gesicht aufzeichnen und die Wangen mit rotem Buntstift einfärben. Die Punkte auf dem Körper mit dem Stift auftupfen. Nach Wunsch die Motivteile wetterfest lackieren.

3 Die Flügel andrahten. Dabei den Draht von vorne durch Körper und Flügel stecken, hinten verdrehen und kürzen. Den Fühlerdraht von hinten durch die beiden Löcher stecken und an den Enden die beiden kleinen Perlen andrahten. Für die Haarbefestigung einen Draht bis zur Hälfte durch das Loch in der Stirn stecken, die Abacafasern auflegen und die Drahtenden auf der Rückseite mehrfach miteinander verdrehen und kürzen.

4 Die Enden der beiden Papierdrähte von hinten durch die Löcher stecken und die restlichen Holzperlen aufkleben. Das Bienchen am gelb besprühten Draht befestigen.

Gartenschutzengel

→ für eine reiche Ernte

1 Den Stiel in Mittelgelb und den Hals, den Kopf und die Rohholzkugeln in Hautfarbe anmalen. Das Gesicht aufmalen, die Innenlinien ergänzen und die Bohrungen ausführen.

2 Durch die untere Bohrung ein Baumwollkordelstück stecken, pro Seite eine größere Kugel auffädeln und jeweils durch einen Knoten sichern. Das mit Margeriten geschmückte Kleid ankleben. Durch die obere Bohrung das zweite Baumwollkordelstück stecken und auf jede Seite eine kleinere Holzkugel auffädeln. Den mit Blättern und Beeren geschmückten Korb ebenfalls auffädeln und dann beide Kordelenden miteinander verknoten, sodass der Schutzengel den Korb in den Händen hält.

3 Das Flügelpaar ankleben. Das Feenhaar mit dünnem Draht umwickeln und die Drahtenden locken. Die Haare mit einer Margerite schmücken und auf den Kopf kleben.

4 Den Engel in den schilffarben bemalten und beschrifteten Fuß stecken und diesen mit Margeriten und der Harke schmücken.

TIPP

Zusammen mit diesem Gartenschutzengel können Sie auch einen Gutschein fürs Blumengießen oder Unkrautjäten verschenken.

MATERIAL

- Holzkochlöffel mit Spitze, 25 cm lang
- Blütenpapierrest
- Filzrest in Olivgrün
- Acrylfarbe in Schilf, Mittelgelb, Zartrosa, Weiß und Hautfarbe
- Baumwollkordel in Natur, ø 2 mm, 2 x 20 cm lang
- je 2 Rohholzkugeln, ø 1,2 cm und 1,5 cm
- Bügelkorb, ø 5 cm
- 13 Streumargeriten, ø 2 cm
- Gänseblümchenblätter
- 3 Beeren
- Harke, 10 cm lang
- Feenhaar in Gelb
- Friesenbaumfuß in Natur, 9 cm x 1,5 cm x 6,5 cm
- Draht, ø 0,35 mm
- Holzbohrer, ø 2,5 mm

VORLAGE SEITE 222

Maritime Tischdeko

→ für sommerliche Feste

MATERIAL

SEGELSCHIFF
- Holzwäscheklammer, 7,2 cm lang
- Fotokartonreste in Weiß und Blau
- Acrylfarbe in Rot und Blau
- Schaschlikstäbchen

SERVIETTENHALTER
- Nostalgie-Wäscheklammer, ø 1,5 cm, 9,7 cm lang
- Acrylfarbe in Hautfarbe, Blau und Rot
- Fotokartonrest in Blau
- Serviette in Blau

TISCHDECKENBESCHWERER
- Holzwäscheklammer, 4,5 cm lang
- Fotokartonreste in Weiß und Blau
- Acrylfarbe in Weiß und Blau
- Schaschlikstäbchen

VORLAGE SEITE 222

Segelschiff

1 Die Punkte mit dem Schaschlikstäbchen auf die Wäscheklammer tupfen. Alle Fotokartonteile ausschneiden und bemalen.

2 Das Schaschlikstäbchen auf 11 cm kürzen und mit Holzleim in die mittlere Öffnung der Klammer kleben. Das Segel und die mit einem Namen beschriftete Fahne aufkleben.

Serviettenhalter

1 Die Klammer nach Vorlage und Abbildung bemalen.

2 Für die Mütze des Matrosen einen Streifen blauen Fotokarton, 1 cm x 6 cm, zuschneiden und um den Kopf kleben.

3 Die Serviette zu einem Fächer falten und in den Schlitz der Nostalgie-Wäscheklammer stecken.

Tischdeckenbeschwerer

1 Die Fische aus Fotokarton ausschneiden und bemalen. Die Punkte mit einem Schaschlikstäbchen auftupfen.

2 Dann gemäß der Abbildung auf die Klammern kleben.

TIPP

Diese maritime Tischdeko ist vor allem für Kinderfeste süß. Am besten Sie veranstalten noch passende Spiele dazu, wie zum Beispiel Schiffe versenken, oder singen Seemannslieder.

LEO

Muscheln mit Herz

→ bringt Meeresstimmung

MATERIAL

- Keilrahmen, 40 cm x 40 cm
- Reliefgießmasse in Weiß
- Spachtel
- Glitzersand in Gold
- verschiedene kleine Muscheln

1 Reliefgrundmasse unter Zugabe von Wasser anrühren und kurz andicken lassen. Die breiige Masse mit einem Spachtel auf dem Keilrahmen verteilen.

2 Die Muscheln in die noch nasse Masse drücken. Alles trocknen lassen.

3 Den Glitzersand mit einem kurzhaarigen Pinsel auf die trockene Modelliermasse aufbringen.

TIPP

Falls Sie keine Muscheln haben, können Sie in Bastel- und Dekogeschäften welche kaufen.

Im Sommer 1980 ...

... entstieg dieses lustige Meeresungeheuer den Fluten der Nordsee. Muscheln faszinieren den Menschen seit eh und je. Kaurimuscheln benutzte man in manchen Gegenden Afrikas sogar als Währung.

Bild aus Rita Frischmann: Phantasievolles aus Muscheln und Schnecken.

Lachmöwe Lara

→ immer gut gelaunt

MATERIAL

- Fotokarton in Weiß und Beige, A4
- Fotokartonreste in Braun, Blau, Gelb, Rot und Orange
- Filzstifte in Schwarz und Hellblau
- Vogelsand
- Sieb

VORLAGE SEITE 222

1 Den beigefarbenen Fotokarton für die Sandfläche mit Klebestift bestreichen, den Vogelsand auf das Papier sieben und alles trocknen lassen.

2 Den Mützenrand auf die Mütze kleben und die Mütze hinter dem Möwenkopf platzieren. Dann den Schnabel und die Wangen aufkleben. Die Augen und die restlichen Innenlinien aufmalen.

3 Die Beine von hinten ankleben, die Möwe auf den Baumstamm setzen und diesen auf die Sandfläche kleben.

TIPP

Falls Sie keinen Sand verwenden möchten, können Sie auch Fotokarton mit Sandmotiv verwenden.

Buddelspaß

→ für kleine Bauherren

MATERIAL

- Fotokarton mit Sandmotiv, A3
- Fotokarton in Hellblau und Grau, A4
- Fotokartonreste in Gelb, Blau, Blau-Weiß gestreift, Weiß, Rosa, Braun, Schwarz, Orange und Rot
- Filzstifte in Schwarz, Orange und Hellblau
- Chenilledraht in Rosa
- Satinband in Rosa, 4 mm breit, 20 cm lang
- Holzmarienkäfer, ø 1 cm
- Wackelauge, 1,1 cm x 1,6 cm
- 8 Besenhaare in Schwarz, ca. 5 cm lang

VORLAGE SEITE 223

1 Alle Teile ausschneiden. Den Eimer auf das Sandpapier setzen und eine Sandschicht in den Eimer kleben.

2 Den Mausekörper aufsetzen und die Hose aufkleben. Die Arme hinter, die Beine vor den Körper kleben. Schuhe fixieren und darauf eine kleine Schleife aus Satinband setzen.

3 Die Ohren zusammenfügen und hinter den Kopf kleben. Die Mütze aufsetzen. Augen und Wange aufkleben. Hinter die Nase die Barthaare kleben.

4 Den Chenilledraht zum Schwanz kringeln und hinter den Eimer kleben.

5 Die Schrauben auf die Schaufel malen. Einen Holzkäfer aufkleben. Die Schaufel auf den Eimer kleben.

6 Schnabel und Wackelauge auf die Ente kleben. Innenlinien aufmalen und Punkte auftupfen. Die Ente vor den Eimer kleben. Die Lichtpunkte in den Augen ergänzen.

Blumenschmuck

→ für den Garten

MATERIAL

- Sperrholzrest, 4 mm stark
- Sperrholz, 1 cm stark, A4
- Acrylfarbe in Gelbocker, Altrosa, Flieder und Arktis
- Draht, ø 1,4 mm, je 55 cm lang
- Holzbohrer, ø 2 mm

VORLAGE SEITE 223

1 Alle Blüten nach Anleitung für Holz auf Seite 11 aus dem dicken, die Blütenmitten aus dem dünnen Sperrholz aussägen. Die einzelnen Teile bemalen.

2 Nach dem Trocknen die Blütenmitten ankleben und alle Löcher bohren.

3 Pro Blüte ein ca. 55 cm langes Stück Draht von hinten durch die Bohrung stecken.

4 Die Drahtenden über einen Stift zu Locken drehen. Jetzt noch den Aufhängedraht in Form biegen.

TIPP

Kinder können dünneres Sperrholz verwenden und das Holz mit der Laubsäge aussägen. Wenn dünnerer Draht verwendet wird, kann das Loch auch mit einem Nagelbohrer gebohrt werden.

Im Jahre 1981 ...

... flog dieser Paradiesvogel aus Sperrholz durch die Gärten. Durch die verwendeten Farben und das tolle Muster wirkt er sehr modern. Dank günstiger Dekupiersägen haben Frauen das Sägen und Schleifen für sich entdeckt. Holz wird immer beliebter.

Paradiesvogel heißt auch ein Sternbild zwischen Pfau und Fliege. Gar nicht zum Namen passt, dass es unscheinbar ist und aus lichtschwachen Sternen besteht.

Bild aus Katharina Zechlin: Kleine Geschenke und Mitbringsel.

Schneckenquartett

→ schnuckelig

MATERIAL

- Sperrholzrest, 6 mm stark
- 2 Holzperlen in Beige, Pastellgrün oder Blaugrün, ø 6 mm
- Acrylfarbe in Zitronengelb, Elfenbein, Schilfgrün, Olivgrün und Weiß
- Rundholzstab, ø 3 mm oder 6 mm
- Lackdraht in Schwarz, ø 0,5 mm, 3 x 5 cm lang
- Nylon-ummantelter Draht, ø 1 mm, 2 x 8 cm lang
- Steckdraht, ø 2 mm, 50 cm lang
- Sprühlack in Weiß
- Nagel- oder Holzbohrer, ø 1 mm und 2 mm

VORLAGE SEITE 223

1 Die Schnecke und das Haus nach Anleitung Holz auf Seite 11 am Stück aussägen, dann das Haus abtrennen. Die Löcher für die Fühler, die Befestigung des Schneckenhauses und den Drahtstab bohren (Pfeile).

2 Den Körper und das Haus feilen, schleifen und anschließend jeweils einfarbig bemalen. Die weißen Augen mit einem Rundholzstab auftupfen.

3 Das Gesicht mit feinem Filzstift aufmalen. Rumpf und Schneckenhaus mit Mustern verzieren, dazu ggf. die Spitze eines Schaschlikstäbchens verwenden.

4 Die Ränder abschleifen und die Motivteile mit Klarlack übermalen, damit die Schnecken wetterfest sind.

5 Das Haus an den Körper drahten. Jeweils an einem Ende der Fühlerdrähte eine Holzperle andrahten und dann das andere Ende in eines der beiden Löcher am Kopf stecken. Die Schnecke auf den weiß besprühten Steckdraht stecken.

TIPP

Zur Bekämpfung der weniger beliebten echten Schnecken können Sie Schälchen mit Bier aufstellen. So bringen Sie die Tiere umweltbewusst um die Ecke.

Krokodil am Gartenteich

→ für Risikofreudige

MATERIAL
- Fichtenleimholz, 1,6 cm stark, 35 cm x 60 cm
- Acrylfarbe in Weiß, Grün, Gelb und Schwarz

VORLAGE SEITE 223

1 Das Krokodil nach Anleitung Holz auf Seite 11 aussägen und die Kanten abschmirgeln.

2 Das Holzstück weiß grundieren und nach dem Trocknen bemalen. Feine Linien mit einem Filzstift zeichnen.

3 Nach dem Trocknen mit Klarlack behandeln, damit das Krokodil wetterfest wird.

4 Das Krokodil kann direkt in die Erde gesteckt werden.

Im Steinzoo 1976 …

… lehrte dieses Krokodil die Besucher das Fürchten.

Trotz ihrer Gefährlichkeit galten Krokodile im alten Ägypten als heilig. Auch heute sind gebastelte Krokodile beliebt, den Anblick ihrer lebendigen Artgenossen genießt man besser aus der nötigen Distanz.

Bild aus Ursula Kühnemann: Steine geklebt und bemalt.

Kürbisfratze

→ für Halloween

1 Die Vorlage des Gesichtes auf den Kürbis übertragen. Den Kürbisdeckel mit einem scharfen Messer abschneiden; das sollte ein Erwachsener übernehmen.

2 Den Kürbisinhalt mit einem Esslöffel aushöhlen. Einen etwa 2 cm starken Rand stehen lassen.

3 Mit einem Küchenmesser das Gesicht entlang der Linien ausschneiden und das Teelicht einsetzen.

ACHTUNG!

Geübte Kinder können mit einem nicht allzu scharfen Messer das Gesicht ausschneiden. Ist das Messer allerdings zu stumpf, wird es nicht nur schwierig, sondern auch gefährlich, da beim Schneiden sehr viel Druck ausgeübt werden muss.

MATERIAL

- Kürbis in Orange, ø 15 cm, 20 cm hoch
- Teelicht
- großes, scharfes Messer
- Küchenmesser
- Esslöffel

VORLAGE SEITE 224

Eichhörnchen

→ mit Wintervorrat

ab 6 Jahre

MATERIAL
- Holzwäscheklammer, 7,2 cm lang
- Fotokartonreste in Dunkelbraun, Braun, Rot, Grün und Grau
- Acrylfarbe in Pfirsich
- Draht, ø 0,35 mm
- Nähgarn in Grün
- Kokosfasern in Grün

VORLAGE SEITE 224

1 Die Klammer in Pfirsich bemalen.

2 Dem Eichhörnchen die Nase, das Bein und von hinten den Schwanz aufkleben.

3 Die Eichel zusammenfügen, dem Eichhörnchen und der Eichel die Innenlinien aufmalen. Die Lichtpunkte in den Augen und auf der Nase nicht vergessen!

4 Die Eichel mit Nähgarn an den Arm hängen. Das Eichhörnchen auf die Klammer kleben und etwas mit Draht umwickelte Kokosfasern fixieren. Die Drahtenden durch das Wickeln um einen Stift locken.

TIPP

Dieses Eichhörnchen ist nicht nur eine schöne Dekoration, sondern Sie können damit auch Nussmischungen oder Studentenfutter verschenken.

Wichtelmännchen

→ echt knorke

1 Auf die Schnittfläche Wacholderaugen, eine Hagebuttennase und einen Bart aus Islandmoos oder Flechte ankleben.

2 Das rote Filzstück für die Mütze zuerst am Rand ca. 5 mm umschlagen, hinten zusammenkleben und auf den Kopf schieben. Den roten Strickschlauch beim zweiten Wichtel über den Holzstamm stülpen und beide Mützen am oberen Rand mit den Kordeln zusammenbinden.

3 Die zwei Astarme in die seitlich dafür gebohrten Löcher kleben. Die Arme mit weiteren Flechtenstücken verzieren, das Körbchen mit Flechte und Pilzen bestücken und am Arm anbringen.

4 Die auf Holzscheiben geklebten Zapfenzwerge bekommen Köpfe aus einer Haselnuss mit Bucheckermütze oder Wildrosenfrucht. Die Gesichter mit wasserfesten Filzstiften aufmalen und die Arme aus Erlenzapfen beidseitig unter eine Zapfenschuppe kleben.

Im Herbst 1995 ...

... sahen Zapfenwichtel noch haariger aus. Wenn die Natur durch Früchte und Samen an ihre Vermehrung denkt, dann regt das die menschliche Fantasie an und weckt den schlummernden Sammeltrieb.

Tanne und Fichte kann man im übrigen dadurch unterscheiden, dass die Zapfen bei der Fichte im reifen Zustand nach unten hängen, während sie bei der Tanne nach oben ragen.

Bild aus Inge Bette, Daniel Hikel, Elke Müller und Heiko Tuttas: Große basteln mit Kleinen.

MATERIAL

- 2 Holzstämme mit abgeschrägter Schnittfläche
- 2 runde Holzscheiben
- kleines Körbchen
- 2 Holzstreuteile: Fliegenpilz
- Filz in Rot, A4
- Strickschlauch in Rot, 4 cm breit, 10 cm lang
- Kordel in Hellbraun, 50 cm lang
- Naturmaterial: Kiefern- und Erlenzapfen, Haselnuss, Bucheckerkapsel, Hagebutten, Wildrosenfrucht, Wacholderbeeren, Gewürznelke, Ästchen, Flechte oder Islandmoos

Rabe und Igel

→ beim Plausch

MATERIAL

RABE

- Fichtenleimholzrest, 1,8 cm stark
- Sperrholzrest, 3 mm stark (Flügel, Füße)
- Acrylfarbe in Schwarz, Rot, Blau, Gelb und Weiß
- Draht, ø 0,65 mm
- Jutekordel in Natur, ø 2,5 mm, 35 cm lang
- Bast in Rot, 20 cm lang
- Holzbohrer, ø 1 mm und 2,5 mm

IGEL

- Fichtenleimholzrest, 1,8 cm stark
- Sperrholzrest, 7 mm stark (Äpfel, Birnen)
- Acrylfarbe in Schwarz, Rot, Gelb, Braun und Weiß
- Draht, ø 0,65 mm, 4 x 40 cm lang
- 4 Rohholzperlen, ø 2,5 cm
- Jutekordel in Natur, ø 6 mm, 2 x 17 cm lang
- Holzbohrer, ø 1 mm und 6 mm

VORLAGE SEITE 224

Rabe

1 Die Motivteile aussägen, feilen, schleifen, bohren und bemalen wie in der Anleitung Holz auf Seite 11 beschrieben.

2 Den Draht zu einem schmalen U biegen und die Enden durch das Loch im Flügel, die beiden Löcher im Rumpf und das Loch im anderen Flügel führen. Die Drahtenden miteinander verdrehen und kürzen.

3 Die Jutekordel zur Hälfte durch das große Loch im Rumpf ziehen, jeweils einen Fuß auffädeln und die Enden mit einem Knoten versehen. Als Halsschmuck eine rote Bastschleife umbinden.

Igel

1 Die Motivteile nach Anleitung Holz auf Seite 11 vorbereiten, aussägen, bemalen und die Kanten leicht schleifen.

2 Für die Spiralen den Draht um einen Bleistift wickeln, abstreifen und dehnen. Ein Ende an einer Frucht andrahten, das andere in den Igel stecken. Die Pfeile auf der Vorlage markieren die Bohrlöcher für die Drahtspiralen.

3 Die Kordeln jeweils zur Hälfte durch den Igelrumpf ziehen. In die Löcher der braun bemalten Perlen etwas Klebstoff geben und die Enden der Kordel hineinstecken.

Apfelzwerge

→ zum Reinbeißen

MATERIAL PRO ZWERG

- Apfel
- Rohholzperle, ø 4 cm
- Rohholzperle, ø 1,2 cm (halbiert, Nase)
- 2 Rohholzperlen, ø 2 cm (Hände)
- Rundholzstäbchen, ø 3 mm bis 5 mm, 7 cm lang
- Acrylfarbe in Hautfarbe
- Langhaarplüschrest in Schwarz
- Filzreste in Rot und Orange oder Hell- und Dunkelgrün
- Jutekordel in Weiß, ø 6 mm, 20 cm lang
- Schnitzmesser

VORLAGE SEITE 224

1 Die halbierte Perle als Nase auf den hautfarben grundierten Kopf kleben. Das Gesicht aufmalen. Das Rundholzstäbchen mit dem Schnitzmesser anspitzen und so in den Kopf kleben, dass die Spitze unten 3 cm übersteht.

2 Vom Langhaarplüsch einen Streifen mit den Maßen 10 cm x 2 cm abschneiden. Die Plüschhaare auf 5 cm bis 6 cm kürzen. Den Plüsch als Haare auf den Kopf kleben.

3 Die Filzmütze zusammenkleben und auf den Haaren fixieren. Den Kragenstern in zwei Farben ausschneiden, mit der Lochzange lochen und versetzt auf den Halsspieß stecken.

4 Auf die Enden der Jutekordel jeweils eine Holzperle aufstecken und ankleben, dann die Kordel am Halsspieß anknoten. Den Halsspieß in den Apfel stecken.

Lustige Drachen

→ bunt verziert

1 Den Drachen nach Skizze falten: Ein Blatt in der Mitte falten. Dann wieder auseinander klappen. Die oberen Spitzen zur Mitte falten. Die unteren Ecken schräg zur Mitte knicken, sodass die Drachenform entsteht.

2 Den Drachen gestalten: Der linke Drache bekommt kleine Stoffflicken und alte Knöpfe. Für den mittleren Drachen eine alte Zahnbürste in Wasserfarbe reiben und sie so über einem Sieb abreiben, dass Spritzer auf dem Drachen entstehen. Der rechte Drache ist mit Wachsmalstiften bemalt und mit Maiskörnern dekoriert.

3 Die Gesichter mit Filzstiften aufmalen und die Nasen aus Seidenpapier knüllen und ankleben.

4 In jede Drachenspitze mit einem Bürolocher ein Loch stanzen. In die seitlichen und die oberen Ecken je vier verschiedenfarbige kurze Bänder knüpfen. In das untere Loch als Drachenschwanz die langen Fäden knüpfen. Dafür die Fäden in der Mitte zusammenhalten und sie durch das Loch schieben. Durch die entstandene Schlaufe die Enden ziehen und vorsichtig festziehen.

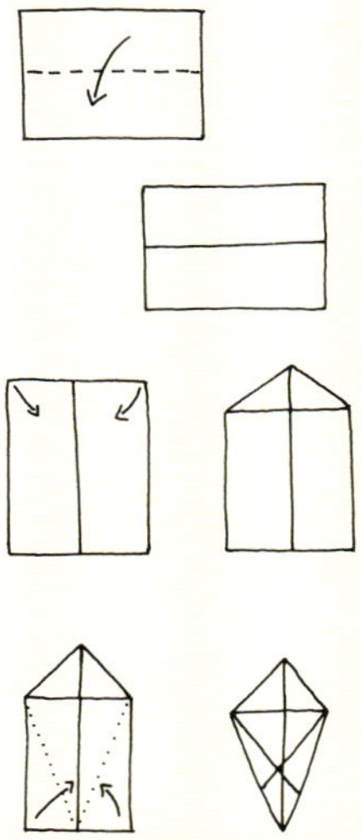

MATERIAL

- 3 Schreibmaschinenblätter in Weiß
- Wachsmalstifte in verschiedenen Farben
- Stoffreste
- verschiedene Knöpfe
- Maiskörner
- alte Zahnbürste
- Wasserfarbenkasten
- Sieb
- Seidenpapier in Rot, je 10 cm x 20 cm
- Satinband, Bast oder Wolle in verschiedenen Farben, je 12 x 22 cm und 1 x 45 cm lang

VORLAGE SEITE 224

Vogelscheuche und Rabe

→ fröhlich auf der Schaukel

MATERIAL VOGELSCHEUCHE

- Tontopf, ø 9 cm
- Holzkochlöffel mit runder Kelle, ø 5,5 cm, 32 cm lang
- 2 durchbohrte Rohholzkugeln, ø 3 cm
- 2 Holzknöpfe, ø 2 cm
- 2 Holz-Clownfüße, 2,8 cm x 4,8 cm
- Filz in Hellgrün und Rot, A4
- Acrylfarbe in Blau, Hellgrün und Braun
- Sisaldrahtkordel in Natur, ø 6 mm, 2 x 17 cm lang
- Schleifenband in Blau-Weiß kariert, 1 cm breit, 2 x 20 cm lang
- Bast in Natur
- Strohhut, ø 8,5 cm
- Karton, 3 mm stark, 5 cm x 19 cm
- Kordel in Blau, ø 3 mm, 1 m lang
- diverse Getreideähren
- dünner Draht
- Paketschnur

RABE

- Tontopf, ø 4 cm
- durchbohrte Rohholzkugel, ø 3,5 cm
- 2 Holzperlen in Gelb, ø 1 cm
- Acrylfarbe in Schwarz
- 2 Wackelaugen, ø 6 mm
- Filzreste in Gelb und Rot
- Strohhut, ø 6,5 cm
- 2 Federn in Schwarz
- Bast in Gelb, 12 cm lang
- Sisaldrahtkordel in Natur, ø 6 mm, 3 cm lang

VORLAGE SEITE 225

Vogelscheuche

1 Den Topf und die Sisalkordelarme nach Abbildung bemalen.

2 Den Kochlöffelstiel auf ca. 10 cm kürzen. Das Gesicht frei Hand gestalten. Für die Haare einige Bastfäden in der Mitte bündeln, auf den Kopf kleben und darüber den Strohhut setzen. Den Kochlöffelstiel in die Topföffnung stecken und innen festkleben. Wenn die Öffnung zu klein ist, kann sie mit der Scherenspitze etwas vergrößert werden.

3 Ein Ende des Armdrahtes in die Holzkugelöffnungen einkleben, das andere am Hals fixieren.

4 Die Beinstücke in den braun bemalten Holzfüßen fixieren und mit Draht mehrere Bastfäden festbinden. Das Filzstück locker um die Beine legen, hinten zusammenkleben, jedes Hosenbein unten mit Bast zusammenbinden und das obere Ende im Topfinneren festkleben.

5 Die Karobänder als Hosenträger auf den Tontopf kleben und die Holzknöpfe aufsetzen. Durch diese vorher Paketschnur ziehen und verknoten. Den Schal umbinden.

6 Die meisten Ähren mit Heißkleber auf das Kartonstück kleben. Die Kordel für die Schaukel beidseitig durch die eingestochenen Löcher führen und oberhalb zusammenbinden. Die Vogelscheuche auf die Schaukel kleben und ihr die restlichen Ähren in die Hand geben. Die schaukelnde Figur am besten gegen eine Wand oder ein Fenster lehnen, damit sie nicht kippen kann.

Rabe

1 Den Tontopf und die Holzkugel mithilfe des Sisalkordelhalses und Heißkleber verbinden. Alles schwarz anmalen.

2 Seitlich die Federn ankleben, die Holzperlen auf den Bast fädeln, die Enden gut verknoten und die Beine im Topfinneren fixieren. Strohhut, Filzschnabel und die Wackelaugen aufsetzen.

3 Der Rabe wird mit der Vogelscheuche zusammen auf die Schaukel geklebt.

Im Herbst 1996 …

… entstand dieser herbstliche Baum aus vielen Korkdruckklecksen. Eine einfache, aber sehr dekorative Technik, die auch heute bei Kindern noch sehr beliebt ist, weil sie nach Herzenslust klecksen können. Auch mit Fingern und ganzen Händen kann man tolle Bilder in der Drucktechnik gestalten.

Bild aus Nicole Funke: Drucken macht Spaß! Drucktechniken für Kinder.

Trick or Treat

→ gebt den Kindern Zucker

MATERIAL KATZENSTECKER

- Holzkochlöffel mit runder Kelle, ø 5,5 cm, 35 cm lang
- Sperrholzrest, 8 mm stark
- Acrylfarbe in Schwarz, Gelb, Elfenbein, Hell- und Dunkelblau
- Fotokartonreste in Hell-, Dunkelblau, Gelb und Schwarz
- Papierdraht in Natur, ø 2 mm, 20 cm lang
- Tontopf, ø 11 cm
- Holzbohrer, ø 2 mm und ca. 1,2 cm

HEXENSTECKER

- Holzkochlöffel mit runder Kelle, ø 5,5 cm, 30,5 cm lang
- Fotokartonreste in Schwarz, Blau, Gelb und Rot
- Filz in Blau, A3
- 6 Pompons in Schwarz, ø 1 cm
- Acrylfarbe in Hautfarbe und Rotviolett
- Stoffreste in Blau-Weiß kariert

VORLAGE SEITE 225

Katzenstecker

1 Für die Arme 23 cm vom unteren Stielende entfernt seitlich den Stiel durchbohren (ø 2 mm); das sollte unbedingt ein Erwachsener übernehmen! Den Löffel und Tontopf gemäß Abbildung und Vorlage bemalen. Die Teile ausschneiden, bemalen, zusammenfügen und aufkleben.

2 20 cm Papierdraht durch die Bohrung ziehen. Als Standfläche für den Löffel aus Sperrholz einen Kreis im Durchmesser 6 cm sägen und in dessen Mitte eine Bohrung im Durchmesser des Löffelstieles anbringen. Den Löffelstiel in die Bohrung kleben und die Scheibe im Topf festkleben.

3 Das Schild mit der Zackenschere zuschneiden, mit schwarzem Filzstift beschriften und zusammenfügen. Den Papierdraht hinter dem Schild mit Klebstoff fixieren. Die Hände aufkleben.

Hexenstecker

1 Den Löffel nach Abbildung grundieren und nach dem Trocknen das Gesicht aufmalen. Die Teile aus Fotokarton ausschneiden und zusammenkleben. Den Hut und die Haare auf den Kopf kleben.

2 Den Umhang aus Filz zuschneiden und die Pompons aufkleben. Halstuch und Tasche aus Stoff zuschneiden. Den Umhang über den Stiel ziehen und dann festkleben. Die Tasche zusammen mit der Katze aufkleben und das Halstuch umbinden.

Rüben- und Kürbisgeister

→ bringen Leben in die Bude

1 Jedes Kerlchen nach Anleitung Holz auf Seite 11 zuerst als ein Teil aussägen, dann Stiel und Deckel trennen. Die Kanten leicht abrunden und die Löcher bohren.

2 Die Motivteile bemalen und an den Kanten anschleifen, bis das Holz durchschimmert.

3 Die dünneren Drahtstücke jeweils zu einem schmalen U biegen, die Enden von vorne durch zwei Löcher stecken, auf der Rückseite miteinander verdrehen und kürzen.

4 Die Arm- und Beindrähte am Kürbis befestigen, drei- bzw. fünfmal um einen Bleistift wickeln und abstreifen. Die Hände bzw. Füße andrahten.

TIPP

Die lustigen Gruselfrüchte sehen zusammen am schönsten aus. Gestalten Sie doch weitere Geister in Grün- oder Rottönen!

MATERIAL

- Fichtenleimholzrest, 1,8 cm stark (Rumpf, Stiel)
- Sperrholzrest, 3 mm stark (Hände, Füße)
- Acrylfarbe in Hellgrün, Dunkelgrün, Gelb, Orange und Rot
- Draht, ø 0,35 mm, pro Motiv 4 x 10 cm bzw. 5 x 10 cm lang
- Draht, ø 0,65 mm, pro Motiv 2 x 13 cm (Arme) und 2 x 16 cm lang (Beine)
- Holzbohrer, ø 1 mm

VORLAGE SEITE 225

Kürbis 1995

Zu dieser Zeit war Artischockentechnik sehr beliebt. Ausgehend von der Artischockengrundform entstanden bald alle möglichen Früchte, wie zum Beispiel dieser Kürbis.

Kürbisse stammen aus Mittel- und Südamerika und gehören dort zu den Grundnahrungsmittel. Seit einigen Jahren werden Kürbisse sowohl zum Essen als auch zum gruseligen Dekorieren auch in Deutschland immer beliebter.

Bild aus Viktoria Steiger: Artischockentechnik für Gourmets.

Grusel-Maskenball

→ für Halloween

Dreiauge

1 Alle Maskenteile zuschneiden und die weißen Schattierungen mit Ölkreide anbringen.

2 Für das Auge die Wattekugel auf einen Zahnstocher spießen und mit Windowcolor bemalen. Die Pupille und den Rand mit der Konturenfarbe aufbringen. Etwas antrocknen lassen, dann das Auge blau ausmalen, die weißen Linien und den Lichtpunkt setzen. Von hinten nach vorne die roten Adern aufmalen und alles trocknen lassen. Das gesamte Auge mit 3D-Lack überziehen.

3 Die beiden Langhaarplüschstreifen mit Wuchsrichtung nach oben auf die Augenbrauen kleben. Überstehendes Haar abschneiden und die Brauen mit Klebepads auf die Maske aufbringen.

4 Die Nase etwas gewölbt mit Kraftkleber fixieren. Das Hutgummi anpassen und festknoten.

Frankenstein

1 Alle Maskenteile zuschneiden, die weißen und schwarzen Schattierungen mit Ölkreide aufmalen und trocknen lassen. Die Narben mit Windowcolor aufmalen.

2 Den Kopf zusammenkleben und die Nase etwas gewölbt fixieren. Das Hutgummi anpassen und festknoten.

MATERIAL DREIAUGE

- Fotokarton in Schwarz, A3
- Langhaarplüschrest in Schwarz, 2 x 7 cm x 2 cm
- Wattekugel, ø 3 cm
- Konturenfarbe für Windowcolor in Schwarz
- Windowcolor in Weiß, Rot und Blau
- Ölkreide in Weiß
- Hutgummi in Schwarz, ca. 50 cm lang
- 3D-Lack in Transparent

FRANKENSTEIN

- Fotokarton in Grün, A4
- Fotokarton in Schwarz, A5
- Windowcolor in Schwarz
- Ölkreide in Weiß und Schwarz
- Hutgummi in Schwarz, ca. 50 cm lang

VORLAGE SEITE 225

TIPP

Nur die gestrickte Rückseite des Langhaarplüsches mit der Spitze der Schere in kleinen Schnitten durchtrennen, so zerschneiden Sie nicht die schönen langen Haare!

Fledermaus-Lichterkette

→ gruselig

MATERIAL

- 10er Lichterkette in Weiß
- Fotokarton in Schwarz, 50 cm x 70 cm
- 5 teilbare Kunststoffkugeln, ø 7 cm
- transparente Glasmalfarbe in Orange und Grün
- 20 ovale Wackelaugen, 9 mm x 1,3 cm
- Chenilledraht in Rot, 10 x 8 cm lang
- Chenilledraht in Schwarz, 10 x 24 cm lang
- Metallicstift in Grau
- Plusterstift in Schwarz
- Terrakottastift in Weiß

VORLAGE SEITE 226

1 Die Fassungen der Lichterkette abwechselnd in Orange und Grün bemalen. Je fünf Kunststoffkugelhälften mit den Glasmalfarben anmalen und trocknen lassen.

2 Die Fledermäuse aus Fotokarton zuschneiden und die Zierlinien mit dem Metallicstift aufmalen.

3 Etwas Heißkleber nach Vorlage auf die Klebestelle auftragen und sofort eine Lampenfassung darauf setzen.

4 Die Aufhängeöse der Kugelhälften vorsichtig abbrechen und die Hälften mit Heißkleber auf den Fledermaus-Körpern fixieren.

5 Jeweils schwarzen Chenilledraht rund um den Ansatz kleben. Den roten Chenilledraht eng zur Schnecke rollen und als Nase aufkleben. Abschließend noch die Augenbrauen und den Mund mit Plusterfarbe und die Zähne mit Terrakottastift aufmalen.

TIPP

Die Aufhängeösen können Sie ganz einfach von Hand abbrechen.

Elfenlaterne

→ niedlich

MATERIAL
- Laternenfolie, A3
- Käseschachtel-Laternenboden, ø 15,3 cm
- Fotokarton in Hellgrün, 50 cm x 70 cm
- Windowcolor in Rot, Gelb, Blau, Grün, Flieder, Weiß, Hautfarbe und Hellgrün
- Windowcolor-Konturenfarbe in Schwarz
- Glitterstift in Gold
- Kupferdraht, ø 0,4 mm
- Laternen-Tragebügel
- Klarsichtfolie (als Malfolie)
- batteriebetriebener Laternenstab oder Kerze mit entsprechender Kerzenhalterung

VORLAGE SEITE 226

1 Die Laterne aus Fotokarton ausschneiden. Blüten und Blätter nach Anleitung Windowcolor auf Seite 9 auf Klarsichtfolie malen und trocknen lassen.

2 Die Vorlage für das Elfenmotiv unter die Laternenfolie legen, die Konturen nachziehen und nach dem Trocknen die einzelnen Farbfelder mit Windowcolor ausmalen. Trocknen lassen.

3 Die Elfe nach Vorlage ausschneiden und so hinter den Fotokarton kleben, dass das Bein genau in den Ausschnitt passt. Den Fotokarton um den Laternenboden kleben und hinten überlappend zusammenkleben.

4 Mit dem Glitterstift die Blütenstempel, die Fühler, die Blätter und die Folienränder bemalen.

5 Mit einer Schere zwei Löcher in den Fotokarton stechen, den Tragebügel durchstechen und mit einer Zange die Drahtenden umbiegen. Die Blüten und Blätter am Rand der Laternenfolie befestigen. Mit dem gelockten Draht Blätter am Tragebügel befestigen.

Schaflaterne

→ kuschelig

1 Die zugeschnittene Lampenfolie für die Vorder- und Rückseite der Laterne etappenweise mit Sprühkleber besprühen und die ausgezupfte Märchenwolle dicht nebeneinander in den Klebstoff drücken. Den so entstandenen Laternenrohling an den bezeichneten Stellen falzen und zusammenstecken.

2 Kopf, Füße, Ohren und Schwanz aus Fotokarton bzw. Glimmerfilz ausschneiden und bemalen. Den Glimmerfilz auf die Füße, die Ohren und den Kopf kleben.

3 Den Aludraht über einen dicken Stift winden und diese Spirale mit Heißkleber zwischen Kopf und Körper kleben. Den Kopf am Spiral-Hals befestigen. Die Füße jeweils mit 8 cm Kordel und den Schwanz mit 10 cm Kordel versehen. Die Beine an die Innenseite der Laterne, den Schwanz hinten ankleben.

4 Mit einer Schere Löcher in die markierten Stellen bohren, den Tragebügel durchziehen und den Draht auf der Innenseite umbiegen.

MATERIAL

- Lampenfolie, 35 cm x 50 cm
- Märchenwolle in Weiß
- Fotokartonrest in Aprikose
- Glimmerfilzplatte in Weiß
- Kordel in Creme, ø 6 mm, 42 cm lang
- Aludraht, ø 2 mm, 20 cm lang
- Buntstift in Rot
- Laternentragebügel
- batteriebetriebener Laternenstab oder Kerze mit entsprechender Kerzenhalterung
- Sprühkleber

VORLAGE SEITE 226

Drachen

→ Eddys im Herbstwind

MATERIAL PRO DRACHEN

- Tyvek® in Weiß, 50 cm x 50 cm und Reste
- Tyvek® in Weiß und Krepppapier in Bunt, 1 cm bis 4 cm breit, 1 m lang
- Holzstab, ø 3 mm, 50 cm lang
- Glasfiberstab, ø 1 mm, 50 cm lang
- Acrylfarbe in verschiedenen Farben
- Handgriff mit Schnur
- Säge
- Maßband
- Schmirgelpapier

VORLAGE SEITE 227

1 Den Drachen nach Maßvorgabe ausschneiden und das Segel bemalen.

2 Auf der anderen Seite die Stäbe befestigen. Den Holzstab mit Tyvek®-Streifen längs aufkleben, den dünnen Glasfiberstab quer.

3 Den Schwanz anbringen.

4 Die Schnur zum Steigenlassen von der bemalten Seite mit einer Nadel durch das Segel führen und um den Kreuzungspunkt der Stäbe knoten. Den Knoten mit Klebstoff sichern.

Gut Wind 1987

Drachen sind beliebt, daran hat sich in den letzten Jahren nichts geändert. Auch die klassischen Drachenformen sind die gleichen geblieben. Hier sehen Sie mehrere Eddys hintereinander als Gespann.

Die Tradition, Drachen steigen zu lassen, stammt aus dem Fernen Osten. In China sind Drachen vermutlich im 6. Jahrhundert vor Christus erfunden worden.

Man verwendete sie zum Ziehen von Wagen und Booten, zum Kämpfen und als Hilfsmittel bei der Wetterbeobachtung.

Bild aus Michael Geßner: Drachen.

Juhu, wir schaukeln!

→ Eichhörnchen beim Spielen

1 An der Anleitung für Windowcolor auf Seite 9 orientieren. Das Motiv mit der Konturenfarbe auf die Folie übertragen. Die Wangen und die Pünktchen der Schuhe auftragen. Alles trocknen lassen.

2 Die Farbflächen ausfüllen. Die Eichhörnchenschwänze mit weißem und das Eichelhütchen mit grünen Glaskügelchen verzieren. Auf die Grasfläche Miniglaskügelchen aufstreuen.

3 Nach dem Trocknen alles sorgfältig ausschneiden. Die Flächen zwischen den Köpfen und den Schwänzen können stehen bleiben. Das Motiv lochen und an den in Form gebogenen Draht hängen.

MATERIAL

- Windowcolor-Konturenfarbe in Schwarz
- Windowcolor in Bernstein, Kirschrot, Terrakotta, Mittelbraun, Reseda, Olivgrün, Hautfarbe, Azurblau, Weiß, Gelb und Korallenrot
- Windrad- bzw. Mobilefolienrest, 0,4 mm stark
- Glaskügelchen in Grün und Weiß, ø 2 mm
- Miniglaskügelchen in Grün, ø 0,5 mm
- Draht, ø 1,4 mm

VORLAGE SEITE 227

Willkommen im Kürbishaus

→ im Wald zu Gast

MATERIAL

- Windowcolor-Konturenfarbe in Schwarz
- Windowcolor in Weiß, Olivgrün, Reseda, Gelb, Orange, Korallenrot, Hautfarbe, Azurblau, Kirschrot und Bernstein
- Windrad- bzw. Mobilefolie, 0,4 mm stark, 35 cm x 30 cm
- Glaskügelchen in Weiß, ø 2 mm
- Miniglaskügelchen in Grün, ø 0,5 mm
- Satinband in Blau, 3 mm breit, 60 cm lang

VORLAGE SEITE 227

1 Nach Anleitung für Windowcolor auf Seite 9 das Motiv mit der Konturenfarbe auf die Folie übertragen. Den Wangenfleck und die Steinplatten aufmalen. Alles trocknen lassen.

2 Die restlichen Flächen mit Windowcolor ausfüllen. Den Rauch mit Glaskügelchen und die Bodenfläche mit Miniglaskügelchen verzieren.

3 Nach dem Trocknen das Motiv ausschneiden, lochen und mit Satinband aufhängen.

Coole Schneemänner

→ mit Teelicht

1 Die Glühbirnen zweimal weiß grundieren, vorher um die Fassung eine Drahtaufhängung zum Trocknen anbringen. Die Gesichter übertragen und farbig gestalten. Die Birnen in Gefäße stellen und die Fassungen grundieren, farbig bemalen und mit Zahnstochern und Wattestäbchen die Muster auftragen. Zwischendurch jeweils trocknen lassen. Auch die Holzhalbkugeln und die Teelichterhülle weiß anmalen.

2 Die Drahtenden zu Schlaufen formen, sodass Klebeflächen entstehen. Je eine Seite an der Holzhalbkugel, die andere Seite an der Glühbirne fixieren.

3 Den Filzschal zuschneiden (1,5 cm breit, 16 cm lang), die Enden fransig schneiden, den Schneemännern umlegen und mit Bastelband fixieren. Die Arme in Form biegen.

4 Für jede Bommel neun Filzstreifen (4 mm breit, 2 cm lang) zuschneiden. Acht Streifen an einem Ende zusammenfassen und mit dem neunten umkleben. Die Bommel auf den Kopf aufkleben.

5 Die drei Styropor- oder Moosgummiringe auf der Rindenscheibe festkleben. Die Schneemänner darauf fixieren. Die Ringe und Teile des Bodens mit Strukturschnee bemalen. Die Teelichthülle davor kleben und die Kerze einsetzen.

MATERIAL PRO FIGUR

- ovale Glühbirne, ø 5,5 cm, ca. 11 cm hoch
- 2 Rohholzhalbkugeln, ø 2 cm
- matte Acrylfarbe in Weiß, Orange, Dunkelbraun sowie Hellblau und Rosa (blaue Mütze) bzw. Rosa und Hellorange (rosa Mütze) bzw. Maigrün und Helltürkis (grüne Mütze)
- Filzreste in Hellblau und Hellgrün (blaue Mütze) bzw. Rosa und Hellblau (rosa Mütze) bzw. Hellgrün und Rosa (grüne Mütze)
- Chenilledraht in Weiß, 2 x 6,5 cm lang
- Holzknopf, ø 1,5 cm
- Rindenholz, 2 cm stark, ca. 13 cm x 18 cm
- Styropor oder Moosgummi, ca. 2 cm stark, ø 6 cm (ausgeschnittener Innenkreis ø 4,5 cm)
- Teelichthülle
- Strukturschnee
- Kerze in Orange, ø 3,7 cm
- Draht

VORLAGE SEITE 228

Vogelhaus

→ für Futter

1 Nach Anleitung Holz auf Seite 11 die Motivteile mit Kohlepapier auf die Sperrholzplatte übertragen. Haus, Herz und Dach auf das stärkere, Vögel, Flügel und Schneeteile auf das dünnere Sperrholz zeichnen. Die Teile aussägen. Alle Löcher bohren und die Kanten glatt schleifen.

2 Mit stark verdünnter Acrylfarbe die Teile nach Abbildung bemalen, trocknen lassen, an den Rändern leicht abschmirgeln und danach mit Holzleim zusammenkleben. Dem Vogel am Vogelhaus ein kleines Holzstückchen unter den Schwanz kleben und ihn daran an das Vogelhaus kleben. Für die Schneeteile die Strukturschneepaste mit weißer Acrylfarbe mischen.

3 Die Vogelfüßchen aus dünnem Draht formen, den restlichen Draht ineinander drehen und mit Klebstoff in die eingebohrten Löcher einsetzen. Auch das rote Herz mittels Drahtstück so mit dem Haus verbinden.

4 Den Aufhängefaden einziehen, einen Knoten binden und bunte Holzkugeln sowie einen Zapfen dazu fädeln. Das Vogelhäuschen aufhängen. Den Meisenknödel und die Kolbenhirse befestigen.

TIPP

Manche Vögel meiden knallig bemalte Futterhäuschen. Falls das Futter nicht gefressen wird, sollten Sie das Herz entfernen oder in einem Pastellton bemalen.

MATERIAL

- Sperrholz, 1 cm stark, A4
- Sperrholzrest, 4 mm stark
- Acrylfarbe in Hellblau, Blau, Rot, Gelb, Orange, Weiß und Schwarz
- Strukturschnee
- Holzperle in Orange, ø 1,4 cm
- 2 Holzperlen in Rot, ø 8 mm
- 2 Zapfen
- Draht in Braun, ø 0,5 mm, 4 x 10 cm lang
- Draht in Braun, ø 1 mm, 10 cm lang
- Kolbenhirse
- Meisenknödel
- dünne Paketschnur, 1 m lang
- Holzbohrer, ø 1 mm und 2 mm

VORLAGE SEITE 228

Spazierender Schneemann

→ filigrane Winterwelt

1 Das Fensterbild von der Vorlage auf den Fotokarton übertragen. Das Motiv mit Schere und Cutter auf entsprechender Unterlage ausschneiden. Bleistiftstriche weg radieren.

2 Die Eiskristalle mithilfe von Nadel und Faden befestigen.

TIPP

Die Eiskristalle sind auch auf Weihnachtskarten oder als Geschenkanhänger sehr hübsch.

MATERIAL

- Fotokarton in Weiß, A2
- Nähgarn in Weiß

VORLAGE SEITE 228

Schnee 1992

Schnee ist einfach mehr als Niederschlag. Er besteht aus feinen Eiskristallen, die immer unterschiedlich und sehr dekorativ sind.

Schneemänner haben es der Autorin Angelika Kipp ganz besonders angetan. Sie hat im Winter 1992 diese Schneemannfamilie aus Tonkarton durch die Wohnungen spazieren lassen. Inzwischen sind ihre Schneemänner – wie man an dem Beispiel rechts sieht – schön rund und doch filigran.

Bild aus Angelika Kipp: Hurra, es ist Winter. Fensterbilder aus Tonkarton.

Schneeflöckchen

→ aus Wäscheklammern

MATERIAL PRO FLÖCKCHEN

- Holzwäscheklammer, 7,2 cm lang
- Fotokartonreste in Hautfarbe und Weiß
- Acrylfarbe in Silber
- Glitter Glue in Silber
- Flowerhair in Silber, 8 cm lang
- Silberdraht, ø 0,4 mm, 10 cm lang
- Draht, ø 0,35 mm, 30 cm lang

VORLAGE SEITE 228

1 Die Wäscheklammer silbern bemalen. Die Motivteile auf Karton übertragen und ausschneiden.

2 Das Gesicht mit Bleistift leicht vorzeichnen und mit Filzstift und Buntstift nacharbeiten. In die Stirn mit der Vorstechnadel ein Loch stechen. Mit dem Silberdraht das glatt gezogene Flowerhair in der Mitte zusammenfassen. Ein Drahtende von vorne durch das Loch in der Stirn stecken und auf der Rückseite mit dem anderen Drahtende verdrehen. Die Drahtenden mit dem Seitenschneider kürzen.

3 Den Kopf auf die Klammer kleben. Flügel und Schneekristall mit Glitter Glue verzieren. Beide Teile von vorne bzw. von hinten an die Klammer kleben.

4 Den Draht für das Schild um ein Schaschlikstäbchen wickeln, abstreifen, dehnen und die Enden durch die Löcher im Schildchen (mit einer Stopfnadel vorstechen) stecken und umbiegen. An der Klammerspirale befestigen.

TIPP

Wenn Sie beim Ausschneiden der Eiskristalle helfen, können auch jüngere Kinder mitbasteln.

Winterliche Kerzen

→ kinderleicht

MATERIAL
- je 1 Kerze in Blau und Grün, ø 8 cm, 15 cm hoch
- Kugelkerze in Blau, ø 10 cm
- Kerzenstifte in Rot, Weiß, Grün, Rosa, Schwarz, Braun, Gelb und Orange

VORLAGE SEITE 229

1 Die Motive von der Vorlage auf die Kerze übertragen. Dafür die Vorlage kopieren, auf die Kerze legen und das Motiv mit dem Kugelschreiber nachfahren, sodass sich die Linien ins Kerzenwachs drücken.

2 Die Farben nacheinander entsprechend der Abbildung auftragen. Dabei erst die untere Fläche aufmalen, beispielsweise den weißen Körper des Schneemanns, und trocknen lassen. Dann erst den Schal und das Gesicht aufmalen.

TIPP

Kleine Kinder können Sie einfach nur Tupfen und Muster aufmalen lassen.

Schlitten fahren

→ mit Schlittenhund

MATERIAL PRO SCHLITTENFAHRER

- Tontopf, ø 3,5 cm
- je 1 Rohholzperle, ø 2,5 cm und 1,2 cm
- 2 Marionettenfüße, 2 cm x 2,5 cm
- Fotokartonrest in Blau bzw. Gelb
- Acrylfarbe in Hautfarbe, Schwarz sowie Rot bzw. Blau
- Strukturschnee
- Kurzhaarplüschrest in Hellbraun bzw. Schwarz
- Chenilledraht in Rot bzw. Blau, 12 cm (Arme) und 2 x 10 cm lang (Beine samt Hals)
- Baumwollfaden in Blau bzw. Gelb, ø 1 mm, 20 cm lang

SCHLITTENHUND

- Tontopf, ø 3,5 cm
- 4 Holzperlen in Schwarz, ø 8 mm
- Fotokartonreste in Schwarz, Weiß und Rot
- Acrylfarbe in Schwarz
- Strukturschnee
- 2 Wackelaugen, ø 3 mm
- Chenilledraht in Schwarz, 2 x 8 cm lang
- Baumwollfaden in Rot, ø 1 mm, 15 cm lang
- Wolle in Gelb
- 2 Stricknadeln

VORLAGE SEITE 229

Schlittenfahrer

1 Den Kopf (ø 2,5 cm), die Marionettenfüße und den Tontopf wie abgebildet farbig gestalten. Das Plüschhaarteil am Hinterkopf ca. 1 cm tief einschneiden und auf den Kopf kleben.

2 Mit weißem Lackstift Muster auf den Topf zeichnen. Das Gesicht aufmalen.

3 Die Beindrähte 3 cm durch die Holzperle (ø 1,2 cm) stecken, die beiden kurzen Enden als Hals von unten durch die Topföffnung führen, den Armdraht dazwischen legen und dann den Kopf aufstecken. Die Füße anbringen.

4 Den Schlitten ausschneiden. Die gestrichelten Linien einritzen und umklappen. Nun die Sitzflächen an der Vorder- und Rückseite jeweils 6 mm tief einschneiden (durchgezogene Linien). Die gepunkteten Eckflächen sind die Klebeflächen. Durch die vorgestochenen Löcher den Faden fädeln und anknoten. Mit dem Borstenpinsel Strukturschnee auf die Kufen geben. Den Schlittenfahrer auf den Schlitten setzen.

Schlittenhund

1 Den Topf schwarz anmalen. Den Kopf ausschneiden, von hinten die Zunge, von vorne die Nase und die Wackelaugen anbringen.

2 Die Beine mit den aufgeschobenen Holzperlen in den Topf kleben.

3 Den Kopf und das Schild am Topf befestigen. Einen Schal von 15 cm x 1,5 cm stricken und umbinden. Den Schlitten wie oben beschrieben arbeiten und den Schlittenhund darauf setzen.

Schlittenfahrt 1992

Man sieht dem Jungen mit Schlitten an, dass er aus der gleichen Feder stammt wie die rodelnden Kinder. Der Autor Armin Täubner hat den Hund und die Rodler ähnlich angezogen und doch sehen sie pfiffiger aus als vor Jahren.

Schlitten hat man übrigens schon in Ägypten zum Transport von Steinen für die Pyramiden benutzt. Seit dem Mittelalter haben die Bewohner Norwegens und des Erzgebirges sie als wintertaugliches Transportmittel entdeckt.

Bild aus Armin Täubner: Weihnachten phantastisch plastisch.

GUTEN
RUTSCH!

Adventskalender mit Engeln

→ himmlisch

MATERIAL

- Sperrholz, 4 mm stark, 20 cm x 80 cm
- Weidenkranz, ø 30 cm
- Acrylfarbe in Gelb, Rot, Weiß, Braun, Grün und Blau
- Lackstifte in Gelb, Rot und Blau
- Bast in Rot und Gelb
- 4 Pompons in Rot, ø 5 mm
- Satinband in Rot, 3 mm breit, 3 x 1 m lang
- Perlonschnur
- Holzbohrer, ø 1 mm

VORLAGE SEITE 230

1 Die Motive nach Anleitung für Holz auf Seite 11 aus dem Sperrholz zusägen. Die Löcher in die Engel und die Sternteile bohren. Alle Kanten mit Schmirgelpapier glätten.

2 Die Engel nach Abbildung bemalen und mit Lackstiften verzieren. Bast für die Haare durchziehen und verknoten.

3 Den Kranz wie abgebildet mit Satinband aufhängen.

4 Die Sterne ineinander stecken und in der Mitte des Kranzes mit Perlonschnur aufhängen. Die Engel im Kreis am Kranz festknoten und die Päckchen an den Engeln, am Stern und am Kranz befestigen.

TIPP

Die Engel können Sie auch als Christbaumschmuck verwenden oder nach Weihnachten als Schutzengel aufhängen.

Löffel-Rudolf

→ reich bepackt

1 Zwei Löcher links und rechts in den Stiel des Löffels bohren. Dann den Kochlöffel wie abgebildet bemalen. Augen und Innenlinien mit Lackmalstiften bzw. wasserfesten Stiften verzieren.

2 Das Geweih nach Anleitung auf Seite 11 aus Sperrholz aussägen, abschmirgeln und bemalen. Die Moosgummiteile ausschneiden und nach Abbildung aufkleben.

3 Das komplette Geweih am Löffel befestigen. Das Glöckchen an die Paketschnur knoten und von hinten an den Löffel kleben.

4 Die Nikolausmütze und den Schal befestigen. Den Löffel mit Makrameeschnur aufhängen. Besonders hübsch sieht dieser Adventskalender mit Jutesäckchen aus.

MATERIAL
- Holzkochlöffel mit runder Kelle, ø 10 cm, 90 cm lang
- Sperrholz, 4 mm stark, 40 cm x 15 cm
- Moosgummireste in Rot, Braun und Beige
- Acrylfarbe in Braun, Hellgelb und Weiß
- Nikolausmütze aus Filz, 14 cm lang
- Nikolausschal aus Filz, 25 cm lang
- Glöckchen, ø 3 cm
- Paketschnur
- Makrameeschnur in Rot
- Holzbohrer, ø 4 mm

VORLAGE SEITE 230

Engelskinder

→ beim Spielen

Engel im Jahr 1989 ...

...waren ganz ähnlich im Aufbau und sehen doch ganz anders aus.

Engel gibt es nicht nur im Christentum. Sie stehen auch in anderen Religionen Gott oder den Göttern zur Seite und bringen den Menschen Botschaften. In der christlichen Religion gehören Sie zu Weihnachten, da sie die Geburt Christi verkündeten.

Bibelkundige wissen, dass Engel auch an anderer Stelle, vor allem im Alten Testament, eine wichtige Rolle spielen.

Bild aus Inge Walz: Weihnachtsengel vielseitig gestaltet.

1 Das gemusterte Kleidteil ausschneiden, das kurze Papierdrahtstück als Hals einkleben. Das Kleidchen sorgfältig zu einem Spitztütchen einrollen und die Kanten zusammenkleben. Für Kragen und Schleife ein Papierstück falten, den Falz an die gestrichelte Linie der Vorlage anlegen und ausschneiden. Das Kragenteil mit der Scherenspitze lochen, auf den Hals schieben, umbiegen und beidseitig ankleben.

2 Die Papierdrahtarme und die hautfarben bemalten Halbkugeln als Hände aufkleben.

3 Den Beindraht in das Tüteninnere kleben, die weißen Holzperlen dazu fädeln und die Enden mit Klebstoff in den bemalten Holzschuhen fixieren.

4 Auf das Köpfchen die Gesichtslinien zeichnen. Für die Locken aus Wolle einige feste rechte Maschen stricken. Die Maschen wieder auftrennen, zurechtschneiden, mittig zusammenbinden und aufkleben. Die türkisfarbene Schleife anbringen.

5 Für das Kleidchen des anderen Engelkindes die gemusterten Papiere andersherum verwenden und ein bemaltes Schaschlikstäbchen mit aufgesetzten und dazugehängten Sternen in die Hände kleben. Bei beiden von hinten die Flügel fixieren.

TIPP

Beim Stricken sollten Eltern helfen.

MATERIAL PRO FIGUR

- Tonpapierreste in Türkis mit weißen Karos und weißen Punkten
- Fotokartonreste in Weiß, Hautfarbe, Gelb und Türkis
- Papierdraht in Weiß, ø 2 mm, 34 cm lang (16 cm für Arme und Beine, 2 cm für Hals)
- Acrylfarbe in Hautfarbe und Türkis
- 2 Holzfüße, 2,5 cm x 2 cm
- 2 Rohholzhalbkugeln, ø 1,5 cm
- 3 Holzperlen in Weiß, ø 4 mm
- Wolle in Gelb
- 2 Stricknadeln
- evtl. Schaschlikstäbchen

VORLAGE SEITE 230

Weihnachtlicher Türkranz

→ Ho! Ho! Ho!

MATERIAL

- fester Karton, 30 cm x 30 cm
- Acrylfarbe in Silber
- verschiedene kleine Zapfen, Erlenzapfen, Ilexzweige und Thujaspitzen
- Toilettenpapierrolle
- Maulbeerpapier in Rot, A5
- Fotokartonreste in Hautfarbe und Schwarz
- Plüschpompon in Rot, ø 1,5 cm
- Plüschpompon in Weiß, ø 1 cm
- Chenilledraht in Rot, 2 x 7 cm und 2 x 4 cm lang
- Chenilledraht in Weiß, 12 cm (Mantel) und 6 cm lang (Mütze)
- Füllwatte
- Packpapierreste
- dünne Paketschnur, 10 cm lang
- breiter Pinsel

VORLAGE SEITE 230

1 Den Kartonring ausschneiden und mit Heißkleber rundum Zapfen aufsetzen. Die Thujaspitzen, Zapfen und Ilexzweige in die Zwischenräume kleben.

2 Mit einem breiten Pinsel etwas silberne Farbe über den Kranz streichen.

3 Die Toilettenpapierrolle mit dem Naturpapier umkleben. Am oberen Rand innen Heißkleber auftragen, die Rolle zusammendrücken und etwas festhalten, bis der Klebstoff hält.

4 Den oberen Rand an den Seiten je ca. 1 cm tief einschneiden, die Chenilledrahtstücke für die Arme einschieben, im Inneren fixieren und den Rand nach Vorlage abrunden. Die Beinstücke einkleben, Hände und Stiefel ansetzen.

5 Das Gesicht gestalten und den Wattebart, den Nasenpompon und den Hut auf den Kopf kleben. Auch hinter dem Hut etwas Watte als Haare fixieren.

6 Den weißen Chenilledraht nach Abbildung ankleben und den Pompon an die Mützenspitze setzen.

7 Ein Säckchen aus Paketpapier oben mit Paketschnur zusammenschnüren und zwischen den Händen fixieren.

8 Den Weihnachtsmann in den Kranz hängen.

Weihnachten 1989 ...

...bastelte man aus Papier, Kordeln, Perlen und mehr diesen schönen Baumschmuck, der auch heute noch schön anmutet.

Nach einem aufregenden und erfreulichen Herbst mit Montagsdemos und Mauerfall konnten sich in diesem Jahr Familien aus Ost- und Westdeutschland endlich wieder gemeinsam unter dem Christbaum versammeln.

Bild aus Pia Pedevilla: Schmuckes für die Weihnachtszeit.

Stecken- und Ziehpferdchen

→ frisch aus der Werkstatt

MATERIAL

- Sperrholzrest, 1 cm stark
- Acrylfarbe in Hellgrau, Weiß, Tannengrün, Scharlachrot und Gelbocker
- 4 Holzräder, ø 3 cm, 8 mm stark, mit Bohrung ø 4 mm
- Rundholzstücke, ø 4 mm, 2 x 3 cm (Achsen) und 1 x 8 cm lang (Steckenpferd)
- Rohholzkugel, ø 2 cm, mit Bohrung ø 4 mm
- Rohholzkugel, ø 1,5 cm, mit Bohrung ø 4 mm
- Paketschnur, ø 1,7 mm
- Strohband
- Samtfaden in Rot, ø 2 mm, 26 cm lang
- geschlossene Ringschraube, ø 3 mm, 8 mm lang
- Holzbohrer, ø 2 mm, 3 mm, 4 mm und 4,5 mm

VORLAGE SEITE 231

1 Das Ziehpferdchen und das Steckenpferd nach Anleitung für Holz auf Seite 11 aussägen. Die Pferde, die Holzräder und die Holzkugeln wie abgebildet anmalen und alle Innenlinien ergänzen.

2 Die seitlichen Bohrungen für die Mähne, beim Ziehpferd auch für den Schwanz und beim Steckenpferd auch für das Rundholz ausführen. Die Löcher für die Räder vorsichtig bohren, evtl. mit einem dünnen Bohrer vorbohren. Das Steckenpferd erhält für die Aufhängung eine Bohrung von vorne.

3 Die Mähnen und den Schwanz aus zerfasertem Strohband fixieren. Die Räder mit den entsprechenden Rundholzstücken befestigen und die Ringschraube einschrauben. Eine Paketschnur durch die Öse ziehen, eine kleine Ziehkugel auffädeln und die Paketschnurenden verknoten.

4 Das lange Rundholzstück in das Steckenpferd einkleben, die große Holzkugel auf das Ende des Rundholzstückes stecken und fixieren. Das Rundholzstück anmalen und den Samtfaden als Aufhängung anbringen.

Lebkuchenschmuck

→ zum Reinbeißen

1 Die Mandeln nach Anleitung für Holz auf Seite 11 aus dem dünnen und das Gebäck aus dem dicken Sperrholz aussägen. Aus dem Stern eine kreisförmige Fläche aussägen. Dazu mit dem dicken Bohrer ein Loch in die Fläche bohren und das Sägeblatt durchstecken.

2 Alle Teile wie abgebildet anmalen und die Innenlinien ergänzen. Die Mandeln aufkleben und die Stoffstreifen als Aufhängung befestigen.

TIPP

Zu diesem Baumschmuck passen rote Äpfel ganz besonders gut!

MATERIAL

- Sperrholzrest, 4 mm stark
- Sperrholz, 1 cm stark, 20 cm x 25 cm
- Acrylfarbe in Karminrot und Weiß (Wangen), Mittelbraun, Dunkelbraun und Hautfarbe
- 4 Stoffstreifen, 1 cm x 25 cm
- Holzbohrer, ø 3 mm und 6 mm

VORLAGE SEITE 231

MERRY
X-MAS

Glänzende Engelchen

→ für festliche Stimmung

MATERIAL PRO GOLDENGEL

- Holzwäscheklammer, 7,2 cm lang
- Fotokartonrest in Hautfarbe
- Alukartonrest in Gold
- Acrylfarbe in Gold
- Glitter Glue in Gold
- Lurexkordel in Gold, ø 1 mm, ca. 30 x 9 cm lang
- Messingdraht, ø 0,4 mm, 20 cm und 40 cm lang

SILBERENGEL

- Holzwäscheklammer, 7,2 cm lang
- Fotokartonreste in Hautfarbe und Weiß
- Alukartonrest in Gold
- Acrylfarbe in Weiß
- Glitter Glue in Silber und Gold
- Lurexkordel in Silber, ø 1 mm, ca. 50 x 8 cm lang
- Silberdraht, ø 0,35 mm, 10 cm lang

VORLAGE SEITE 231

Goldengel

1 Die Klammer golden bemalen. Gesicht, Flügel und Sterne aus Karton zuschneiden. In die Sterne mit der Vorstechnadel ein Loch bohren.

2 Auf den Kopf das Gesicht malen und mit der Prickelnadel ein Loch in die Stirn stechen. Mit dem 20 cm langen Drahtstück die Lurexkordeln in der Mitte bündeln, ein Drahtende von vorne durch das Loch in der Stirn stecken und auf der Rückseite mit dem anderen Drahtende verdrehen.

3 Durch die Klammerspirale das lange Drahtstück mittig durchziehen. Ein Ende bis zur Hälfte über ein Schaschlikstäbchen zur Spirale winden. Einen Stern andrahten, das restliche Stück ebenfalls kräuseln und noch einen Stern andrahten. Die Spiralen etwas auseinander ziehen und mit der anderen Seite ebenso verfahren.

4 Die Wäscheklammer, die Sterne und die Flügel mit Glitter Glue verzieren. Den Kopf und die Flügel an die Klammer kleben.

Silberengel

1 Gesicht, Flügel und Stern aus Karton ausschneiden. Die Klammer weiß bemalen. Auf Klammer, Flügel und Stern Glitter Glue in der entsprechenden Farbe auftragen.

2 Die Lurexkordeln 2,5 cm von einem Ende entfernt mit dem Draht fest und doppelt umwickeln, die Enden doppelt verdrehen. Dann ein Drahtende von vorne durch das vorgestochene Loch in der Stirn stechen und auf der Rückseite mit dem anderen Drahtende verdrehen. Die Drahtenden kürzen. Die Haare scheiteln und teilweise am Kopf ankleben. Das Gesicht anmalen.

3 Den Stern über die Bindestelle an den Haaren kleben. Die Flügel und den Kopf an die Klammer kleben.

Wäscheklammern 1984 ...

Diese Wäscheklammern wurden zum Basteln erst einmal auseinander gebaut. Außerdem wurden sehr viele benutzt, sodass dieser Goldengel den Mittelpunkt eines Adventskranzes bildet.

Die Wäscheklammer, wie sie noch heute im Gebrauch ist, wurde Ende des 19. Jahrhunderts entwickelt. Vorher waren hölzerne Klemmen im Einsatz, die weniger variabel und praktisch waren.

Bild aus Margret Glende: Überraschend Originelles aus Wäscheklammern.

Lebkuchenmännchen

→ lecker gefüllt

1 Für den Braunton Dunkelbraun und Cappuccino mischen und die Styroporkugel und den Fotokarton damit grundieren. Nach dem Trocknen das Gesicht und die weiße Zuckerglasur nach Abbildung aufmalen. Als Nase eine bemalte Holzhalbkugel aufkleben. Den Glasdeckel grün bemalen.

2 Die Arme zuschneiden und mit Bastelband an das Glas kleben. Der Mama einen Kochlöffel in die Hand kleben.

3 Die Halskrause für Mama ausschneiden mit Heftstichen am inneren Rand einen Faden einnähen, etwas zusammenziehen und verknoten, damit sie sich etwas kräuselt. Die Halskrause auf den Glasdeckel und darauf den Kopf kleben.

4 Für die Mütze der Mama einen Wattebausch mittig auf ein Filzquadrat (21 cm x 21 cm) legen, die Enden hochnehmen und zusammenbinden. Überstehenden Filz abschneiden. Den Rand mit einem Filzstreifen (21 cm x 3 cm, längs doppelt gelegt) umkleben. Kariertes Band zu einer Schleife legen, mit Bast abbinden und an der Mütze fixieren. Die Mütze auf den Kopf kleben.

5 Dem Kind die Haare aufkleben und eine Filzschleife (mittig mit Bast abbinden) an den Deckelrand kleben.

MATERIAL PRO FIGUR

- Schraubglas, ø 9,5 cm, 13 cm hoch (Mama) bzw. ø 8 cm, 10 cm hoch (Kind)
- Styropor-Weihnachtskugel, 8 cm breit, 7 cm hoch
- Rohholzhalbkugel, ø 2,5 cm
- Acrylfarbe in Dunkelbraun, Rot, Cappuccino, Schwarz, Weiß und Maigrün
- Fotokarton in Weiß, A4
- Edelbast in Weiß glänzend
- Filzrest in Rot
- Filz in Weiß, 2 x A4 (Mama) bzw. Rest (Kind)
- 2 Holzknöpfe, ø 1,5 cm
- Stoffband in Rot-Weiß kariert, 2,5 cm breit, ca. 18 cm lang (nur Mama)
- Watte (nur Mama)
- Holzkochlöffel mit runder Kelle, ø 5 cm, 18 cm lang (nur Mama)

VORLAGE SEITE 231

Zwerge mit Ringelsocken

→ entzückend

Stehender Zwerg

1 Den Tontopf, die Holzhände und die angespitzten Rundholzstäbe für die Beine weiß bemalen. Nach dem Trocknen den Topf blau anmalen und am Topfrand mit Acrylfarbe und einem feinen Pinsel oder mit Filzstift das Muster anbringen. Die Naturkordel blau, die Schuhe schwarz, die Styropor- und die Wattekugel rot anmalen. Gut trocknen lassen.

2 Den Filzbart aufsetzen, die Nase darüber kleben. Augen und Wangen aufmalen. Den Zwergenhut um den Kopf kleben, einrollen und die Ränder schließen.

3 Die Styroporkugel mit Kraftkleber in den Tontopf kleben, die Beine in die Holzschuhe stecken und mit dem angespitzten Ende in die Styroporkugel stechen. Mit Klebstoff fixieren.

4 Die Armkordel mit den angesetzten Händen auf den Tontopf kleben, den Filzschal mit eingeschnittenen Fransen lose binden, darüber aufsetzen und darauf den Kopf fixieren. So entsteht etwas Abstand zwischen Kopf und Körper.

Sitzender Zwerg

1 Anstelle der Randverzierung zwei Knöpfe aufkleben und die Beinchen so in die Styroporkugel einstechen, dass der Zwerg sitzen kann.

2 Die Verzierung in Weiß-Blau am Teelichtrand anbringen.

MATERIAL PRO ZWERG

- durchbohrte Rohholzkugel, ø 3,5 cm
- Tontopf, ø 4,5 cm
- Styroporkugel, ø 4 cm
- Wattekugel, ø 1 cm
- Rundholzstäbe, ø 3 mm, 2 x 8 cm lang
- 2 Holzhände, 1 cm lang
- 2 Holzfüße, 2,5 cm lang
- Naturkordel, ø 3 mm, 12 cm lang
- Filzreste in Rot, Weiß und Hellblau bzw. Mittelblau
- Acrylfarbe in Schwarz, Weiß, Rot, Rosa, Blau und Hellblau
- Teelicht oder Holzlaterne

VORLAGE SEITE 232

Fröhliche Weihnachtsengel

→ schön bunt

MATERIAL

- Fotokarton in Grün und Weiß, A4
- Fotokartonreste in Gelb, Beige und Rot
- Hologrammfolienreste in Silber und Gold
- Bürolocher
- 2 Holzstreuteile: Sterne in Gold und Silber, ø 2 cm
- Satinband in Rot, 4 mm breit, 16 cm lang
- Buntstifte in Rot und Orange

VORLAGE SEITE 232

1 Die Haare auf die Köpfe kleben und das Gesicht aufmalen. Den Kopf auf das Kleid kleben und die Arme samt Händen ergänzen. Die Sterne anbringen.

2 Die Hologrammfolie zur Stabilisierung auf weißen Karton kleben. Die Flügel ausschneiden und hinter den Körper kleben.

3 Den grünen Engel mit ausgelochten Punkten aus der Hologrammfolie bekleben. Den roten Engel mit kleinen Sternen verzieren.

4 Den roten Engel an einem Satinband aufhängen, das hinten mit Klebefilm befestigt ist.

TIPP

Die Engel eignen sich als Tischdekoration, als Geschenkanhänger oder zur Verzierung einer Karte.

MATERIAL KLEINE EULEN

- Fotokarton in Hellbraun, 40 cm x 50 cm
- Fotokarton in Rot, Gelb und Weiß, A4
- Fotokartonreste in Grün, Blau und Dunkelbraun
- 16 Wackelaugen, ø 1,2 cm
- 2 Teelichter

SCHNEEEULE

- Fotokarton in Weiß, A3
- Fotokarton in Beige, Gelb und Weiß, A4
- Fotokartonreste in Rot und Gelb
- 3D-Colorwellpappe in Grün, A3
- 2 Wackelaugen, ø 1,8 cm
- je 5 Holzstreuteile: Sterne in Gold, ø 2 cm und 1 cm
- Strukturschnee

VORLAGE SEITE 232

Weihnachtseulen

→ originell und einfach

Kleine Eulen

1 Die Motivteile ausschneiden. Die Eulenfedern mit der Pickelnadel auf einer weichen Unterlage ausprickeln. Die Girlande im Zickzack falten.

2 Von hinten erhält jede Eule dunkelbraune Flügel und eine zusammengesetzte Mütze. Von vorne die Schals, die Schnäbel und die Wackelaugen ergänzen.

3 Für die Kerzenhalter den Kreis mit einem Cutter einritzen (Achtung: das übernimmt ein Erwachsener!), den Fotokarton nach innen biegen und das Teelicht einsetzen. Dieses mit Klebefilm befestigen.

Schneeeule

1 Die einzelnen Teile mit der Prickelnadel auf weicher Unterlage ausprickeln oder ausschneiden. Den Bommel und den Mützenrand mit Strukturschnee bemalen und diesen gut trocknen lassen. Auf bzw. hinter den Körper den Bauch und zwei Flügel kleben. Dann das Gesicht gestalten, die Mütze zusammensetzen und sie hinter den Kopf kleben.

2 Den Schalenrand einschneiden und um den Kreis kleben. Die Schale mit kleinen Holzsternen verzieren und die Eule dahinter kleben.

Prosit Neujahr
FREIXENET
Freixenet
CAVA
CARTA

Kleeblatt und Fliegenpilz

→ Prosit Neujahr!

Kleeblatt

1 Die Einzelteile nach Abbildung zuschneiden und bemalen. Als Nase die kleine Holzperle aufkleben. Um den Kopf herum den braunen Chenilledraht als Haare und Bart fixieren, dann den Hut aufsetzen und das Kleeblatt mit einem Klebepad daran fixieren.

2 Das große Kleeblatt mittig einstechen, das Loch ggf. mit einer kleinen Schere erweitern. Kopf und Körper mithilfe des apricotfarbenen Chenilledrahtes und Kraft- oder Heißkleber verbinden. Die Arme hinten am Kopf, die Beine innen festkleben.

3 Den weißen Aludraht nach Vorlage biegen, ein Schild darauf kleben und mit Kraftkleber in den Bohrlöchern der Hände festkleben.

TIPP

Heißkleber gehört nicht in Kinderhände! Hier muss ein Erwachsener helfen.

Fliegenpilz

1 Die Tontöpfe und den Untersetzer nach Abbildung grundieren. Auf den großen Tontopf mehrere große weiße Kreise aufmalen.

2 Das Gesicht nach Abbildung gestalten. Als Nase eine Perle aufkleben.

3 Die kleinen Tontöpfe mit Holzleim an den offenen Seiten zusammenkleben. Dann mittig im Untersetzer fixieren und von oben den glockenförmigen Topf aufkleben.

TIPP

Bei einer Silvesterparty können in dem Pilz Wunderkerzen abgebrannt werden. Einfach in die Tontopföffnung stecken und anzünden!

MATERIAL KLEEBLATT

- 2 Tontöpfe, ø 5 cm und 3,5 cm
- Fotokartonrest in Apfelgrün
- durchbohrte Rohholzkugeln, 2 x ø 1,5 cm, 1 x 4 cm
- 2 Holzfüße, 3 cm x 2,4 cm
- Holzperle in Rosa, ø 5 mm
- Acrylfarbe in Hautfarbe, Weiß, Braun, Rosa, Maigrün, Braun und Goldgelb
- Chenilledraht in Braun, ca. 20 cm lang
- Chenilledraht in Hellgrün, 24 cm lang
- Chenilledraht in Apricot
- Aludraht in Weiß, ø 2 mm, ca. 30 cm lang

FLIEGENPILZ

- 2 Tontöpfe, ø 5,5 cm
- glockenförmiger Tontopf, ø 8 cm
- Tontopfunterteller, ø 7,5 cm
- Acrylfarbe in Karminrot, Weiß, Rosa, Himmelblau und Maigrün
- Holzperle in Rosa, ø 1 cm

VORLAGE SEITE 232

Ein schönes Zuhause

Nichts ist wichtiger, als sich in den eigenen vier Wänden wohl zu fühlen. Liebevoll selbst gemachte Wohnaccessoires verwandeln jedes Zuhause in etwas ganz Besonderes. Türschilder für den Eingangsbereich, kleine Helfer und dekorative Elemente für Küche, Bad, Wohnzimmer, Schlafzimmer und natürlich Witziges fürs Kinderzimmer sorgen für Individualität und Ambiente.
Viel Spaß beim Wohnen!

Willkommen!

→ bärig und herzlich

MATERIAL

- Sperrholz, 6 mm stark, 36 cm x 36 cm
- Sperrholz, 4 mm stark, 40 cm x 20 cm
- Acrylfarbe in Ocker, Schwarz, Altrosa, Weinrot, Beige, Braun, Orange, Dunkelgrün, Gelb, Rot, Hautfarbe, Türkis, Grau und Violett
- 6 Magnete, ø 2 cm
- Bast in Natur
- Goldglöckchen, ø 7 mm
- Draht in Gold, ø 0,65 mm
- Satinband in Blau, 5 mm breit, 12 cm lang
- Draht in Schwarz, ø 1 mm, 2 x 10 cm lang
- Schraubhaken, 4 mm x 1 cm
- Holzbohrer, ø 2 mm

VORLAGE
SEITE 232+233

1 Alle Teile nach Anleitung für Holz auf Seite 11 aussägen. Die Hände der Bären und die kleinen Magnetpins aus dem dünneren Sperrholz fertigen.

2 Die Motivteile nach Abbildung und Vorlage bemalen. Die großen Flächen mit etwas verdünnter Farbe bemalen, an den Rändern mit einem trockenen Pinsel die Konturen nochmals nachziehen. Für Schattierungen die noch feuchte Farbe mit einem Papiertuch verreiben.

3 Die Teile zusammenkleben. Die Magnete mit Holzleim auf die Rückseite der kleinen Figuren kleben.

4 In die Bohrung (ø 2 mm) am Ohr des Elches den Golddraht ziehen und daran das Glöckchen hängen. Um die Kürbisse Schleifen aus Bast binden. Die Satinschleife auf das Hasenohr kleben. Für die Fühler des Käfers zwei Bohrungen (ø 2 mm) anbringen, die Drähte durch diese ziehen und die Enden auf der Rückseite umbiegen. Das andere Ende gemäß der Abbildung rund biegen.

5 Den Schraubhaken für die Aufhängung eindrehen. Bei Verwendung im Außenbereich das Schild mit wasserfestem Klarlack überziehen.

TIPP

Die Magnetpins können Sie je nach Jahreszeit auswechseln und haben so immer ein passendes Türschild.

Willkommen im Jahr 1988

Die Eingangstür ist das Erste, was Gäste zu sehen bekommen. Der Stil von Türkränzen und -schildern ändert sich, Gastfreundschaft jedoch ist auf der ganzen Welt und zu jeder Zeit ein hohes Gut. In vielen Ländern wird buchstäblich das letzte Stück Brot mit dem Gast geteilt. Hier zu Lande heißt man Gäste dadurch willkommen, dass man ihnen sagt, sie sollen sich wie zu Hause fühlen.

Bild aus Sieglinde Holl: Tür- und Wandkränze.

Wir sind im Garten

→ mit Blumenkindern

MATERIAL

- Fotokartonreste in Hautfarbe, Rosa, Hellblau, Magenta, Blau, Weiß und Apfelgrün
- Fotokarton in Hellbraun, A4
- Blütenpapierreste in Hellblau und Rosa
- feste Pappe in Braun, A3
- Acrylfarbe in Rosa, Hellblau, Weiß und Hellgrün
- je 2 Plastikperlen in Türkis und Pink, ø 1 cm
- Aludraht in Weiß, ø 2 mm, 4 x 6 cm, 1 x 50 cm lang
- Motivlocher: Blume
- Motivlocher: Gänseblümchen
- 14 Zahnstocher
- Knopf in Braun, ø 2 cm
- Sisalgras in Hellgrün
- Satinband in Rosa, 2,5 cm breit, 30 cm lang

VORLAGE SEITE 233

1 Die Schubkarre zuschneiden und wie abgebildet zusammenkleben. Den Schriftzug am Computer oder von Hand auf den hellbraunen Fotokarton schreiben.

2 Bei der Gießkanne die Punkte mit einem Wattestäbchen aufsetzen, die grünen Linien mit Acrylfarbe ziehen. An der Karre festkleben.

3 Die Blumenmädchen zusammensetzen: Die Arme auf dem Körper der Figur fixieren. Nacheinander leicht versetzt die rosa und blauen Fotokarton- und Blütenpapierblätter aufsetzen. Den Kopf mit Hut und Halskrause bzw. Blütenkranz bekleben und mit einem Klebepad fixieren. Auf jedes kurze Aludrahtstück eine Perle aufziehen, ein Ende zur Öse biegen, das andere hinten an der Figur festkleben.

4 Für die Blumenwiese 14 Blumen mit runden sowie spitzen Blättern ausstanzen und Gesichter und Blütenmitten aufmalen. Nach dem Trocknen die Blumen auf hellgrün bemalte Zahnstocher kleben.

5 Die Blumen sowie zurechtgeschnittenes Sisalgras von hinten an das Schild kleben. Zuletzt den Aufhängedraht festkleben und mit einer Schleife schmücken.

Flower Power 1987

Als Überbleibsel aus der Zeit des Flower Power sind Blumenkinder immer ein schöner Anblick.

Die ebenfalls Blumenkinder genannten Hippies setzten sich im Zuge der 68er für eine humane und friedliche Gesellschaft, aber auch für freie Liebe und freien Drogenkonsum ein.

Bild aus Margret Glende: Blumen-Elfen und Blumen-Kinder aus Seidenblumen.

Wir sind im
Garten

Familienbrett

→ wissen, was los ist

MATERIAL BRETT

- Sperrholz, 4 mm stark, 22 cm x 6 cm
- Sperrholz, 1 cm stark, 19 cm x 3 cm
- Acrylfarbe in Hellblau
- Holzleim

FAMILIE

- 2 Holzwäscheklammern, 7,2 cm lang
- Holzwäscheklammer, 4,5 cm lang
- Acrylfarbe in Blau und Rot
- Fotokartonreste in Hautfarbe, Rot und Blau
- Abacafasern in Braun, 3 cm und 6 cm (Papa), 8 cm (Mama) und 3 cm lang (Baby)
- Draht, ø 0,35 mm, 5 x 5 cm lang
- evtl. Kreisschablone (Brille)

HUND UND KATZE

- 2 Holzwäscheklammern, 4,5 cm lang
- Acrylfarbe in Weiß und Grau
- Fotokartonreste in Weiß, Grau und Rot

VORLAGE SEITE 233

Brett

Das größere Sperrholzteil auf der Vorderseite und an den Rändern bemalen, mit Klarlack lackieren und auf das kleinere Teil leimen.

Familie und Tiere

1 Die Klammern nach Abbildung bemalen und die Einzelteile aus Fotokarton zuschneiden. Die Gesichter aufmalen, den Hundekopf zusammenkleben und beim Baby den Schnuller anbringen.

2 Bei Papa das 3 cm lange Abacafaserbüschel an einem Ende mit Draht umwickeln, das andere Büschel jeweils 2 cm von beiden Enden entfernt umwickeln. Das lange Büschel quer am Hinterkopf ankleben, das kurze senkrecht.

3 Bei Mama die Abacafasern in der Mitte mit einem Stück Draht zusammenfassen, dann ein Drahtende von vorne durch das mit der Prickelnadel vorgestochene Loch in der Stirn stecken und auf der Rückseite mit dem anderen Ende verdrehen.

4 Beim Baby die Abacafasern mit einem Drahtstück an einem Ende umwickeln. Das Haarbüschel von hinten an den Kopf kleben.

5 Die Köpfe und bei der Katze auch das Herz auf die Klammer kleben.

Kehrwoche

→ reinliche Mäuse

ab 10 Jahre

MATERIAL PRO MAUS

- Holzkochlöffel mit runder Kelle, ø 3,5 cm, 10 cm lang
- je 2 Rohholzperlen, ø 1 cm und 1,5 cm
- Halbperle in Schwarz, ø 5 mm (Nase)
- Rundholzstab in Natur, ø 3 mm, 8 cm lang
- Acrylfarbe in Grau, Weiß sowie Blau oder Pink
- Fotokarton in Grau, Weiß sowie Blau oder Pink
- Baumwollkordel in Weiß, ø 3 mm, 15 cm, 8 cm und 9 cm lang
- Draht, ø 0,35 mm, 3 x 7 cm und 3 x 10 cm lang
- Abacafasern in Schwarz, 3 cm und 7 cm lang
- Holzbohrer, ø 1 mm und 3 mm

VORLAGE SEITE 234

1 Falls eine Aufhängung gewünscht wird, den Kochlöffelstiel seitlich im Durchmesser 1 mm durchbohren (siehe Pfeil auf der Vorlage). Für die Vorder- und Hinterbeine 3 mm große Löcher in die Kelle bohren.

2 Den Kochlöffel und die Perlen entsprechend der Abbildung bemalen und mit einem weißen Lackstift verzieren.

3 Auf die 15 cm lange Vorderbeinkordel die beiden kleinen Holzperlen fädeln. Die Enden der Kordel durch die beiden Bohrungen führen und auf der Rückseite jeweils mit einem Knoten fixieren.

4 Die beiden Enden der 8 cm langen Hinterbeinkordel von hinten durch die Bohrungen ziehen und jeweils mit einer großen Holzperle versehen.

5 An einem Ende der Schwanzkordel, 9 cm lang, einen Knoten machen, das andere Ende auf der Rückseite des Kochlöffels festkleben.

6 Den Kopf aus Fotokarton herstellen. Die Ohrinnenflächen weiß ausmalen, die Augen aufzeichnen und die Nase festkleben. Mit der Prickelnadel zweimal drei Löcher neben der Nase stechen, dann die 7 cm langen Drähte als Barthaare durchziehen. Die Abacafasern auf der Rückseite zwischen den Ohren ankleben. Den Kopf auf dem Kochlöffel befestigen.

7 Für den Besen die 7 cm langen Abacafasern so um den Rundholzstab anordnen, dass ca. 2 cm des Stabes verdeckt sind. Mit den beiden Drähten, 10 cm lang, mehrfach eng umschlingen. Die Drahtenden verdrehen und kürzen. Schließlich das kleinere Schild anbringen.

In der Küche

→ kleine Köche helfen mit

MATERIAL TÜRSCHILD

- Balsaholz, 3 mm stark, oder fester Karton, 23 cm x 10 cm
- Holzbuchstaben, 4 cm hoch
- Acrylfarbe in Weiß, Blau und Hellblau
- durchbohrte Rohholzkugel, ø 1 cm
- Set Holzküchenminiaturen
- Holzleim
- Nähgarn in Beige

JE TIER

- Holzwäscheklammer, 7,2 cm lang
- 2 durchbohrte Rohholzkugeln, ø 1 cm
- Karoband in Blau-Weiß, 1 cm breit

SCHWEIN

- Fotokartonreste in Rosa, Hellrosa, Schwarz, Blau und Weiß
- Acrylfarbe in Rosa
- Papierdraht in Weiß, 3 x 10 cm lang

KUH

- Fotokartonreste in Schwarz, Weiß und Hautfarbe
- Acrylfarbe in Weiß und Schwarz
- Metallglöckchen in Gold, ø 9 mm
- Satinband in Hellblau, 6 mm breit, 10 cm lang
- Papierdraht in Weiß, 10 cm lang

VORLAGE SEITE 234

1 Das Schild und die Holzbuchstaben bemalen. Die Buchstaben nach dem Trocknen mit Holzleim aufkleben. Für die Umlautpunkte die Holzperle mit einem Messer halbieren, bemalen und aufkleben.

2 Die Löcher mit einer Prickelnadel stechen und vorsichtig mit einem Schaschlikstäbchen vergrößern. Die Holzminiaturen einfädeln.

3 Die Tierkörper nach Abbildung grundieren. Die Rohholzkugeln und den Papierdraht passend zur Figur bemalen. Bei der Kuh das Fellmuster mit Acrylfarbe aufmalen. Köpfe, Füße und Kleid sowie Arme und Schwanz ankleben. Der Kuh das Glöckchen umhängen und das Karoband umknoten. Kuh und Schweinchen anklammern und durch ihre Klammerspirale den Aufhängefaden ziehen und verknoten.

Kleine Schäfchenleiste

→ für frische Kräuter

MATERIAL

- Holzkochlöffel mit runder Kelle, 32 cm lang
- Fotokartonreste in Weiß, Grün und Hautfarbe
- Acrylfarbe in Weiß, Schilf, Hautfarbe, Schwarz und Olivgrün
- Draht, ø 0,35 mm
- Baumwollkordel in Weiß, ø 1 mm, 15 cm lang
- Baumwollkordel in Schwarz, ø 1 mm, 2 x 8 cm lang
- Rundholz, ø 3 mm, 4 x 3 cm lang
- 8 durchbohrte Rohholzkugeln, ø 1,2 cm
- Motivlocher: Herz
- Stoffrest in Blau-Schwarz kariert, 2,5 cm breit, 24 cm lang
- Holzbohrer, ø 2,5 mm und 3 mm

VORLAGE SEITE 234

1 Der Löffel erhält zuerst die Bohrungen für die Rundhölzer (ø 3 mm). Die Rundholzstücke in die gebohrten Löcher kleben. Den Löffel und die Rohholzkugeln anmalen und nach dem Trocknen alle weiteren Bohrungen ausführen: Für die Arme von vorne und für die Beine seitlich (ø 2,5 mm).

2 Das Gesicht gestalten, beide Ohren ankleben und die Haare fixieren. Von hinten das weiße Baumwollkordelstück durch beide Bohrungen stecken, auf jedes Ende eine Rohholzkugel auffädeln und durch einen einfachen oder doppelten Knoten sichern.

3 Für die Beine pro Baumwollkordelstück eine entsprechend bemalte Rohholzkugel auffädeln, mit einem Knoten sichern. Das andere Baumwollkordelende in die jeweilige Bohrung stecken und fixieren. Auf jedes Rundholzstück eine Holzkugel kleben.

4 Ein Stück Stoff um den Stiel legen, mit Draht umwickeln und mit zwei Herzchen verzieren. Die Drahtenden um ein Schaschlikstäbchen locken.

Einkaufszetteltafel

→ damit Sie auch an alles denken

1 Das Brett mit der Korkplatte bekleben. Die Drahtöse zum Aufhängen hinten anbringen. 12 cm vom unteren Rand entfernt und jeweils mit 5 cm Abstand zu den Seitenkanten zwei Löcher in das Brett bohren. Den dickeren Draht zu einem U biegen und die Papierrolle darauf aufziehen. Die Drahtenden durch die Löcher führen, auf der Rückseite umbiegen und festtackern.

2 Die Klammern und Perlen bemalen. Die Kochmützen, die Schürzen und die Fliege auf Fotokarton übertragen, ausschneiden und auf die Klammern kleben. Achtung, die Klemmseite der Klammern muss dabei nach unten zeigen! Die Wackelaugen und die Perlen-Nasen aufkleben und die Gesichter aufmalen. Für die Hände die Schnurstücke mit dünnem Draht umwickeln und sie dann quer in die Klammern einkleben. Durch die Drahtverstärkung lassen sich die Arme später in die gewünschte Position biegen. Die Perlen mit Klebstoff an den Schnurenden fixieren.

3 Die fertigen Klemmentinis mit 2,5 cm Abstand zum oberen Rand auf das Brettchen kleben. Das jeweils benötigte Einkaufszettelstück kann dann immer abgerissen und in die drei Klammer-Köche geklemmt werden.

TIPP

Korkplatten finden Sie z. B. im Baumarkt in der Bodenbelagsabteilung.

Haushaltsplanung 1978

Während heute die flotten Klemmentinis als Erinnerungshilfe fürs Einkaufen dienen, half 1978 ein niedliches Kochlöffel-Mädchen bei der Haushaltsplanung. Mit ihrem sportlichen Kopftuch und den gesunden roten Bäckchen ist sie noch immer eine liebenswerte „Assistentin".

Zur gleichen Zeit gelangte das „Lied der Schlümpfe" in die deutschen Charts und zu „YMCA" von Village People wurde wild getanzt.

Bild aus Ursula Kühnemann: Geschenke für Mutti selbstgemacht.

MATERIAL

- 3 Holzwäscheklammern, 7,2 cm lang
- Sperrholz, 5 mm stark, 16 cm x 30 cm
- Korkplatte, 3 mm stark, 16 cm x 30 cm
- Acrylfarbe in Grün, Blau, Violett und Rot
- Tonkartonreste in Weiß und Rot
- 6 Wackelaugen, ø 4 mm
- 2 Holzperlen in Rot, ø 5 mm (mit einem Messer für die Nasen halbiert)
- 6 Holzperlen in Natur, ø 7 mm
- Schnur oder Gummiband in Schwarz, ø 2 mm, 3 x 6 cm lang
- Rechner-Papierrolle, 6 cm breit
- Draht, ø 1,5 mm, 20 cm lang
- dünner Draht
- Bilderöse (zum Aufhängen)
- Tacker
- Holzbohrer, ø 3 mm

VORLAGE SEITE 234

• MILCH
• OBST
• JOGURTS
• BROT
• BUTTER
• REIS

Blumen in Orange-Türkis

→ Flower-Power

MATERIAL

- Motivkarton in Orange und Türkis mit Blümchen, A4
- Fotokarton in Orange und Türkis, A4
- Baumwollfaden in Orange, ca. 2 m lang
- Karoband in Türkis-Weiß, 1 cm breit, 4 x 20 cm lang
- 4 Holzperlen in Orange, ø 1,5 cm

VORLAGE SEITE 234

1 Fünf Blumen jeweils einmal aus Fotokarton, die Blütenmitten je zweimal aus gemustertem Papier schneiden.

2 Die Blütenmitten beidseitig aufkleben und die Löcher mit der Prickelnadel vorstechen.

3 Zwischen die Blüten immer eine Perle fädeln. Abschließend die Schleifen anbinden.

TIPP

Die Länge der Blumenkette können Sie an die Stelle anpassen, an der Sie sie aufhängen möchten. Die Kette sieht waagrecht und senkrecht gleichermaßen schön aus.

Hilfsbereite Bauernhoftiere

→ witzige Handtuchhalter

MATERIAL

- Sperrholz, 6 mm stark, 35 cm x 45 cm
- Acrylfarbe in Grau, Weiß, Beige, Rosa und Ocker
- 6 Rohholzkugeln, ø 2 cm
- Holzknopf in Natur, ø 2 cm
- Draht in Schwarz, ø 1 mm, 3 x 7 cm lang
- 2 Schrauben, 3,5 mm x 4 cm
- Holzbohrer, ø 2 mm und 3 mm

VORLAGE SEITE 235

1 Die Teile nach Anleitung Holz auf Seite 11 aus Sperrholz aussägen und die Bohrungen für die Holzkugeln (ø 2 mm) anbringen. Alles bemalen und an den Rändern mit grauer Acrylfarbe schattieren. Nach dem Trocknen aufeinander leimen.

2 In die Rohholzkugeln Löcher bohren (ø 2 mm, ca. 5 mm tief). Pro Holzkugel ca. 1,5 cm vom Schaschlikstäbchen abschneiden und in die Bohrung kleben. Die Kugeln mit den überstehenden Schaschlikstäbchen in die Bohrungen am Motiv kleben.

3 Die Drähte um ein Schaschlikstäbchen drehen und wieder abziehen. Den Knopf und die Drähte gemäß der Vorlage ankleben.

4 Einige Kanten nochmals anschleifen. Zum Aufhängen gemäß der Vorlage seitlich zwei Bohrungen (ø 3 mm) anbringen, evtl. die Schrauben nach dem Aufhängen etwas übermalen.

WC-Schild

→ frech

MATERIAL

- Holzwäscheklammer, 7,2 cm lang
- Sperrholz, 4 mm stark, 15 cm x 11 cm (Grundplatte) und 15 cm x 15 cm (für die Motive)
- Acrylfarbe in Blau, Rot, Weiß, Hautfarbe und Schwarz
- Lackstift in Rot
- Rundholz, ø 6 mm, 5 cm lang
- Rundholz, ø 1 cm, 1,5 cm lang
- Borsten einer Spülbürste
- Moosgummi in Gelb, 7 cm x 5 cm
- Draht, ø 0,5 mm
- Perlonschnur
- Holzbohrer, ø 1,5 mm und 2 mm

VORLAGE SEITE 235

1 Die Motivteile nach Anleitung für Holz auf Seite 11 aussägen.

2 Alles nass in nass bemalen. Auch die Klammer bemalen. Nase und Linien mit Lack- und Filzstiften aufmalen. Alles mit Klarlack überziehen.

3 Von oben in den Kopf drei Löcher (ø 1,5 mm) bohren. Drahtstücke um ein Schaschlikstäbchen wickeln und die so entstandenen Drahtlocken als Haare in die Löcher kleben. Das Toilettenschild zusammensetzen.

4 Für die Klobürste in das kurze Rundholz mit einem Bohrer (ø 2 mm) ca. 20 Löcher bohren. Die Spülbürstenhaare in Büscheln in die Löcher kleben und kürzen. Beide Rundhölzer aneinander und auf die Klammer kleben.

5 Zum Schluss die Aufhängelöcher in das Schild bohren und es an einem Perlonfaden aufhängen. Das beidseitig beschriftete Moosgummi-Schild in die Klammer klemmen.

TIPP

Natürlich können Sie die dünnen Linien usw. auch mit Acrylfarbe malen, aber mit einem Stift geht das wesentlich einfacher und unkomplizierter.

Badezimmerschild

→ frei oder belegt?

MATERIAL

- Holzwäscheklammer, 7,2 cm lang
- Sperrholz, 4 mm stark, 15 cm x 11 cm (Grundplatte) und 20 cm x 15 cm (für die Motive)
- Acrylfarbe in Orange, Weiß, Blau, Rot und Hautfarbe
- Lackstift in Rot
- Schwammstückchen, 2,5 cm x 2 cm x 1,5 cm
- Watte
- Moosgummi in Gelb, 7 cm x 5 cm und Rest
- Perlonschnur
- Holzbohrer, ø 1,5 mm

VORLAGE SEITE 235

1 Die Motivteile nach Anleitung für Holz auf Seite 11 aussägen. Die Ente aus Moosgummi schneiden.

2 Alles wie abgebildet nass in nass bemalen. Das Schild dabei orange anmalen, die Rückwand der Badewanne und die Seifenblasen direkt auf das Schild malen. Innenlinien und Details mit Lack- und Filzstiften aufzeichnen. Alles mit Klarlack lackieren. Auch die Klammer anmalen und lackieren.

3 Erst die Badewanne mit Männchen auf die Platte kleben, dann die Einzelteile ergänzen. Die Moosgummi-Ente auf die Hand kleben. Als Schaum Watte auf das Schild kleben. Die Klammer auf dem Schild befestigen und mit dem Schwammstück verzieren.

4 Löcher in das Schild bohren und es mit der Perlonschnur aufhängen. Das Moosgummi-Schild beidseitig beschriften und in die Klammer klemmen.

TIPP

Sie können auf die Schilder auch Botschaften wie „Putzdienst hat Vati", „Achtung! Biologische Waffen" oder Ähnliches schreiben.

KANN DAUERN
FREI

Besetzt!

→ Nilpferd auf dem stillen Örtchen

MATERIAL

- Holzkochlöffel mit runder Kelle, ø 3,5 cm, 16 cm lang
- Balsaholz, 2 mm stark, 10 cm x 10 cm
- 2 Holzperlen in Rot, ø 4 mm
- Holzperle in Weiß, ø 4 mm
- Acrylfarbe in Hellblau, Weiß und Rot
- Baumwollfaden in Rot, ø 1 mm, 10 cm und 15 cm lang
- Silberdraht, ø 1 mm, 10 cm lang
- Holzbohrer, ø 1 mm und 2 mm

VORLAGE SEITE 234

1 Den Kochlöffelstiel einmal von vorne (ø 2 mm) und zweimal seitlich (ø 1 mm, siehe Pfeile auf der Vorlage) durchbohren.

2 Bis auf den Kochlöffel sämtliche Teile gemäß Vorlage mit dem Cutter aus Balsaholz ausschneiden, dabei den Verlauf der Holzmaserung beachten! Die Ränder mit Schmirgelpapier glätten und abrunden.

3 Die Motivteile entsprechend der Abbildung bemalen. Mit feinem schwarzem Filzstift die Linien auf dem Nilpferdkopf und dem Spülkasten einzeichnen und „besetzt“ auf das Schild schreiben. Die Teile mit Alleskleber auf dem Kochlöffel montieren.

4 Den Draht durch die seitliche obere Bohrung stecken und ein Ende zweimal um den Stiel schlingen. Das andere Ende mithilfe einer Rundzange zu einem kleinen Kreis biegen. An dieser Öse den längeren Baumwollfaden festbinden, die Holzperlen auffädeln und das Ende verknoten.

5 Das Besetzt-Schild mit dem kürzeren Baumwollfaden an der zweiten seitlichen Bohrung anbringen.

TIPP

Dieses WC-Schild ist besonders für schlüssellose Wohnungen nützlich.

Zahnputzuhr

→ bloß nicht zu lange!

MATERIAL PRO OBJEKT

- Sperrholz, 6 mm stark, 13 cm x 20 cm
- Acrylfarbe in Weiß, Braun, Blau, Gelb, Beige und Grün
- Musterbeutelklammer
- Eieruhr, ca. 6 cm hoch
- Bilderklappöse oder doppelseitiges Klebeband
- Holzbohrer, ø 4 mm

VORLAGE SEITE 236

1 Den Elch nach Anleitung für Holz auf Seite 11 aussägen und das Loch für die Eieruhr in den Becher bohren.

2 Den Becher mit Schmirgelpapier glätten und mit weißer Farbe grundieren. Anschließend die Konturen mit Filzstift übertragen. Die Farben mischen und Zahnputzuhr nach Abbildung bemalen.

3 Die Eieruhr mithilfe der Musterbeutelklammer am Becher befestigen.

4 Für die Aufhängung die Bilderklappöse mit Kraftkleber oder doppelseitigem Klebeband ankleben.

TIPP

Eine Eieruhr können Sie in jeder Apotheke oder bei Ihrem Zahnarzt kaufen. Wenn ein Erwachsener das Bohren übernimmt, ist der Zahnputzelch gut von Kindern zu basteln.

Bunte Unterwasserwelt

→ im Badezimmer

1 Die Wäscheklammern hellblau bemalen und nach dem Trocknen die weißen Wellen mit einem weißen Lackstift zeichnen. Bei allen Fischen ein farbiges Teil auf den Grundkörper kleben, Punkte mit der Rückseite eines Schaschlikstäbchens auftupfen, Linien mit weißem Lackstift oder schwarzem Filzstift malen und eine halbierte Holzperle als Auge aufsetzen. Nasen, Münder und Wangen mit Acrylfarbe oder Filzstift gestalten. An den Wäscheklammern fixieren. Den Seestern auf eine Mini-Wäscheklammer kleben.

2 Die Enden des Schaschlikstäbchens mit aufgeklebten Holzperlen schließen. Die Klammern mit dem blau-grünen Fisch und dem Seepferdchen aufklammern, durch die Metallspirale der Wäscheklammer jeweils eine Kordel ziehen und darüber verknoten.

3 Die nach unten hängenden Kordelteile anknüpfen, durch die Metallspiralen der Wäscheklammern ziehen und mit sich selbst verknoten. Holzperlen dazu- und dazwischenfädeln, die Fische und den Seestern anklammern.

TIPP

Sie können auch einen kleinen Saughalter mit einem Fisch bekleben.

Klemmentinis 1984

Damals bastelte man vor allem mit halbierten Wäscheklammern. An dem Foto erkennt man noch deutlicher, wie viel Zeit seitdem vergangen ist. Die Wäscheklammern wurden auch nur selten bemalt, sodass die heutigen Klemmentinis ganz anders wirken.

Bild aus Margret Glende: Überraschend Originelles aus Wäscheklammern.

MATERIAL AUFHÄNGUNG
- 2 Holzwäscheklammern, 7,2 cm lang
- Fotokartonrest in Türkis
- Regenbogen-Tonkartonrest im Grün-Verlauf
- Acrylfarbe in Hellblau, Rosa, Orange und Gelb
- 2 Holzperlen in Weiß, ø 8 mm (Augen)
- diverse Holzperlen (zum Verzieren der Baumwollkordeln)
- Baumwollkordel in Hellblau und Hellgrün, ø 1 mm, je 50 cm lang
- Schaschlikstäbchen, 20 cm lang

LILA FISCH
- Holzwäscheklammer, 7,2 cm lang
- Fotokartonreste in Hellblau, Rot und Violett
- Acrylfarbe in Rosa
- Holzperle in Weiß, ø 8 mm

ROSA FISCH
- Holzwäscheklammer, 7,2 cm lang
- Fotokartonrest in Pink
- Regenbogen-Tonkartonrest im Pink-Verlauf
- Acrylfarbe in Hellblau und Orange
- Holzperle in Weiß, ø 8 mm

SEESTERN
- Holzwäscheklammer, 4,5 cm lang
- Regenbogen-Tonkartonrest im Rot-Verlauf
- Acrylfarbe in Hellblau

VORLAGE SEITE 236

17.00 UHR
SAUNA

Wohnzimmerschild

→ hereinspaziert!

1 Den Kochlöffel seitlich am Stiel durchbohren (ø 1 mm) und hellblau bemalen. Auf die Kelle mit Filzstift das Muster zeichnen.

2 Durch das Loch im Stiel den Draht ziehen, die Holzperle auffädeln, die Drahtenden verdrehen und kürzen.

3 Den Kochlöffel auf das Sesselrückenteil kleben. Auf dem Sitzkissen beidseitig die Armlehnen montieren. Hinter- und Vorderpfoten anbringen. Das Sitzkissen vorne am Kochlöffel fixieren.

4 Das schwarze Oval auf die Schnauze kleben, dann die Schnauze mit Klebepads am Kopf befestigen. Die Wackelaugen anbringen. Den Kopf auf den Kochlöffel kleben und mit dem kleinen Schild den Türhänger vervollkommnen.

MATERIAL

- Holzkochlöffel mit runder Kelle, ø 3,5 cm, 10 cm lang
- Holzperle in Rot, ø 8 mm
- 2 Wackelaugen, ø 3 mm
- Acrylfarbe in Hellblau
- Fotokartonreste in Rot, Braun, Schwarz und Weiß
- Draht, ø 0,35 mm, 10 cm lang
- Holzbohrer oder Nagelbohrer, ø 1 mm

VORLAGE SEITE 236

Im Jahr 1966 ...

... wurden diese ersten Löffelkerlchen gebastelt.

Im gleichen Jahr hatten die Beatles ihren letzten gemeinsamen Auftritt. Außerdem landete eine russische Sonde auf dem Mond und übertrug Bilder zur Erde.

Bild aus Ursula Kühnemann: Geschenke für Vati.

Blühende Lichterkette

→ romantisch

1 Pro Blüte je zwei Blütenblätter in Gelb, Pink, Rot und Hellgrün gemäß der Vorlage zuschneiden. Für die Blüten zuerst die Blätter in Hellgrün, dann die Blätter farblich gemischt übereinander legen und die Mitte etwas zusammenraffen.

2 Den Ring über dem Lämpchen zurückschieben, die Krepppapierblüten bis zur Mitte zwischen die Kabel schieben und um das Lämpchen legen.

3 Die Blüten am Kabelansatz mit einem Silberdraht mehrmals fest umwickeln und die Enden verdrehen. Den Ring wieder zurückschieben und abschließend die einzelnen Blätter dekorativ zurechtzupfen.

TIPP

Das Krepppapier mehrlagig übereinander legen, mit einem Bürohefter zusammentackern und schon können Sie mehrere Blütenblätter auf einmal zuschneiden.

MATERIAL

- 10er Lichterkette im Ring in Weiß
- Krepppapier in Gelb, Pink, Rot und Hellgrün, je 50 cm x 50 cm
- dünner Silberdraht

VORLAGE SEITE 236

Lavendelzeit

→ wie Urlaub in der Provence

MATERIAL LAVENDELBILD

- eckige Spanplättchen, 17 x in Grün, 19 x in Hellblau, 1,7 cm x 1,8 cm
- Keilrahmen, 30 cm x 30 cm
- Acrylfarbe in Weiß und Hellgelb
- Serviette: Lavendelfeld
- Bund Seidenlavendel, 25 cm lang
- Papierbilderöse, ø 3 cm
- Serviettentechniklack

WINDLICHT

- eckige Spanplättchen, 30 x in Hellblau und 10 x in Lila, 1,7 cm x 1,8 cm
- ca. 13 ovale flache Glassteinchen in Transparent, ø ca. 1,5 cm
- Tischlampe mit Glasschirm, 25 cm hoch
- Satinierfarbe in Hellblau
- Lavendelsträußchen, ca. 12 cm lang
- Bast in Natur
- Fensterputzmittel
- Serviettentechniklack

Lavendelbild

1 Die Leinwand mit wasserverdünnter, weißer Acrylfarbe lasieren. In die feuchte Farbe sehr wenig gelbe Acrylfarbe einstreichen und trocknen lassen.

2 Das Serviettenmotiv (ein Viertel der Serviette) ausschneiden und die beiden weißen Papierlagen entfernen. Das Motiv mit Serviettentechniklack mittig auf die Leinwand kleben und trocknen lassen. Einzelne Spanplättchen sparsam mit Alleskleber bestreichen und nach Abbildung am Rand aufkleben.

3 Das Lavendelbüschel mit Alleskleber aufkleben und an der Bildrückseite eine Papieröse als Aufhängung ankleben.

Windlicht

1 Den Glasschirm vor dem Bemalen mit Fensterputzmittel reinigen. Die Satinierfarbe mit einem feinen Schwämmchen auf den Schirm auftupfen und ca. zwei Stunden trocknen lassen.

2 Am unteren Schirmrand beginnend die Spanplättchen nach Abbildung einzeln mit Alleskleber sparsam einstreichen, antrocknen lassen und aufsetzen. Die Plättchen vorsichtig andrücken, eventuell austretenden Klebstoff sofort mit einem Wattestäbchen entfernen. Reihe für Reihe arbeiten.

3 Den Schirm dünn mit Serviettentechniklack überstreichen. Ca. zwei Stunden trocknen lassen und die kleinen Glassteinchen mit Alleskleber aufkleben. Am Lampenfuß ein Lavendelsträußchen mit Bast festbinden.

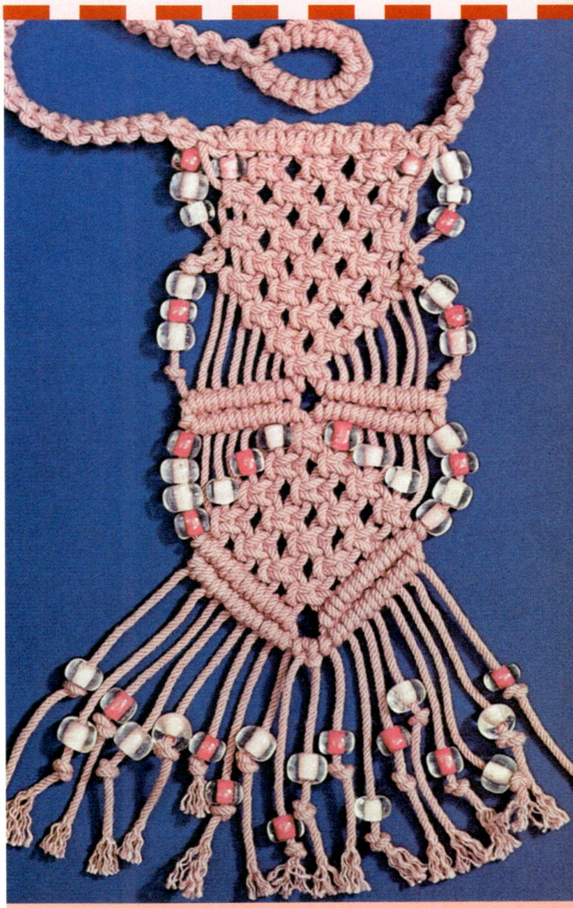

Dekorieren 1975

Dieser Makramee-Wandbehang in extravagantem Rosa war 1975 der letzte Schrei. Zumindest eine Blumenampel aus Makramee wird wohl in den meisten Haushalten auch heute noch irgendwo zu finden sein. Geknüpft wurde aus Naturgarnen und überwiegend in den Farben Braun und Orange, die in den 70er Jahren modern waren.

Bild aus Freya E. Lentz: Makramee. Schöpferisches Knüpfen mit Fäden und Schnüren.

Dicke Deko-Katzen

→ schön bunt

MATERIAL
- Leimholz, 1,8 cm stark, 20 cm x 25 cm
- Acrylfarbe in Gelb, Rot, Blau, Schwarz und Weiß

VORLAGE SEITE 236

1 Die Vorlagen auf das Holz übertragen und die Katzen nach Anleitung für Holz auf Seite 11 aussägen. Die Kanten abschmirgeln.

2 Die Katzen in den jeweiligen Farben bemalen. Für Struktureffekte etwas Weiß in die nasse, bereits aufgetragene Farbe mischen und nicht komplett in die Grundfarbe einmalen.

3 Nach dem Trocknen die Gesichter mit schwarzem Filzstift und weißem Lackstift aufmalen.

Perlenblüten

→ aus Rocailles

1 Schablonen nach Vorlage fertigen. Die Blüten mit Schablone auf Haftfolie übertragen und ausschneiden. Die Schutzfolie auf einer Seite abziehen.

2 Die Muggelsteine aufsetzen. Die Rocailles in den Teller geben und die Folie darin wälzen. Mit Flimmer bestreuen, dabei ein Blatt Papier unterlegen, damit man Reste wieder ins Fläschchen füllen kann. Die Blüten auf den Bilderrahmen oder die Vase kleben

TIPP

Die Blüten können Sie auch zuerst auf orangefarbenen Filz kleben und dann mit einem Stück Haftfolie ansetzen. So können sie leichter platziert (oder auch wieder entfernt) werden. Nett sieht es auch aus, wenn die Blütenblätter etwas abstehen.

MATERIAL

- Bilderrahmen mit breitem Rand in Silber, 19 cm x 19 cm, btw. Vase
- extrastarke doppelseitige Haftfolie, 13 cm x 6 cm (für 4 Blüten)
- Rocailles in Orange gelüstert
- 1 bzw. 3 Muggelsteine in Perlmutt, ø 5 mm
- Flimmer in Hellorange
- Teller

VORLAGE SEITE 237

Rosenlichterkette

→ bezaubernd

MATERIAL

- Transparentpapier mit Rosen, 50 cm x 70 cm
- Organzaband in Weiß, 4 cm breit, 3,25 m lang
- 10er Lichterkette
- Silberdraht, ø 0,35 mm
- doppelseitiges Klebeband, 5 mm breit, oder Sekundenkleber

VORLAGE SEITE 237

1 Eine Schablone nach Anleitung auf Seite 8 erstellen. Damit die Lampenschirmchen anfertigen. Die Lampenschirmchen um die einzelnen Lämpchen wickeln und mit Sekundenkleber oder transparentem, doppelseitigem Klebeband fixieren.

2 Vom Organzaband fünf Stücke à 65 cm abschneiden und fünf Schleifen mit dünnem Draht zusammenbinden.

3 Je zwei Lampenschirmchen zusammennehmen und die Schleife mit dem Draht befestigen. Den überstehenden Draht mit dem Seitenschneider kürzen.

Stecklampe

→ für romantische Stunden

MATERIAL

- Windradfolie, 0,4 mm stark, 50 cm x 70 cm
- Transparentpapier mit Rosen, 50 cm x 70 cm
- Glas mit Teelicht oder 10er Lichterkette
- Sprühkleber

VORLAGE SEITE 237

1 Windradfolie und Transparentpapier mit dem Sprühkleber besprühen und nach dem Antrocknen auf das Transparentpapier kleben.

2 Auf der Rückseite mithilfe der Schablone (Anleitung Schablone fertigen siehe Seite 8) mit dünnem Filzstift die vier Lampenteile aufmalen und ausschneiden. Für die Schlitze einen dickeren Strich aufmalen.

3 An allen vier Seitenteilen die Schlitze nach Vorlage 1 mm breit einschneiden. Die Seitenteile zusammenstecken.

4 Ein Glas mit Teelicht hineinstellen oder eine Lichterkette hinein legen.

Lampen 1981 ...

... waren in dezenten Farben gehalten. Bei dieser Lampe verleihen getrocknete Blüten und Gräser der Lampe eine zeitlose Eleganz. Heute sind Lampen aus Naturpapier oder aus bedrucktem Motivpapier sehr beliebt. Diese Lampen verbreiten ein sanftes Licht und jede Menge Gemütlichkeit. Das Gestalten mit getrockneten Pflanzen ist zu einem festen Bestandteil der Bastelwelt geworden.

Bild aus Mechthild Ralla: Lampen selber machen.

Schäfchen zählen

→ fürs Schlafzimmer

MATERIAL

- 2 Holzkochlöffel mit runder Kelle, ø 3,5 cm, 10 cm lang
- Rundholzstab, ø 3 mm, 10 cm lang
- 8 Rohholzperlen, ø 1,5 cm
- Acrylfarbe in Weiß und Ocker
- Strukturschnee
- Fotokartonreste in Ocker, Rot und Weiß
- Baumwollkordel in Weiß, ø 3 mm, 1 x 22 cm (Vorderbeine) und 2 x 9 cm lang (Hinterbeine)
- Draht, ø 0,35 mm, 4 x 10 cm lang
- Holzbohrer, ø 3 mm

VORLAGE SEITE 237

1 Die Stiele der Kochlöffel seitlich anbohren. In die Kellen gemäß Vorlage je vier Löcher bohren.

2 Die Kochlöffel auf den Rundholzstab stecken und alles weiß bemalen. Die Holzperlen ocker bemalen. Auf die Kellen und die beiden wolkenförmigen Haarteile Strukturschnee auftragen. Den Haarschopf auf die Köpfe aus Fotokarton kleben.

3 Auf die lange Kordel zwei Holzperlen fädeln. Die Kordelenden von vorne durch die zwei mittleren, benachbarten Armlöcher der Schafe führen. Dann die Enden von hinten durch das linke Armloch des einen bzw. das rechte Armloch des anderen Schafs ziehen. Auf die Kordelenden je eine Holzperle kleben.

4 Die beiden Hinterbeinkordeln einziehen und ebenfalls mit einer Perle verzieren.

5 Nun die Köpfe ankleben. Die Herzen und das Schild mit Draht befestigen.

Romantische Windlichter

→ schöne Stimmung

MATERIAL

- 2 Gläser, ø 10 cm, ca. 10 cm hoch
- Japanpapierreste in Rot, Weiß und Orange, Rest
- Maulbeerpapierrest in Rot
- Serviettenkleber
- 2 Teelichter

VORLAGE SEITE 234

1 Japanpapier in Orange und Weiß so ausschneiden, dass die Glasfläche vollständig bedeckt ist, die Papierenden sich aber nicht überlappen. Den Glasboden dabei nicht bekleben!

2 Aus dem roten Japanpapier ein großes Herz fransig ausreißen. Kleine Herzen nach Vorlage auf Maulbeerpapier übertragen und ausschneiden.

3 Mit Serviettenkleber erst den Glasbezug aufkleben, dann mit den Herzen verzieren. Ein Teelicht einstellen.

TIPP

Sie können auch Blumen oder andere Formen mit einem Motivlocher ausstanzen und aufkleben.

Schlaf gut

Schlaf gut

→ für süße Träume

MATERIAL

- Sperrholzrest, 3 mm stark (Sterne und Schild)
- Sperrholzrest, 6 mm stark (Engel)
- Fichtenholzplattenrest, 1,8 cm stark (Sockel)
- Draht, ø 1,6 mm, ca. 52 cm lang
- Steckdraht, ø 1 mm, ca. 41 cm lang
- Draht, ø 0,35 mm, ca. 60 cm lang
- Acrylfarbe in Weiß, Beige und Grau
- Holzbohrer, ø 1 mm und 1,5 mm

VORLAGE SEITE 237

1 Die Einzelteile nach Anleitung für Holz auf Seite 11 fertigen und bemalen. Auf die noch feuchte graue Farbe des Strampelanzugs etwas Weiß auftragen. Das „Schlaf gut"-Schild nach Vorlage beschriften. Nach dem Trocknen sämtliche Holzteile vorsichtig abschleifen. Die Wangen mit Buntstift röten.

2 Beim sitzenden Engel am Kopf von oben drei Löcher (ø 1 mm, gepunktete Linie) und von unten ein Loch (ø 1,5 mm) bohren. Beim fliegenden Engel am Kopf von oben senkrecht ein Loch (ø 1 mm) für den Heiligenschein bohren. Von vorne ein Loch neben dem Ohr für die Befestigung bohren.

3 In den wolkenförmigen Sockel zwei Löcher (ø 1,5 mm) bohren. Arme und Flügel ankleben.

3 Für die Haare drei 10 cm lange Steckdrahtstücke um ein Schaschlikstäbchen wickeln. Die Spiralen abziehen, leicht dehnen und in den Engelskopf stecken. Für den Heiligenschein den Steckdraht (11 cm lang) nach Vorlage biegen. Den Bügel aus dem dicken langen Drahtstück formen und in den Wolkensockel stecken. Ein Bügelende zu einer Öse biegen.

4 In die zweite Sockelbohrung ein 2 cm langes verzinktes Drahtstück stecken und den sitzenden Engel darauf befestigen. Die Sterne und das „Schlaf gut"-Schild auf Draht auffädeln und um den Bügel schlingen. Den fliegenden Engel einhängen.

Weihnachtsengel 1987

Damals waren Engel als Dekoration nur zu Weihnachten oder in Kirchen üblich. Erst in den letzten Jahren sind sie als Schutzengel zu jeder Jahreszeit und für jede Situation willkommen. Die zwei Holzengel links verhelfen zu einer himmlischen Nachtruhe.

Engel werden gerne mit Musikinstrumenten abgebildet, am liebsten natürlich mit einer Harfe. Wie fänden sie wohl die Rapmusik der Gruppe Public Enemy, die in diesem Jahr gegründet wurde?

Bild aus Katharina Zechlin: Modellieren mit Kindern.

Messlatte

→ von der Maus zur Kuh

MATERIAL MESSLATTE

- Sperrholz, 4 mm stark, 1 m x 5 cm
- Sperrholz, 1 cm stark, 1 m x 3 cm
- Acrylfarbe in Blau, Weiß und Gelb
- Holz- oder Terrakottamalstift in Blau, ø 1 mm
- ggf. Schrauben, Dübel und Steinbohrer

TIERE

- 4 Holzwäscheklammern, 7,2 cm lang
- Acrylfarbe in Grün, Braun, Rosa, Gelb, Blau, Rot und Weiß
- Fotokartonreste in Weiß, Rosa und Grau
- Holz- oder Terrakottamalstifte in Gelb und Weiß, ø 1 mm
- Draht, ø 0,35 mm, 6 x 5 cm lang (Katzen- und Mäusebarthaare)

VORLAGE SEITE 238

Messlatte

1 Für die Messlatte die breite Leiste gemäß der Abbildung bemalen, mit der Skala versehen und mit Klarlack lackieren. Die schmale Leiste ganz in Blau bemalen, ebenfalls lackieren und linksbündig dahinter leimen (siehe Vorlage).

2 Entweder mit wieder abnehmbaren Klebepads an der Wand befestigen oder zwei Löcher für Schrauben in die Latte bohren.

Tiere

1 Die Wäscheklammern wie abgebildet bemalen.

2 Der Kuh braune Flecken, eine rosa Schnauze sowie Hörner und Hufe in Gelb aufmalen. Augen und Nüstern mit feinem schwarzem Stift ergänzen und die Einzelteile zusammenkleben.

3 Den Schweinsrüssel mit Klebepads anbringen. Die Schweinebäckchen und -klauen mit Buntstift röten und das Gesicht mit Filzstift aufzeichnen. Die Beine ankleben.

4 Die Katzenpfoten, Schwanzspitze und Ohrenlinien mit dickem schwarzem Filzstift betonen. Das Gesicht aufzeichnen. Sechs Löcher mit der Vorstechnadel einstechen und die Barthaare durchziehen. Die Beine ankleben.

5 Die Maus-Innenohren und den Bauch mit weißer Acrylfarbe aufmalen. Das Gesicht und die Pfoten aufzeichnen. Mit der Vorstechnadel sechs Löcher in die Schnauze stechen und die Barthaare einziehen. Den Kopf und die Beine ankleben.

6 Jedes Tier auf eine Klammer kleben.

Klammer-Kinder

→ süß und frech

MATERIAL PRO FIGUR

- Sperrholz, 4 mm stark, 7 cm x 11 cm (Junge), 8 cm x 12 cm (Mädchen) bzw. 7 cm x 14 cm (Zwerg)
- Sperrholz, 6 mm stark, 13 cm x 8 cm (Bodenplatte)
- Acryllack in Weiß, Gelb, Rot, Grün, Blau, Orange und Braun
- lufttrocknende Modelliermasse
- Krokodilklammer mit Draht, 12 cm lang

VORLAGE SEITE 238

1 Alle Teile nach Anleitung Holz auf Seite 11 aussägen und abschmirgeln. Die Figur mit weißer Farbe grundieren und mit Filzstift die Innenkonturen aufzeichnen.

2 Die Modelliermasse auf die Bodenplatte auftragen, sodass eine Fläche von 6 cm x 4 cm bedeckt ist. Die Schicht muss ca. 1,5 cm hoch sein.

3 Die Figur und den Klammerstab in die Mitte der Modelliermasse stecken. Über Nacht trocknen lassen.

4 Die Figur und die Wiese bemalen. Für die Hautfarbe viel Weiß mit etwas Gelb und ein wenig Rot mischen.

5 Die Blumen auf der Wiese frei Hand malen.

TIPP

Mit einem Foto werden diese Klammer-Kinder zu einem ganz persönlichen Geschenk.

Kunterbunte Akrobaten

→ Mobile

MATERIAL

- 2 Holzkochlöffel mit runder Kelle, ø 5 cm, 32 cm lang
- 5 Raclettespatel, 13 cm lang
- Acrylfarbe in Hautfarbe, Rosa, Weiß, Apricot, Orange, Rot, Lemon, Maigrün, Himmelblau, Hellblau, Pink und Gelb
- Fotokartonrest in Weiß
- 12 Wattekugeln in Weiß, ø 1,5 cm
- Moosgummihohlschnüre in Weiß, ø 8 mm, 5 x 10 cm lang
- Chenilledraht in Weiß, 5 x 24 cm lang
- Edelbast in Orange, Maigrün, Pink, Hellblau und Gelb, je 70 cm lang
- 5 durchbohrte Rohholzkugeln, ø 1,5 cm
- 4 Zahnstocher
- Wollschnur in Weiß
- Ziehfeder, ø 1,5 cm, 20 cm lang
- Holzbohrer oder Nagelbohrer, ø 2 mm

VORLAGE SEITE 239

1 Vor dem Bemalen der Holzkochlöffel je drei kleine Löcher laut Skizze einbohren.

2 Löffel, Raclettespatel und Hohlschnüre laut Abbildung bemalen. Die Muster teilweise mit einem Zahnstocher aufmalen.

3 Den Bast jeweils mittig teilen und an den Enden zusammenknoten. Mit Heißkleber als Zöpfe von hinten am Raclettespatel fixieren.

4 Vier Zahnstocher in je drei Teile schneiden und mit Heißkleber jeweils ein Ende in eine bemalte Wattekugel, das andere in die Hohlschnur kleben.

5 Die gebogenen Chenilledrahtstücke mit Heißkleber an der Rückseite der Hände fixieren und jeweils mittig eine beliebig lange Wollschnur anknoten.

6 Auf jede Schnur eine bemalte Holzperle aufziehen und die Schnur durch ein Löffelloch – in der Mitte durch beide Löffel – ziehen und verknoten.

7 Damit die beiden Löffel kreuzweise zueinander stehen, Wattekugeln laut Abbildung aufkleben.

8 Zwei 30 cm lange Wollschnüre zuschneiden, durch die äußeren Löcher der Kochlöffel führen und verknoten. Beide Schnüre in die ersten Windungen der Ziehfeder einhängen.

TIPP

Beim Hantieren mit Heißkleber muss unbedingt ein Erwachsener helfen. Alternativ geht auch Kraftkleber.

Schweine 1996

Diese Schweinchen hatten 1996 jede Menge Spaß, denn sie fliegen gemeinsam durch die Luft. Vielleicht waren die Schweine im Weltall aus der Muppets Shwo die Inspirationsquelle. Damit in der Schwerkraft keines verloren geht, schwebt der Holzzaun gleich mit.

Der Hit der Ärzte „Männer sind Schweine“ wurde allerdings erst 1998 zum allseits beliebten Ohrwurm, der sich Wochenlang auf Platz 1 der deutschen Charts hielt.

Bild aus Kirstin Jansen: Es fliegt was in der Luft. Mobiles – witzig und plastisch.

Flotte Schnecke

→ mit Post

MATERIAL

- Kinderkleiderbügel ohne Haken, 33 cm lang
- 4 durchbohrte Rohholzkugeln, ø 4,4 cm
- 4 durchbohrte Rohholzkugeln, ø 1,4 cm
- Rundholzstab, ø 8 mm, 2 x 10 cm lang
- Sperrholz, 4 mm stark, 21 cm x 17 cm
- Acrylfarbe in Mango, Weiß, Krokus, Wildrose und Rotviolett
- Ringschraube, 3 mm x 1 cm
- Steckdraht, ø 0,8 mm, 2 x 15 cm lang
- Kordel in Weiß, ø 3 mm, 90 cm lang
- Holz- oder Nagelbohrer, ø 2 mm

VORLAGE SEITE 239

1 Alle vorgegebenen Löcher in den Kleiderbügel bohren. Das Schneckenhaus aus Sperrholz zweimal aussägen (siehe Anleitung Holz, Seite 11), dann alles bemalen. Das Schneckenhaus beidseitig aufleimen.

2 Den Draht für die Fühler zur Spirale formen, zwei kleine Holzperlen auf die Enden ziehen und dann die Fühler in die Löcher kleben.

3 Die Rundhölzer durch die Bohrlöcher stecken, die Holzkugeln mit Holzleim auf die Enden leimen, auf das Loch je eine halbierte Holzperle kleben.

4 Die Ringschraube eindrehen, die Kordel durchziehen und dann verknoten.

TIPP

Das Bohren mit der Bohrmaschine sollten Erwachsene vornehmen. Mit einem Nagelbohrer können auch Kinder bohren.

Süße Namenskette

→ und wie heißt du?

MATERIAL

- Fotokartonreste in Hellblau oder Rosa
- Fotokartonbuchstaben in Blau oder Violett
- Satinband in Blau oder Pink, 3 mm breit, Länge nach Bedarf
- Glasperlen in Weiß, ø 5 mm (je nach Anzahl der Buchstaben)

VORLAGE SEITE 239

1 Die Fotokartonherzen gemäß der Vorlage ausschneiden und lochen. Für jeden Buchstaben ein Herz fertigen.

2 Die Buchstaben mit Alleskleber unten am Herz ankleben.

3 Herzen und Glasperlen gemäß Abbildung auffädeln. Die Glasperlen in die Mitte des Herzens rücken, damit die Buchstaben nicht verrutschen.

TIPP

Sie mögen die klassischen Babyfarben Rosa und Blau nicht so gerne? Dann arbeiten Sie die Namenskette doch einfach in Gelb oder Grün. Toll sehen auch bunte Herzen aus.

Die Namenskette können Sie als Türschild an die Zimmertür hängen. Aber auch über dem Bettchen Ihres Babys sieht sie wunderschön aus.

Frederik Fuchs

→ Pinnwand und Stundenplanhalter

1 Die Holz- und Papierteile ausschneiden und nach Abbildung gestalten. Mit Bastelband die Ohren von hinten und die Mütze von vorne an die Kelle kleben. Den rosa Pompon auf Stickgarn fädeln, das Ende verknoten und als Mützenbommel fixieren.

2 Das Bastelholz als Arme hinten an den Löffelstiel kleben. An den Enden Pompons und darauf Holzhalbkugeln aufkleben.

3 Die Korkplatte mit Alleskleber auf den Stiel kleben.

4 Evtl. vorsichtig mit einer Schere die Bohrung der großen Halbkugel und des Friesenbaumfußes auf den Stieldurchmesser vergrößern. Die Holzhalbkugel auf den Stiel aufschieben, diesen im Friesenbaumfuß festkleben und die Halbkugel auf den Fuß kleben.

Schulanfang 1993

Auf diesen kunterbunten Stundenplan sah sicherlich jedes Kind gerne! Die freundlichen Kinder und der aufmerksame Rabe halfen dem Schulkind, kein Fach und keine Hausaufgabe zu vergessen.

Moosgummi ist ein Material, mit dem Kinder auch heute noch gerne arbeiten. Was beschäftigte die Menschen sonst noch in diesem Jahr? Alle betraf es, dass die Post die fünfstelligen Postleitzahlen einführte. Die musste man sich erst einmal merken!

Bild aus Gudrun Hettinger: Farbenfrohes Kinderzimmer. Ideen aus Moosgummi.

MATERIAL

- Holzkochlöffel mit runder Kelle, ø 5,5 cm, 30,5 cm lang
- 3 Rohholzhalbkugeln, ø 2,5 cm
- durchbohrte Rohholzhalbkugel, ø 3 cm
- Bastelholz, 14,5 cm lang
- Fotokartonrest in Weiß
- Pompons in 2 x Weiß, ø 3 cm, und 1 x Rosa, ø 2 cm
- Stickgarn in Weiß, 5 cm lang
- Acrylfarbe in Orange-Braun, Weiß, Dunkelbraun, Türkis, Helltürkis, Lachs und Lemon
- Korkuntersetzer, ø 14 cm
- Friesenbaumfuß, 9 cm x 1,5 cm x 7 cm

VORLAGE SEITE 239

F
MONTAG
DIENSTAG
MITTWOCH
DONNERSTAG
FREITAG
1. Stunde
2. Stunde
3. Stunde
4. Stunde
5. Stunde
6. Stunde
Sport
Mathe
Deutsch
Kunst
Computer
Musik
Deutsch
Sachkunde
Religion
Deutsch
Deutsch
Mathe
Musik
Theater
Kunst
Mathe
Deutsch
Deutsch
Deutsch
Musik
Sachkunde
Sport
Montag schwimmen.
Geburtstag Leon 05.06. 13.00 Uhr

Familienfeste

Wenn die ganze Familie mit Großeltern, Tanten und Onkeln zusammenkommt, dann gibt es meist einen Grund zu feiern. Tischdekorationen und kleine Geschenke zu Anlässen wie Taufe, Einschulung, Konfirmation und Kommunion, Hochzeit und Geburtstag garantieren ein stimmungsvolles Fest und freudige Gesichter. Feiern Sie schön!

Tischdekoration für die Taufe

→ süße Bärchen

Getränkekarte

1 Den weißen Karton mittig falten, die Vorlage am Falz anlegen und übertragen. Den Trinkaufsatz und den Sauger ausschneiden.

2 Das Motiv nach Anleitung auf Seite 10 mit Plusterstiften konturieren und beschriften. Nach dem Ausschneiden den Trinkaufsatz mit Sauger aufkleben.

Serviettenring

1 Den Fotokartonstreifen zum Ring zusammenkleben. Das Bärchen (verkürzter Karten-Bär) nach Anleitung für Plusterstifte auf Seite 10 farbig gestalten.

2 Nach dem Trocknen das Bärchen in den Ring kleben.

Einladungs- und Menükarten

1 Für beide Karten das A4- bzw. A5-Papier zur Doppelkarte falten. Wie in der Anleitung für Plusterstifte auf Seite 10 beschrieben die Motivteile bemalen. Bei der Einladung die Nuckelflasche – Trinkaufsatz und Schnuller sind aufgemalt – aufkleben und den Bären mit Klebepads auf der Karte fixieren. Das Herz beschriften und aufkleben.

2 Bei der Menükarte den blauen Fotokarton aufkleben. Den Bärenkopf mit einem Klebepad auf den Körper kleben. Die Arme und Beine von hinten befestigen und in Form biegen. Die Würfel mit Klebepads aufsetzen. Ein Bärenohr anknicken. Die Herzchen mit Plusterstift aufmalen und trocknen lassen.

Platzkarte

Wie bei der Getränkekarte beschrieben vorgehen. Die Namen mit Plusterstift oder einem Gelstift aufschreiben.

TIPP

Die niedlichen Bärchen sind auch eine schöne Tischdeko für den Kindergeburtstag. Lassen Sie die Fläschchen weg und schreiben Sie den Namen auf den Serviettenring!

MATERIAL PRO GETRÄNKEKARTE
- Fotokarton in Weiß, A4
- Fotokartonreste in Magenta und Orange
- Plusterstifte in Weiß, Rosa, Orange und Hellblau

PRO SERVIETTENRING
- Fotokarton in Hellgrün mit Punkten, 3 cm x 18 cm
- Fotokartonrest in Wasserblau
- Plusterstifte in Hellblau, Blau, Lavendel, Rosa, Pastellorange und Weiß

PRO EINLADUNGSKARTE
- Fotokarton in Hellgrün mit Herzen, A5
- Fotokartonreste in Rosa und Weiß
- Plusterstifte in Pastellrosa, Rosa, Pastellorange, Orange, Hellblau, Blau, Hellgrün, Sonnengelb und Weiß

PRO MENÜKARTE
- Fotokarton in Hellgrün mit Kringeln, A4
- Fotokartonreste in Mittelblau, Rosa und Weiß
- Plusterstifte in Pastellrosa, Rosa, Hellblau, Pastellorange, Orange und Weiß

PRO PLATZKARTE
- Fotokartonreste in Weiß, Hellblau und Orange
- Plusterstifte in Weiß, Orange, Hellblau und evtl. Hellgrün
- evtl. Gelstift in Hellgrün

VORLAGE SEITE 240

Kleines Bärchen

→ Schnullerexpress

ab 10 Jahre

MATERIAL

- Sperrholzrest, 5 mm stark
- Sperrholzrest, 3 mm stark
- Acrylfarbe in Ocker, Weiß, Schwarz, Rot und Zitronengelb
- Silberdraht, ø 1 mm, 10 cm lang
- Draht, ø 0,35 mm
- Holzbohrer, ø 1 mm und 3 mm

VORLAGE SEITE 240

1 Das Bärenbaby nach Anleitung für Holz auf Seite 11 arbeiten; dabei den Rumpf auf das dicke, die restlichen Teile auf das dünne Sperrholz übertragen.

2 Den Schnuller auf Holz übertragen und zuerst ein Loch mit Durchmesser 3 mm in die Innenfläche des Ringes bohren. Das Sägeblatt auf einer Seite der Säge lösen, durch das gebohrte Loch stecken, wieder an der Säge fixieren und die Innenfläche heraussägen. Erst danach den Schnuller aussägen. Die Löcher zum Zusammendrahten bohren (ø 1 mm).

3 Den hinteren Teil des Rumpfes als Windel weiß und den Rest ocker bemalen. Trocknen lassen. Den Klebestreifen und den oberen Rand mit einem sehr feinen Filzstift aufzeichnen. Das Gesicht aufmalen und den Bär zusammendrahten.

4 Den Heiligenschein aus dem dicken Draht zu einem Kreis im Durchmesser von 2,5 cm biegen und in die Bohrung am Kopf stecken. Den Schnuller an einem 10 cm langen dünnen Stück Draht befestigen und dem Baby umhängen.

Storchenlicht

→ danke für das Baby!

MATERIAL

- Kerze in Blau oder Grün, ø 2,5 cm, 22 cm hoch
- Kerzenstifte in Weiß, Orange und Hellblau
- Wachsplatte in Transparent

VORLAGE SEITE 241

1 Die Vorlage unter die Wachsplatte legen und die Störche mit den Kerzenstiften aufmalen. Das Malen mit Kerzenstiften gleicht dem Malen mit Plusterstiften, vgl. Anleitung für Plusterfarbe auf Seite 10.

2 Die Motive nach dem Trocknen aus der Wachsplatte herausschneiden. Feine Zwischenräume nicht ausschneiden, da sie später kaum auffallen. Durch leichtes Andrücken auf der Kerze fixieren.

Im Jahre 1995 …

..hatte der Storch als Babylieferant alles fest im Griff und tat sein Bestes, dass die Babys gesund und sicher ankamen. Der Täufling, dem zu Ehren dieses schmucke Kerzengesteck mit Rosenblüten und Tüllblumen entstand, hat nun schon bald die Grundschule hinter sich!

Bild aus Angelika Nowotny: Geburt und Taufe.

Rosa oder Himmelblau

→ niedliche Taufdeko

MATERIAL SERVIETTENRING
- Wellpappe in Rosa, 8 cm x 14 cm
- Plusterstift in Weiß
- Fotokartonreste in Weiß und Orange

PRO KERZE
- Kerze in Weiß, ø 5 cm, 27 cm hoch
- Kerzenstifte in Weiß, Hellblau und Blau (Schuhe)
- Kerzenstifte in Weiß, Rosa und Fuchsia (Kleid)
- Kerzenstifte in Weiß, Hellblau, Orange, Hellgelb und Gelb (Taube)
- Wachsplattenreste in Weiß und Transparent

MENÜKARTE
- Fotokarton in Magenta, A4
- Fotokarton in Orange, 10,5 cm x 15 cm
- Fotokarton in Rosa, 6 cm x 8 cm
- Fotokartonrest in Weiß
- Plusterstifte in Weiß, Pastellrosa, Pastellorange und Orange
- Buntstifte in Weiß und Pink
- Wellenrandschere
- evtl. Leuchttisch
- dünner Prägestift
- ggf. Metallschablone: Gänseblümchen
- ggf. Metallschablone: Babybordüre
- ggf. glänzender Edelbast
- Krepppapierrest in Weiß

EINLADUNGSKARTE
- Fotokarton in Mittelblau, A5
- Fotokartonrest in Weiß
- Fotokarton in Orange, 8 cm x 8 cm
- Seidenpapier in Magenta, 7 cm x 7 cm
- Plusterstifte in Weiß, Pastellrosa, Rosa, Pastellorange und Orange
- Wellenrandschere
- ggf. glänzender Edelbast
- Krepppapierrest in Weiß
- Prospekthülle

NAMENSSCHILD
- Fotokartonreste in Blau, Rosa, Weiß, Magenta
- Plusterstift in Weiß und Orange
- Feder in Weiß

VORLAGE SEITE 241

Serviettenring

1 Nach Anleitung für Plusterfarbe auf Seite 10 die Taube konturieren, verzieren und nach dem Trocknen ausschneiden.

2 Die Taube mit je einem Klebepad auf dem zusammengeklebten Wellpappering fixieren.

Taufkerzen

1 Die Vorlage unter die transparente Wachsplatte legen, die Motive malen und auf den Kerzen fixieren.

2 Schnürsenkel, zweiten Unterrock, Schleife und Taufkleidkragen aus weißer Wachsfolie fertigen. Für Schnürsenkel und Schleife schmale, lange Streifen zuschneiden, zu Schleifen legen, leicht andrücken und mit weißem Kerzenstift fixieren.

3 Kragen und Unterrock nach Vorlage ausschneiden, ggf. den Lochrand einprickeln, und auf bzw. hinter dem Kleid durch Andrücken fixieren. Name und Geburtsdatum frei Hand aufschreiben.

Menü- und Einladungskarte

1 Die Karten können mit allen Motiven gefertigt werden. Für die Doppelkarte den A4- bzw. A5-Bogen mittig falten. Nach Abbildung mit der Wellenrandschere beschneiden und den Lochrand einprickeln.

2 Bei der Menükarte Babymotive einprägen. Dazu die Schablone auf einen Leuchttisch legen, darüber das Papier. Mit einem dünnen Prägestift die Motive eindrücken. Mit einem Buntstift schattieren.

3 Die weißen Motive sowie die gestalteten Schilder mit Klebepads aufsetzen. Für das rechteckige Schild „Menükarte“ ein weißes (3 cm x 9 cm) und ein rosa Schild zuschneiden (2,5 cm x 8 cm). Die Sicherheitsnadeln auf einer Prospekthülle malen und nach dem Trocknen mit Alleskleber aufkleben.

4 Mit Plusterstift die Blumenranken bzw. die gestrichelten Linien an die Seiten setzen.

Namensschild

1 Namensschilder können mit allen hier verwendeten Motiven verziert werden. Die Motive wie oben beschrieben fertigen. Den pinkfarbenen Karton (10 cm x 10 cm) mittig falten. Das blaue Schild mit einem weißen Lackstift beschriften und zusammen mit dem rosa Schild aufkleben.

2 Eine Feder mit Heißkleber hinten am Schild befestigen. Das Motiv mit einem Klebepad befestigen.

Mut zur Lücke

→ für Erstklässler

MATERIAL

- Kochlöffel mit runder Kelle, ø 6,5 cm, 30 cm lang
- Holzrad, ø 6 cm
- 2 Holzhände, 3,2 cm lang
- Langhaarplüsch in Blond, 2 cm x 7 cm
- Filzrest in Hautfarbe
- Chenilledraht in Blau, 50 cm lang
- Acrylfarbe in Hautfarbe, Schwarz, Weiß, Blau und Rot
- Fotokartonreste in Orange, Braun und Schwarz
- Seidenpapierrest in Grün
- Moosgummibuchstaben A, B, C in Blau, ca. 2 cm hoch
- Satinband in Gelb, 6 mm breit, 20 cm lang
- Buntstift in Weiß
- dünne Paketschnur, 10 cm lang
- Spaxschraube, 2,3 cm lang
- Holzbohrer, ø 4 mm

VORLAGE SEITE 241

1 In den Stiel des Kochlöffels ein 4 mm großes Loch für die Arme bohren. Den Kochlöffel, die Hände und das Holzrad wie abgebildet anmalen. Für den Löffelstiel aus der blauen und der weißen Farbe einen Hellblauton mischen. Nach dem Trocknen das Gesicht gemäß Vorlage aufmalen.

2 Entlang des Kellenrandes den Langhaarplüsch aufkleben; darauf achten, dass das Plüschstück vorne bündig anliegt, hinten jedoch übersteht. So wirkt das Kerlchen plastischer.

3 Den Kochlöffel mit Hilfe der Spaxschraube auf das Holzrad schrauben.

4 Den Chenilledraht in der Mitte knicken, durch das Loch schieben und an die Enden jeweils eine Hand kleben. Aus dem Filz die Ohren ausschneiden und von hinten an den Kopf kleben.

5 Aus dem orangefarbenen Fotokarton, dem Transparentpapier und dem Satinband eine Schultüte fertigen und diese mit den Moosgummibuchstaben dekorieren. Aus dem schwarzen und braunen Fotokarton die Schiefertafel anfertigen, mit dem Buntstift beschriften und die Schnur anbringen.

6 Alle Teile wie abgebildet arrangieren und ankleben.

ABC-Schultüte

→ guten Schulanfang!

1 Das Krepppapier in die Schultüte einkleben; dazu in der gewünschten Länge zuschneiden, an der Innenseite der Schultüte etwas raffen und festkleben.

2 Die Motive auf Fotokarton übertragen, ausschneiden und mit der Paketschnur, die als Hals, Arme und Beine dient, zusammenkleben. Gesichter und Buchstaben aufmalen. Dafür am besten wasserfeste Stifte in Schwarz und Rot verwenden. Für die feinen Linien einen dünnen Filzstift verwenden. Die Lichtpunkte in den Augen mit einem weißen Lackstift aufsetzen.

3 Die Kinder nach Abbildung auf die Schultüte kleben und das Krepppapier mit dem Satinband zusammenbinden.

TIPP

Basteln Sie diese Schultüte in einer anderen Farbe. Wie wäre es mit Rot?

MATERIAL

- Schultüte aus 3D-Wellpappe in Blau
- Krepppapier in Gelb, 90 cm x 45 cm
- Fotokartonreste in Hautfarbe, Grün, Gelb, Schwarz, Braun und Blau
- Satinband in Grün, 1,5 cm breit, 60 cm lang
- dünne Paketschnur

VORLAGE SEITE 241

Schultüte für Nixen

→ und Wasserratten

MATERIAL

- Schultüte in Hellblau
- Krepppapier in Hellblau, 90 cm x 45 cm
- Fotokarton in Hellblau, A4
- Fotokartonreste in Weiß und Hellgrün
- Bast in Natur

VORLAGE SEITE 242

1 Das Krepppapier in die Schultüte einkleben, dazu in der gewünschten Länge zuschneiden, an der Innenseite der Schultüte etwas raffen und festkleben.

2 Die Motive auf Fotokarton übertragen, ausschneiden, zusammenfügen und bemalen.

3 Für den Bast in die Bauch- und in die untere Schwanzflosse mit einem Bürolocher oder einer Lochzange Löcher stanzen und den Bast anknoten. Die Motive auf die Schultüte kleben.

4 Das Krepppapier mit Bast zusammenbinden.

TIPP

Stecken Sie in die Schultüte doch einen Gutschein für einen Besuch im Aquarium!

Tor, Toor, Tooor!

→ für Kicker

MATERIAL

- Schultüte mit Filzumrandung in Grün
- Fotokarton in Weiß, A4
- Fotokartonreste in Türkis und Hautfarbe
- Filzrest in Gelb
- Papierdraht in Gelb, ø 2 mm, 1 m lang
- Papierdraht in Natur, ø 2 mm, 3 x 5 cm lang

VORLAGE SEITE 242

1 Fotokartonteile ausschneiden, bemalen und zusammenkleben. Die Fußballflecken mit schwarzem Filzstift aufmalen. Die Wangen des Jungen mit Buntstift röten.

2 Die Bälle und den Jungen auf die Schultüte kleben. Um den Jungen zu befestigen, in den Filz der Schultüte mit dem Cutter einen Schlitz in der Breite des Halses schneiden und den Hals an der Innenseite festkleben. Um einen Stift zu Spiralen gedrehten Papierdraht als Haare befestigen.

3 Ein dreieckiges Halstuch umbinden und die Enden von der Rückseite verkleben. Die Schultüte mit dem gelben Draht verschließen, die Drahtenden um einen Bleistift zu Spiralen drehen.

TIPP

Basteln Sie die Schultüte in den Farben des Lieblingsvereins Ihres Schulanfängers!

Regenbogen

→ zur Kommunion

MATERIAL BLUMENDEKO
- 5 Holzstücke, 5,5 cm x 2,6 cm, 16 cm hoch
- 2 Rundholzstäbe, ø 5 mm, ca. 50 cm lang
- Acrylfarbe in Weiß
- 10 Reagenzgläser mit Löchern, ø 2 cm, 12 cm lang
- Rittersporn in Blau
- Santini in Grün
- Rosen in Gelb
- Gerbera in Rot
- Bärgras
- Holzbohrer, ø 5,5 mm

FÜR ALLE KARTEN
- Stempelkissen in Rot, Gelb und Blau
- Embossingpulver in Farblos
- Zirkel

PRO MENÜKARTE
- Tonkarton in Weiß, A4 und Rest
- Wolkenkarton, 5 cm x 18 cm
- Regenbogen-Tonkartonreste
- Tonpapier in Weiß, A4
- Stempel: Menü

PRO EINLADUNGSKARTE
- Tonkarton in Weiß, 24 cm x 17 cm
- Wolkenkarton, 5 cm x 9,5 cm
- Regenbogen-Tonkartonreste
- Tonpapier in Weiß, A4
- Stempel: Einladung zur 1. Heiligen Kommunion

FÜR TISCHKÄRTCHEN
- Stoffserviette in Gelb
- Regenbogen-Tonkartonreste
- 2 Blüten

VORLAGE SEITE 242

Blumendeko

1 Die Holzstücke nach Anleitung Holz auf Seite 11 zusägen und mit Schmirgelpapier abschleifen.

2 Im oberen Bereich jeweils zwei Bohrungen im Abstand von 1,5 cm anbringen.

3 Die Holzklötze mit weißer Acrylfarbe streichen.

4 Mit zwei Rundholzstäbchen von ca. 50 cm Länge die Holzklötze und die Reagenzgläschen auffädeln. Die Rundholzstäbe passend kürzen.

5 Die Reagenzgläser mit Wasser füllen und die Blüten farblich sortiert wie beim Regenbogen einstellen.

6 In eines oder beide außen hängende Gläser Bärgras in Form eines über die Blüten laufenden Bogens geben.

TIPP

Sollten Sie im Baumarkt nur Holz mit etwas anderen Maßen bekommen, so können Sie dieses natürlich ebenfalls verwenden.

Menükarten

1 Den weißen Tonkarton in der Mitte falzen.

2 Den Menüstempel am Anfang mit dem roten, in der Mitte mit dem gelben und am Ende mit dem blauen Stempelkissen benetzen und aufstempeln. Farbloses Embossingpulver auf die feuchte Farbe streuen und nach Anleitung Embossing auf Seite 12 fertig stellen.

3 Vom Wolkenkarton einen Streifen von 18 cm x 5 cm schneiden.

4 Die Sonne auf den Gelb-Rot-Verlauf des Regenbogenkartons übertragen und ausschneiden.

5 Für den Regenbogen den Zirkel mit einem Radius von 3 cm einstellen, auf dem Regenbogenkarton im blauen Farbteil einen Kreis schlagen, den Zirkel 5 mm weiter stellen und mit dem selben Mittelpunkt einen weiteren Kreis schlagen. Mit dieser Zirkeleinstellung einen Kreis im violetten Farbbereich aufzeichnen, den Zirkel auf 4 cm einstellen und den violetten Farbkreis fertig stellen. Auf diese Art fortfahren, bis der Regenbogen vollständig ist.

6 Die Bögen exakt ausschneiden und auf einen Tonkarton montieren.

7 Aus diesem Regenbogenkreis ein Segment herausschneiden, den Rest für weitere Karten oder die Namensschildchen auf den Servietten verwenden.

8 Die Sonne und den Regenbogen auf dem Wolkenkarton befestigen und auf die Karte kleben.

Einladungskarte

1 Die Karte mit dem Stempel wie bei der Menükarte gestalten.

2 Den Regenbogen wie bei der Menükarte beschrieben anfertigen, allerdings muss die erste Zirkeleinstellung bei 2,5 cm beginnen.

3 Ein Drittel von diesem Regenbogenkreis zusammen mit dem Wolkenkarton auf der Karte befestigen.

Tischkärtchen

Die Servietten nach Faltanleitung bei den Vorlagen falten, mit Blüten verzieren und beschriftete Sonnen oder Regenbogensegmente auflegen.

TIPP

Zu dieser Tischdekoration passen hervorragend Kerzen in Gelb in transparenten Kerzengläsern.

Menu
Martin
Franzi
Einladung

Konfirmation in Pink-Orange

→ mit Schmetterlingen

MATERIAL PRO EINLADUNGSKARTE

- Doppelkarte in Pink, B6
- Naturkarton „Mulberry“ in Orange, ca. 10 cm x 14 cm
- Tonkarton in Orange, ca. 6 cm x 3 cm
- Transparentpapierreste in Pink und Orange
- Tonpapier in Pink, A4
- Ziersticker „Einladung“ in Silber
- 4 flache Strasssteine in Opal, ø 2 mm
- Webband in Orange-Pink, 4 cm breit, 18 cm lang
- je ein Satinband in Orange und Pink, 3 mm breit, 50 cm lang
- Motivlocher: Schmetterling
- Zierrandschere
- Pinzette

PRO MENÜKARTE

- Doppelkarte in Pink, A5, auf DIN lang (21 cm x 21 cm, offen) mit Cutter geschnitten
- Naturkarton „Mulberry“ in Orange, ca. 10 cm x 14 cm
- Transparentpapierreste in Pink und Orange
- Tonpapier in Pink, A4
- Ziersticker „Menü“ in Silber
- 4 flache Strasssteine in Opal, ø 2 mm
- Webband in Orange-Pink, 4 cm breit, 24 cm lang
- je ein Satinband in Orange und Pink, 3 mm breit, 56 cm lang
- Motivlocher: Schmetterling
- Zierrandschere

PRO GIVE-AWAY

- Satin in Pink bzw. Orange, je 9 cm x 36 cm
- Nähmaschine oder Nähnadel
- Nähgarn in Orange bzw. Pink
- Organza-Band in Pink bzw. Orange, ca. 3 cm breit, 20 cm lang
- Tonkarton in Pink bzw. Orange, ca. 3 cm x 2 cm
- Stift in Silber
- Zierrandschere
- Füllung: ca. 20 Schokolinsen in Weiß
- Stecknadeln

Einladungskarte

1 Das Naturpapier zunächst in unregelmäßigen Formen falzen, dann reißen und auf die Karte kleben.

2 Das breite Webband um die Karte legen und auf der Innenseite mit wenig Klebstoff fixieren, die Satinbänder oben links verknoten.

3 Aus beiden Farben des Transparentpapiers je zwei Schmetterlinge mit dem Motivlocher ausstanzen, am Körper jeweils mit wenig Klebstoff zusammenkleben und die oberen Flügel vorsichtig nach oben biegen.

4 Mit einem Zahnstocher wenig Klebstoff auf die Strasssteine tupfen und diese mithilfe einer Pinzette aufsetzen.

5 Das Schildchen mit der Zierrandschere ausschneiden, den Schriftzug anbringen und auf die Karte kleben. Das Einlegeblatt aus Tonpapier zurechtschneiden und einlegen. Die Satinbänder um die Karte knoten.

TIPP

Kleben Sie das Einlegeblatt in Pink auf der linken Innenseite am Rand an, damit die verklebten Bandenden verdeckt werden!

Menükarte

Für die Menükarte den Schriftzug direkt auf der Karte ankleben. Ansonsten wie die Einladungskarte arbeiten.

Give-away

1 Die Säckchen nach der Anleitung auf Seite 11 nähen und füllen.

2 Das Organza-Band zu einer Schleife legen, mit dem Satinband verknoten, die Enden hinten um den Beutel herumführen und vorne unter der großen Schleife verknoten.

3 Das fertige Namensschild an die Enden des Satinbands kleben.

TIPP

Platzieren Sie die Give-aways in den beiden Farben abwechselnd!

Zartes Hellblau

→ zu Konfirmation, Kommunion oder Firmung

Zur Kommunionsfeier 1994 ...

... schmückten blaue und weiße Vergissmeinnicht den Tisch. Mit Seidenbuchs und Rosen kombiniert wirkte das Gesteck besonders edel. So vergaß man diesen Tag bestimmt nicht.

Tier des Jahres war im übrigen nicht der Fisch sondern ein Tier, das unter anderem gerne Fische verschlingt: Der Weißstorch.

Bild aus Doris Meier: Kommunion feiern.

Menükarte

1 Die Doppelkarte auf eine Breite von 12 cm zurechtschneiden. Die Strohseide mit Sprühkleber aufkleben.

2 Die Stempelmotive auf den weißen Tonkarton stempeln. Die Kelch-Motive entlang der äußeren Kontur ausschneiden und mit Klebepads auf der Karte anbringen.

3 Das Menüschild erst auf den silbernen Karton, dann auf die Karte kleben.

4 Das Einlegeband etwas kleiner schneiden.

5 Die Enden der Schleife jeweils schräg zuschneiden, die Perlen an die Enden des Satinbandes knoten und es um die Karte binden.

Einladungskarte

1 Die Stempelmotive anfertigen und das Kelch-Motiv entlang der äußeren Kontur ausschneiden.

2 Die Strohseide mit Sprühkleber aufkleben. Das Einladungsschild auf 6 cm x 4 cm zuschneiden. Die aufgestempelten Motive auf den silbernen Karton kleben. Das Kelch-Motiv mit Klebepads, das Einladungsschild mit Alleskleber aufsetzen.

3 Die Karte mit dem Satinband verschließen, die Enden der Schleife jeweils schräg zuschneiden, die Metallperlen auffädeln und mit einem Knoten sichern.

4 Das beschriftete Einlegeblatt von unten einschieben.

Give-away

1 Die Faserseide in der Mitte falzen und seitlich zusammennähen oder -kleben.

2 Zum Verschließen die obere Kante zweimal 2 cm umschlagen, glatt streichen und mithilfe einer Stopfnadel das längere Satinband nach hinten durch und wieder nach vorne ziehen und verknoten. Das kürzere Band hier anknoten.

3 Die Enden des längeren Bandes spitz zuschneiden, die Perlen auffädeln und mit einem Knoten sichern. Eine Schleife binden.

4 Das Namensschild anfertigen und an den Enden des kürzeren Bandes nach Abbildung ankleben.

MATERIAL PRO MENÜKARTE

- Doppelkarte in Pastellblau, A5
- Strohseide in Hellblau, 10,5 cm x 19,5 cm
- Tonkartonrest in Weiß
- Karton in Silber, 8,5 cm x 6 cm
- Transparent-Einlegeblatt in Hellblau, A5
- Stempel: Fisch und Kelch
- Stempel: Menü
- Embossingpulver in Silber
- Stempelkissen in Transparent
- 2 Metallperlen in Silber, ø 4,5 mm
- Satinband in Hellblau, 3 mm breit, 60 cm lang
- Sprühkleber

PRO EINLADUNGSKARTE

- Doppelkarte in Pastellblau, A6
- Tonkartonrest in Weiß
- Karton in Silber, 7,5 cm x 5,5 cm und 6,5 cm x 6 cm
- Strohseide in Hellblau, 8 cm x 19,5 cm
- Stempel: Einladung
- Stempel: Fisch und Kelch
- Embossingpulver in Silber
- Stempelkissen in Transparent
- Transparent-Einlegeblatt in Hellblau, A6
- 2 Metallperlen in Silber, ø 4,5 mm
- Satinband in Hellblau, 3 mm breit, 50 cm lang
- Sprühkleber

PRO GIVE-AWAY

- Faserseide in Hellblau, 8 cm x 28 cm
- Satinband in Hellblau, 3 mm breit, 30 cm und 25 cm lang
- 2 Metallperlen in Silber, ø 4,5 mm
- Karton in Silber, 3 cm x 1,5 cm
- Kartenrest in Pastellblau (von der Menükarte), 3,5 cm x 2 cm
- Nähmaschine oder Nähnadel
- Nähgarn in Hellblau
- Stopfnadel
- Stift in Silber
- ca. 5 glasierte Mandeln in Weiß

MENÜ
Onkel Hugo
Einladung zu unserer Hochzeit

Hearts and Stripes

→ Karte für die Hochzeit

MATERIAL FÜR ALLE KARTEN
- Stempel: Doppelherzen
- Stempelkissen in Rot
- Embossing-Pulver in Weiß und Transparent

PRO EINLADUNGSKARTE
- Stempel: Einladung zu unserer Hochzeit
- Doppelkarte in Rot, DIN lang
- Tonkarton in Rot-Weiß gestreift, 6 cm x 21 cm
- Fotokarton in Weiß, 4,8 cm x 4,8 cm
- Fotokarton in Rot, 2 x 4 cm x 4 cm
- Tonpapier in Weiß gestreift, A4
- Tonpapier in Weiß, A4

PRO MENÜKARTE
- Stempel: Menü
- Doppelkarte in Weiß gehämmert, A5
- Tonkarton in Rot-Weiß gestreift, 10 cm x 19 cm
- Fotokarton in Rot, 6 cm x 11 cm
- Tonpapier in Rot, A4
- Organzaband in Rot, 4 cm breit, 60 cm lang

PRO TISCHKARTE
- Taschenband in Rot, 6 cm breit, 14 cm lang
- Satinband in Rot, 3 mm breit, 20 cm lang
- Fotokarton in Rot, 4,2 cm x 4,2 cm
- Tonpapier in Weiß, 3,9 cm x 3,9 cm

VORLAGE SEITE 242

Einladungskarte

1 Den Schriftzug nach Anleitung Embossing auf Seite 12 auf den weißen Fotokarton stempeln und mit transparentem Embossing-Pulver bestreuen. Die Doppelherzen jeweils auf den roten Fotokarton stempeln und mit weißem Embossing-Pulver bestreuen. Die Kanten der Fotokartonstücke frei Hand oder nach Vorlage nachschneiden.

2 Den gestreiften Tonkarton auf die Doppelkarte kleben. Die einzelnen Motivkärtchen mit Klebepads aufkleben.

3 Das Einlegeblatt beschriften, etwas kleiner als die Karte zurechtschneiden und in die Karte legen.

Menükarte

1 Die Stempelmotive nach Anleitung Embossing auf Seite 12 arbeiten. Auf den roten Fotokarton den Schriftzug (weißes Embossing-Pulver) und die Doppelherzen (transparentes Embossing-Pulver) stempeln.

2 Den gestreiften Tonkarton auf die Kartenvorderseite kleben. Den roten Fotokarton mit Klebepads anbringen.

3 Das bedruckte Tonpapier zurechtschneiden und als Einlegeblatt in die Karte legen, die Karte öffnen und mit dem Cutter direkt auf dem Kartenfalz in das Einlegeblatt und die Karte einen 5 cm langen Schnitt anbringen. Das Organzaband durch den Schnitt fädeln und auf der Vorderseite verknoten. So kann die Menükarte aufgeklappt werden, ohne dass die Schleife geöffnet werden muss.

Tischkarte

1 Das weiße Papier beschriften und auf den roten Fotokarton kleben.

2 In die Tasche des Bandes das Namensschild einschieben. Das obere Ende des Taschenbandes mit dem Satinbändchen zusammenbinden.

Hochzeit 1988

Mit vielen kleinen Glaskügelchen und irisierenden Folienschleifchen war dieser prächtige Tischstrauß üppig geschmückt. Mit den passenden Tischkarten war diese Hochzeitstafel ein echtes Highlight! Nach dem Essen tanzte man dann zu Pet Shop Boys und Milli Vanilli.

Bild aus Ingrid Wurst: Ideen für Tischdekorationen.

Rosige Hochzeit

→ wie auf Rosen gebettet

Einladung

1 Den Schriftzug nach Anleitung Embossing auf Seite 12 auf die Doppelkarte stempeln.

2 Den Tonkarton mit einem Streifen doppelseitigem Klebeband am oberen Rand aufkleben.

3 Das Transparentpapier auf die Karte legen, den überstehenden Teil nach hinten knicken und ebenfalls mit einem Streifen Klebeband auf der Kartenrückseite entlang des Falzes befestigen.

TIPP

Falten Sie den bedruckten A4-Bogen für das Einlegeblatt dreiteilig wie einen Brief. Den Bogen an der oberen Kante in den Kantendeckel kleben. So kann der Eingeladene die Karte öffnen und den ganzen A4-Bogen entfalten.

Menükarte

1 Vom rechten Rand der Doppelkarte einen 2 cm breiten Streifen abschneiden. Den Schriftzug nach Anleitung Embossing auf Seite 12 auf die Kartenvorderseite stempeln.

2 Den Tonkarton aufkleben. Den Streifen Transparentpapier darüber legen, die Kanten nach hinten knicken und an der Karteninnenseite bzw. -rückseite mit transparentem Klebeband befestigen.

3 Das Organzaband um die Karte knoten.

Tischkarte

1 Den weinroten Tonkarton in der Mitte falten.

2 Auf die rechte Seite nach Anleitung Embossing auf Seite 12 mit dem Embossingstift und -pulver den Namen schreiben und fertig stellen.

3 Das Transparentpapier mit der Klebefolie auf den Tonkarton und alles zusammen auf die Tischkarte kleben.

MATERIAL FÜR ALLE KARTEN
- Stempelkissen in Farblos
- Embossingpulver in Platin
- doppelseitiges transparentes Klebeband

PRO EINLADUNG
- Stempel: Wir sagen ja
- Doppelkarte in Weinrot, DIN lang
- Tonkarton in Pfirsich, 7 cm x 21 cm
- Transparentpapier mit Rosen, 15 cm x 21 cm
- Tonpapier in Pfirsich, A4

PRO MENÜKARTE
- Stempel: Menü
- Doppelkarte in Weinrot, A5
- Tonkarton in Pfirsich, 11 cm x 12 cm
- Transparentpapier mit Rosen, 11 cm x 15 cm
- Organzaband, 4 cm breit, 60 cm lang
- Tonpapier in Pfirsich, A4

PRO TISCHKARTE
- Tonkarton in Weinrot, 15 cm x 7,5 cm
- Tonkarton in Pfirsich, 6,5 cm x 6,5 cm
- Transparentpapier mit Rosen, 6 cm x 6 cm
- Embossingstift in Farblos
- doppelseitige transparente Klebefolie

Regina
Menü
wir sagen ja

Brautpaar

→ für die Hochzeitstorte

MATERIAL

- 2 Raclettespachteln, 13 cm lang
- Acrylfarbe in Weiß, Hautfarbe, Schwarz, Gelb, Rosa, Rot und Grau
- Fotokartonreste in Weiß, Schwarz, Rot und Gelb
- Tonpapierrest in Blau
- 2 Holzplatinen, ø 2,5 cm
- 4 durchbohrte Rohholzkugeln, ø 8 mm
- 4 Holzfüße, 2 cm lang
- 2 Streuholzteile in Rot: Herz, ø 2 cm
- Papierdraht in Natur, 2 x 10 cm, 4 x 3 cm, 2 x 5 cm lang
- Filzstift in Hellblau

VORLAGE SEITE 242

1 Beide Spachteln weiß bemalen und die roten Herzen aufkleben. Einen Spachtelgriff schwarz übermalen und nach dem Trocknen die weißen Streifen ziehen. Die Holzplatinen hautfarben bemalen. Dem Bräutigam die Ohren dahinter festkleben und ebenso anmalen. Die Gesichter gestalten.

2 Ein ca. 5 cm langes, mittig geknicktes und zusammengedrehtes Papierdrahtstück an der Rückseite des Spachtelgriffes fixieren und am hervorschauenden Ende mit Kraftkleber die Platinenköpfchen aufsetzen. Das Haarteil an der Rückseite anbringen, die Blume und den Zylinder an der Vorderseite.

3 Die Papierdrahtarme weiß bzw. schwarz bemalen, die hautfarbenen Holzkugeln mit etwas Klebstoff aufschieben und am Stiel ankleben.

4 Bei der Braut das mit Filz- und Lackmalstift bemalte Kleidchen, beim Bräutigam den Frack auf den Griff kleben und den weißen Kragen bzw. die rote Fliege darüber setzen. Die Beinchenstücke in die Holzfüße kleben. Diese in der entsprechenden Farbe bemalen und hinter das Kleidchen bzw. hinter dem Spachtel fixieren. Das große Herz zuschneiden und je ein Händchen des Brautpaares daran festkleben.

TIPP

Das Brautpaar kann auch als Türschild gefertigt werden: Dafür die Raclettespachteln unten am Rand zusammenkleben und hinter den Köpfchen Draht oder Band zum Aufhängen befestigen. Auf die Herzen können die Namen der Neuvermählten geschrieben werden.

Brautpaar 1984

Braut und Bräutigam waren aus Nostalgiewäscheklammern gebastelt. Besonders beeindruckend ist der liebevoll arrangierte Rosenbogen.

Rosen sind seit eh und je Sinnbild für die Liebe. Das liegt nicht nur daran, dass sie zu den schönsten Blumen zählen, sondern auch an ihren Stacheln. Mit der Liebe und Rosen muss man sorgfältig umgehen, damit sich niemand verletzt.

Die Chinesen waren die ersten, die Rosen züchteten. Im Alten Rom wurden für medizinische Zwecke und zur Parfümherstellung bereits Rosenplantagen angelegt.

Bild aus Margret Glende: Überraschend Originelles aus Wäscheklammern.

HAPPY BIRTHDAY
TO YOU!

Geburtstagsclown

→ Gute-Laune-Macher

MATERIAL

- Holzkochlöffel mit runder Kelle, ø 6 cm, 40 cm lang
- Acrylfarbe in Hautfarbe, Weiß, Rot, Blau, Schwarz und Pink
- Fotokartonreste in Hautfarbe, Weiß, Hellblau, Violett und Schwarz
- Regenbogen-Tonkartonreste im Gelb-Orange- und Hellgrün-Grün-Verlauf
- Chenilledraht in Orange, 16 cm lang
- Plüschpompon in Gelb, ø 7 mm
- Rohholzhalbkugel, ø 2 cm
- 2 durchbohrte Rohholzkugeln, ø 1,8 cm
- Schaschlikstäbchen, 2 x 7 cm lang
- Aludraht in Schwarz, ø 1 mm, 1 x 6 cm, 1 x 20 cm lang
- Motivlocher: Blüte

VORLAGE SEITE 243

1 Das ganze Gesicht hautfarben bemalen und nach dem Trocknen die weiße Mundpartie auftragen. Die rot bemalte Halbkugelnase aufkleben und die Innenlinien zeichnen. Seitlich an der Löffelrückseite die Ohren fixieren und die Haarteile ankleben. Den kleinen Zylinder mit blau gemaltem Band anbringen. Das kurze Aludrahtstück zurechtbiegen, die Blüte mit gelber Pomponmitte aufsetzen und hinter der Kelle fixieren.

2 Den Stiel ca. 10 cm weiß bemalen, den Rest pinkfarben. Nach dem Trocknen die schwarzen Streifen ziehen und die blauen Punkte auftupfen. Den Chenilledraht am Stiel fixieren und die Hände aus Fotokarton aufkleben, leicht umbiegen und in die so entstandenen Handflächen die Trommelstöcke kleben. Dafür die Holzkugeln auf ein Stück Schaschlikspieß kleben und alles schwarz anmalen. Die große Clownfliege fixieren und blaue Punkte auftupfen.

3 Das Muster auf die Trommel malen, das hellblau unterlegte ovale Schild beschriften. Das längere Stück Aludraht beidseitig durchstechen – die Löcher vorher mit einer Prickelnadel einstechen –, die Aludrahtenden verdrehen, über den Stiel schieben und an der Kellenrückseite ankleben.

TIPP

Das Clownköpfchen allein mit einer lieben Botschaft, zum Beispiel „Lachen!“, ist ein reizender Blumenstecker.

Clowns 1976

Clowns sind nicht nur in der Bastelwelt beliebt, schließlich unterhalten Sie die Menschen vor allem mit ihren Scherzen. Es gibt verschiedene Clowntypen. Besonders schön und edel wirkt der Pierrot mit seiner Dauerträne, der sich aus der Commedia dell'arte, einer italienischen Stegreifkomödie, entwickelt hat. Die hier abgebildeten steinernen Spaßmacher entsprechen dem Typ des dummen August.

Kein Scherz ist, dass es einmal erlaubt war, unangeschnallt Auto zu fahren. Erst im Jahr 1976 wurde in der Bundesrepublik Deutschland die Gurtpflicht auf Vordersitzen von PKW eingeführt.

Bild aus Ursula Kühnemann: Steine geklebt und bemalt.

Volltreffer!

→ Geburtstagstisch für Fußballer

ab 7 Jahre

MATERIAL PRO SÜSSIGKEITEN-BECHER POKAL
- Tontopf, ø 6 cm
- Tontopf, ø 4 cm
- Acrylfarbe in Silber
- Fotokartonrest in Weiß
- Krepppapier in Weiß, 40 cm x 18 cm
- Satinband in Weiß, 7 mm breit, 40 cm lang

PRO FUSSBALLSPIELER
- Tontopf, ø 4 cm
- Mini-Tontopf, ø 3 cm
- Acrylfarbe in Schwarz, Blau, Grün, Weiß und Rot
- Fotokartonreste in Hautfarbe und Braun
- Styroporkugel, ø 2,8 cm
- 3 Holzperlen in Natur, ø 8 mm
- Paketschnur, 2 mm stark, 18 cm lang
- Zahnstocher

PRO TISCHABFALLTOR
- Tontopf, ø 11 cm
- Acrylfarbe in Grün, Schwarz und Weiß
- Fotokartonrest in Schwarz

FÜR SÜSSIGKEITEN-BECHER FUSSBALL
- Tontopf, ø 6 cm
- Acrylfarbe in Grün
- Fotokartonrest in Weiß

VORLAGE SEITE 243

Süßigkeitenbecher Pokal

1 Die Tontöpfe bemalen und zusammenkleben.

2 Die Henkel aus Fotokarton ausschneiden und aufkleben.

3 Krepppapier an den inneren, oberen Rand kleben, mit Süßigkeiten füllen und mit Satinband verschließen.

Fußballspieler

1 Die Tontöpfe bemalen.

2 Die Motive aus Fotokarton ausschneiden, bemalen und zusammenfügen.

3 Die Figuren nach Anleitung auf Seite 8 zusammenfügen.

4 Die Styroporkugeln laut Abbildung bemalen und ankleben. Den Ball auf dem Kopf mit Alleskleber fixieren.

Tischabfall Tor

1 Den Tontopf bemalen.

2 Das Tor aus Fotokarton ausschneiden und beschriften.

3 Das Tor gemäß Abbildung in den Tontopf kleben.

Süßigkeitenbecher Fußball

1 Den Tontopf außen und innen bemalen.

2 Den Fußball aus Fotokarton ausschneiden und mit einem schwarzen Filzstift bemalen.

3 Den Fußball auf den Tontopfrand kleben und den Tontopf mit Süßigkeiten füllen.

TIPP

Hat das Geburtstagskind einen Lieblingsverein? Dann bemalen Sie die Fußballspieler in den Farben dieses Vereins!

TOOOR
TOOOR
TOOOR

König und Prinzessin

→ für den Kindergeburtstag

MATERIAL PRO FIGUR

- Holzwäscheklammer, 7,2 cm lang
- Rohholzhalbkugel, ø 2 cm
- Acrylfarbe in Hautfarbe, Weiß, Hellblau und Rosa
- Fotokartonreste in Gold und Weiß

ZUSÄTZLICH FÜR DEN KÖNIG

- Acrylfarbe in Rot, Schwarz und Hellgelb
- Fotokartonrest in Rot

ZUSÄTZLICH FÜR DIE PRINZESSIN

- Acrylfarbe in Orange und Gold
- Fotokartonrest in Orange

ZUSÄTZLICH FÜR DAS GASTGESCHENK

- Tüllband mit Tupfen bzw. Streifen in Weiß, 10 cm x 18 cm
- glänzender Bast in Weiß

VORLAGE SEITE 243

1 Für jede Figur den Kopf und die Klammer grundieren. Die Einzelteile nach Vorlagen und frei Hand gestalten.

2 Das entsprechende Haarteil auf die Halbkugel malen und die – teilweise bemalten – Fotokartonteile ausschneiden. Dann die zusammengesetzten Fotokartonteile wie abgebildet aufkleben. Die Krone des Königs sowie die Zöpfe samt Krone der Prinzessin kommen dabei hinter die Köpfe, die Arme jeweils zwischen die Klammer.

3 Soll die Figur als Platzkarte oder als kleines Gastgeschenk dienen, dann den Namen mit einem weißen Lackstift darauf schreiben, bei dem Serviettenhalter kann, muss es aber nicht sein.

4 Für das kleine Gastgeschenk das Tüllband zu einem kleinen Säckchen zusammenraffen. Süßigkeiten oder kleine Geschenke in das Tüllsäckchen füllen, es mit Bast zuknoten und in die Krone stellen. Dient die Krone als Serviettenhalter, dann einfach die Serviette zusammenrollen und in die Krone stecken.

5 Zum Schluss den König oder die Prinzessin an das Krönchen anklammern.

TIPP

Prinzessin und König – ein Dauerbrennerthema, besonders für junge Mädchen. Mit der Tischdekoration wird der Kindergeburtstag bestimmt zu einem unvergesslichen Erlebnis. Stellen Sie am besten die ganze Party unter dieses hochherrschaftliche Motto, z. B. mit passenden Verkleidungen, einem Kuchen in Schloss-Form und, und, und!

Geburtstagsfest 1990

Ist die Maus zu Haus? Diese putzige Tischdekoration aus Tonpapier machte vor allem ganz kleinen Geburtstagskindern und ihren Gästen viel Spaß! Das passende Geschirr rundete das Ganze schön ab.

Als diese Tischdeko aktuell war wurde die Schauspielerin Emma Watson geboren. Sie spielt in den Harry Potter-Filmen Hermine Granger.

Bild aus Armin Täubner: Kindergeburtstag.

Lukas
Leoni

MENÜ
Christa
Jochen

Blumige Tischdeko

→ für viele Feste

MATERIAL ALLGEMEIN
- Motivlocher: Blume, ø 2,3 cm
- Embossing-Stempelkissen in Silber
- Embossing-Pulver in Transparent

PRO MENÜKARTE
- Karte in Weiß, B6
- Papier in Weiß, 4,5 cm x 9,5 cm (gleicher Karton wie die Karte)
- Transparentpapier in Gelb-Orange gestreift, 23 cm x 16,5 cm
- Einlegeblatt in Weiß, A4
- Stempel: Menü
- Tonkartonrest in Hellgelb und in Gelborange
- Bast in Hellgelb und in Gelborange, je 70 cm lang

PRO TISCHKARTENKERZE
- Glas in Würfelform, 5 cm x 5 cm x 5 cm
- Kerzengel in Gelb bzw. Orange
- Kerzengel-Docht mit Fuß
- Bast in Hellgelb bzw. in Gelborange, 2 x 40 cm lang
- Deko-Stift in Silber
- 3 Zahnstocher

BLUMENDEKORATION
- Glas-Steckschale, 24 cm x 11 cm x 4 cm (Glasbaustein)
- Renautria-Stücke
- Mini-Gerberas in Orange- und Gelbtönen
- Gräser
- Scabiosenfruchtstand
- Sedum in Grün

Menükarte

1 Die Stempelschrift nach Anleitung Embossing auf Seite 12 auf dem 4,5 cm x 9,5 cm großen Papier anbringen.

2 Das gestreifte Papier mittig falzen und mit Klebestift auf der Karte fixieren.

3 Aus dem Tonkarton je zwei Blüten ausstanzen, in der Mitte mit der Lochzange lochen und aufkleben.

4 Die beiden Baststreifen gemeinsam um die Karte schlingen und mit einer Schleife verknoten. Damit auch das passend zugeschnittene Einlegeblatt in die Karte einbinden.

5 Zum Schluss das bestempelte Stück Papier mit Klebepads auf die Karte kleben.

TIPP

Im gleichen Stil wie die Menükarte können Sie auch die Einladungskarte gestalten!

Kerze als Tischkarte

1 Zunächst den Namen auf das Kerzenglas schreiben

2 Das Kerzen-Gel nach Anweisung des Herstellers schmelzen. Den Docht mit einem Tropfen Gel auf den Boden des Glases setzen. Dann den Docht oben mithilfe von zwei Zahnstochern fixieren und das Gel eingießen.

3 Zwei Baststreifen um das Glas legen und mit einer Schleife verknoten

TIPP

Statt Kerzengel in Orange bzw. Gelb zu kaufen, können Sie auch Kerzengel in Transparent verwenden und mit Färbetabletten einfärben. Wenn Sie wollen, dann kaufen Sie außerdem noch ein paar größere Glasgefäße, füllen diese ebenfalls mit Kerzengel und verzieren sie noch mit ausgestanzten Blumen und Bast. Das ergibt eine sehr hübsche Tischdekoration.

Blumendekoration

1 Die Renautria in Längen zwischen 6 cm und 12 cm zurechtschneiden und dicht an dicht senkrecht in die Schale stellen.

2 Die Steckschale vorsichtig mit Wasser füllen. Blumen und Gräser in unterschiedlichen Längen einstecken.

Kleine Geschenke

Mit selbstgemachten Aufmerksamkeiten zeigt man seinen Lieben ganz viel Zuneigung. Lustige und niedliche Kleinigkeiten für Mutter und Vater, natürlich auch für Kinder sowie kleine Liebesbotschafter für zukünftige Familiengründer verbreiten viel Freude. Geldgeschenke, Glücksbringer, Schutzengel und viele andere witzige Ideen runden das Ganze ab.

Liebevolles Bärchen

→ für den Muttertag

MATERIAL

- Holzkochlöffel mit runder Kelle, ø 6 cm, 35 cm lang
- Acrylfarbe in Gelb und Rot
- Fotokartonreste in Weiß, Gelb und Rot
- Filzrest in Blau
- Chenilledraht in Gelb, 18 cm lang
- 3 Holzherzen in Rot, 1,5 cm hoch
- Draht in Schwarz, ø 0,35 mm, 2 x 10 cm lang

VORLAGE SEITE 244

1 Den gesamten Kochlöffel gelb bemalen. Ohren und Haarbüschel an der Kellenrückseite ankleben. Das Gesicht gestalten und als Nase ein rotes Herz aufsetzen.

2 Die Arme aus Chenilledraht mittig an den Stiel kleben und die Händchen an den Enden fixieren. Dem Filzschal die Fransen schneiden, ihn umbinden und mit etwas Klebstoff fixieren.

3 Das halbkreisförmige Schild auf roten Tonkarton kleben, mit schmalem Rand ausschneiden, beschriften und mit eingestochenem Draht an den Handflächen fixieren. Die Herzchen aufkleben.

TIPP

Die Botschaft können Sie variieren und zum Beispiel zum Geburtstag oder bestandenen Prüfungen gratulieren.

Zum Muttertag 1990 ...

... verschenkten liebe und vor allem kreative Kinder diese lustige blaue Katze.

Die Tradition des Muttertags stammt aus England, wo der ‚mothering sunday' bereits im 13. Jahrhundert zu Ehren der Mutter Kirche entstand und dann auch auf leibliche Mütter ausgedehnt wurde. In Amerika wurde die Tradition Anfang des 20. Jahrhunderts aufgenommen und breitete sich nach Europa aus. In Deutschland feiert man den Tag seit 1922.

Bild aus Christa Möller: Ostern, Frühjahr, Muttertag.

Schutzengelschaukel

→ mit Herz und Schiebermütze

MATERIAL

- Fotokartonreste in Rot, Hellblau, Hautfarbe, Weiß und Braun
- Lackdraht in Schwarz, ø 0,4 mm, 25 cm (Aufhängung links), 15 cm (Aufhängung rechts), 18 cm lang (Spirale mit Herzen)
- Abacafasern in Schwarz

VORLAGE SEITE 244

1 An der hellblauen oberen Hemdhälfte mit dem Filzstift die Ärmel abgrenzen und das Muster aufmalen. Von hinten die Hände, das Sitzbrett und das Flügelpaar ankleben.

2 An der unteren Hemdhälfte den Stoffflicken und die Flügel anbringen und das Muster zeichnen.

3 Damit sich die Hemdhälften voneinander abheben, drei aufeinander gelegte Kartonquadrate (2 cm x 2 cm) oder ein Klebepad dazwischen kleben.

4 Den Kopf mit einem Kartonquadrat hinterkleben. An der Mütze den Flicken anbringen und von hinten die Stirnhaare ankleben. Die Mütze am Kopf befestigen. Die Haare am Hinterkopf fixieren.

5 Das Herz ausschneiden, mit der Lochzange lochen und die Flicken aufmalen. Das Tonkartonbrett an den Enden zwei- bzw. dreimal mit Draht umschlingen, den Engel auf das Herz kleben und die Drahtenden in die Löcher am Herzen einhängen. Aus dem übrigen Drahtstück eine Spirale fertigen, indem es über ein Schaschlikstäbchen gewickelt und auseinander gezogen wird. Am linken Aufhängedraht einhängen und die Enden mit kleinen Herzen verzieren.

Engel 1989

Schutzengel, wie zum Beispiel der freche kleine Schutzengel mit der Schildmütze, sehen einfach etwas weltlicher aus als Weihnachtsengel. Schutzengel entwickelten sich erst in den letzten Jahren zur beliebten Geschenkidee. Doch schon immer war es eine schöne Vorstellung, dass jeder Mensch seinen eigenen schützenden Engel hat.

In der katholischen Kirche sind Schutzengel Bestandteile des Glaubens, auch wenn sie anders als beispielsweise die Erzengel keine zentrale Rolle spielen.

Bild aus Inge Walz: Weihnachtsengel vielseitig gestaltet.

Herzchen-Blumenhalter

→ liebevoll

MATERIAL

- Sperrholz, 1 cm stark, 30 cm x 22 cm
- Acrylfarbe in Antikblau und Karminrot
- Krakelier-Lack
- Draht, ø 1,4 mm
- Baumwollkordel in Grün, ø 1 mm, 24 cm lang
- Zinkeimer, ø 10 cm, 9,5 cm hoch
- Stoffrest, 3 cm x 30 cm
- Holzbohrer, ø 2 mm und 3 mm

VORLAGE SEITE 244

1 Alle Teile nach Anleitung für Holz auf Seite 11 aus dem Sperrholz aussägen, antikblau grundieren, trocknen lassen und mit Krakelier-Lack (siehe Tipps & Tricks) bestreichen. Nach dem Trocknen wie abgebildet bemalen.

2 Zwei große Löcher für den Aufhängedraht von vorne bohren. Ebenfalls von vorne zwei kleinere Löcher für den Befestigungsdraht bohren. Die restlichen Löcher werden seitlich gebohrt. Ein Stück Baumwollkordel in jede Bohrung der kleinen Herzen stecken, fixieren und den Kleber trocknen lassen.

3 Für die Eimerbefestigung ein U-förmig gebogenes Stück Draht von hinten durch die Bohrlöcher stecken, die Drahtteile um den Eimer wickeln, die Enden verzwirbeln und die Drahtenden locken. Die kleinen Herzchen anbringen und das komplette Herz an den gebogenen Aufhängedraht hängen. Den Stoff an den Aufhängedraht binden.

TIPP

Das Bohren sollten Erwachsene übernehmen! Falls mit einer Laubsäge gearbeitet wird, dünnes Holz nehmen.

Mini-Schutzengelchen

→ hilfreiche Begleiter

1 Alle Teile nach Anleitung für Holz auf Seite 11 aussägen und wie abgebildet bemalen. Nach dem Trocknen die Flügel aufkleben.

2 Beim größeren Schutzengel die notwendigen Bohrungen ausführen. Für die Haare ein Stückchen Paketschnur in das Kopfloch kleben und aufzwirbeln. Das Herz aufkleben und den Engel auf der Standfläche fixieren.

TIPP

Die Schutzengel-winzlinge sind vor Prüfungen ein willkommenes Geschenk!

MATERIAL WINZLINGE

- Sperrholzrest, 4 mm stark
- Acrylfarbe in Hautfarbe, Scharlachrot, Vanille, Arktis und Wildrose

SCHUTZENGEL MIT HERZ

- Sperrholzrest, 6 mm stark
- Acrylfarbe in Hautfarbe, Pfirsich, Vanille, Weiß, Scharlachrot und Schilf
- Paketschnur, ø 1,7 mm
- Holzbohrer oder Nagelbohrer, ø 2 mm

VORLAGE SEITE 244

Vati ist der Größte

→ für Flaschen

MATERIAL

- Holzkochlöffel mit runder Kelle, ø 3,5 cm, 16 cm lang
- 4 Rohholzperlen, ø 1,5 cm
- 2 Wackelaugen, ø 3 mm
- Acrylfarbe in Gelb und Schwarz
- Fotokartonreste in Gelb und Rot
- Draht, ø 0,35 mm, 10 cm lang
- Lackdraht in Schwarz, ø 0,5 mm, 10 cm lang
- Chenilledraht in Gelb, 2 x 20 cm lang
- Holzbohrer, ø 1 mm und 3 mm

VORLAGE SEITE 245

1 Den Stiel des Kochlöffels von der Seite her mit einem Loch versehen (ø 1 mm) und die Kelle zweimal nach Vorlage durchbohren (ø 3 mm).

2 Den Löffel gelb bemalen und mit schwarzen Flecken verzieren. Auch die Holzperlen schwarz anmalen.

3 Die beiden Chenilledrähte jeweils in der Mitte biegen und als Vorder- bzw. Hinterbeine durch die Löcher im Rumpf ziehen. Die Holzperlen auf die Enden kleben.

4 Die Wackelaugen auf den Kopf aus Fotokarton kleben und die Hörner schwarz anmalen. Von hinten die Zunge anbringen.

5 Nun den Kopf am Stiel des Kochlöffels befestigen. Den Draht um ein Schaschlikstäbchen wickeln, abziehen und das beschriftete Herz andrahten.

TIPP

Beim Bohren der Löcher sollten Erwachsene helfen! Bei der Auswahl von leckeren alkoholischen Getränken am besten ebenfalls!

Kater und Bär

→ für Genießer

Kater

1 Das weiße Schnauzenteil entweder aus Fotokarton ausschneiden oder mit Acrylfarbe auf den Kopf malen. Die Wackelaugen anbringen, mit einer Prickelnadel Löcher für die Barthaare einstechen und drei Drähte durchziehen.

2 Den Kopf auf den viermal durchbohrten (ø 3 mm) und schwarz bemalten Kochlöffel kleben. Die beiden Kordeln nach Abbildung durch die Löcher ziehen und auf den Enden je eine schwarz bemalte Holzperle kleben.

3 Den Korken anbohren (ø 8 mm) und den Löffelstiel einstecken. Zum Schluss das angedrahtete Schild umhängen.

Bär

1 Den Kochlöffel seitlich durchbohren (ø 2 mm) und blau bemalen. Mit dem Lackstift verzieren.

2 Den vorbereiteten Kopf von vorne und den Rumpf von hinten am Kochlöffel befestigen. Drei mit der Schere halbierte Holzperlen als Knöpfe anbringen.

TIPP **Das Bohren sollten Erwachsene übernehmen!**

MATERIAL
KATER
- Holzkochlöffel mit runder Kelle, ø 3,5 cm, 10 cm lang
- 4 Rohholzperlen, ø 1,5 cm
- 2 Wackelaugen, ø 3 mm
- Acrylfarbe in Schwarz und evtl. Weiß
- Fotokartonreste in Schwarz, Weiß und Rot
- Dekokordel in Schwarz, ø 2 mm, 2 x 12 cm lang
- Draht, ø 0,35 mm, 4 x 7 cm lang
- Weinkorken
- Holzbohrer, ø 3 mm und 8 mm

BÄR
- Holzkochlöffel mit runder Kelle, ø 3,5 cm, 10 cm lang
- 2 Holzperlen in Blau, ø 3 mm
- Acrylfarbe in Blau
- Lackstift in Gelb
- Fotokartonreste in Ocker, Hautfarbe, Gelb, Blau und Weiß
- Baumwollfaden in Blau, ø 1 mm, 40 cm lang
- Holzbohrer, ø 2 mm

VORLAGE SEITE 245

Bäriger Haarschmuck

→ für Kids

MATERIAL HAARSPANGE

- Plusterfarbe in Orange und Rehbraun
- Acrylfarbe in Rosa, Weiß, Mittelbraun und Dunkelbraun
- Haarspange in Grün-Gelb gestreift, 3 cm lang

HELLBLAUER HAARGUMMI

- Plusterfarbe in Sonnengelb und Himmelblau
- Acrylfarbe in Rosa, Weiß, Zartblau und Dunkelbraun
- Haargummi in Hellblau

ROSAFARBENER HAARGUMMI

- Plusterfarbe in Rehbraun und Schwarz
- Acrylfarbe in Cappuccino, Rosa, Weiß, Grau und Dunkelbraun
- Haargummi in Rosa

VORLAGE SEITE 245

1 Die Bären wie in der Anleitung für Plusterstifte auf Seite 10 erklärt arbeiten und aufplustern.

2 Die Figuren von der Glasplatte abziehen und die Augen, Münder und Muster frei Hand mit Acrylfarbe auftragen, dabei an der Vorlage orientieren. Für dünne Striche mit Acrylfarbe am besten einen Zahnstocher verwenden.

3 Die Bären mit Kraftkleber auf der Haarklammer bzw. den Haargummis fixieren.

Glückskäferexpress

→ Spielzeug zum Liebhaben

1 Den Marienkäfer nach Anleitung für Holz auf Seite 11 aussägen und bearbeiten. Wie abgebildet bemalen und die Innenlinien ergänzen.

2 Alle Bohrungen ausführen, für die Fühler seitlich, für die Räder vorne. Vorsichtig bohren! Mit einem dünnen Bohrer beginnen und dann immer einen etwas dickeren Bohrer wählen, sonst könnte das Sperrholz ausbrechen.

3 Aus Draht die Fühler biegen und einkleben. Die Räder aus Holzkugeln mit dem vorher halbierten Rundholzstab befestigen und die Ringschraube einschrauben. Eine Paketschnur durch die Öse ziehen, eine Ziehkugel auffädeln und die Paketschnurenden verknoten. Den Stoffstreifen als Schal umbinden.

MATERIAL

- Sperrholzrest, 1 cm stark
- 4 Rohholzkugeln, ø 2,5 cm, mit Bohrung von ø 6 mm
- Rohholzkugel, ø 2 cm, mit Bohrung von ø 4 mm
- Acrylfarbe in Scharlachrot, Hautfarbe, Schwarz, Weiß, Schilf und Olivgrün
- Ringschraube in Messing, ø 3 mm, 8 mm lang
- Rundholzstab, ø 6 mm, ca. 12 cm lang
- Draht, ø 0,65 mm
- Paketschnur, ø 1,7 mm
- Stoffrest, 1,5 cm x 15 cm
- Holzbohrer, ø 1,5 mm und 6 mm

VORLAGE SEITE 245

Geschenkdosen

→ für kleine Naschkatzen

ab 8 Jahre

Dosenbasteln 1969

Diese geprägte und durchlöcherte Dose wurde als Teelicht verwendet. Eigentlich ist es naheliegend mit Blechdosen zu basteln, denn von Zeit zu Zeit fallen Dosen in fast jedem Haushalt an.

Toll ist natürlich auch, wenn man aus Blechdosen Trommeln macht. Das ist allerdings nur etwas für Menschen mit starken Nerven!

Bild aus Ursula Kühnemann: Drücken und formen mit Blech und Folie.

MATERIAL PRO DOSE

- geriffelte Dose, ø 8,5 cm, 11,5 cm hoch
- Styroporkugel, ø 6 cm
- Metallprägefolienrest in Silber
- Filzrest in Rosa (Maus) bzw. Weiß (Katze) bzw. Gelb und Braun (Bär)
- Pompon in Schwarz, ø 1,5 cm
- Dosenöffner
- Rohholzhalbkugeln, ø 3 mm (Bär)
- Chenilledraht in Weiß und Schwarz (Katze)
- Acrylfarbe in Grau, Pink und Weiß (Maus) bzw. Weiß, Schwarz und Rot (Katze) bzw. Gelb, Braun, Schwarz, Weiß und Ocker (Bär)

VORLAGE SEITE 245

Maus

1 Die Dose öffnen, der Deckel wird weiter verwendet. Dose, Deckel und Styroporkugel grau grundieren. Nach dem Trocknen das Gesicht auf die Styroporkugel malen. Die Bäckchen mit einem Schwamm auftupfen.

2 Die Schürze aus Metallprägefolie ausschneiden (teilweise mit der Zackenschere) und bemalen, dann gemäß Abbildung aufkleben. Den Kopf auf der Deckelmitte befestigen, alles mit Klarlack lackieren und trocknen lassen. Die Ohren aus Filz und den Pompon aufkleben.

Naschkatze

1 Dose, Deckel und Styroporkugel weiß grundieren, nach dem Trocknen die schwarzen Streifen und das Gesicht aufmalen. Die roten Backen mit einem Schwamm auftupfen.

2 Den Kopf auf die Deckelmitte kleben. Das Herz aus Metallprägefolie ausschneiden, bemalen, beschriften und nach dem Trocknen auf die Dose kleben. Die Zierlinien mit wasserfestem Filzstift malen.

3 Deckel, Kopf und Dose mit Klarlack lackieren. Den schwarzen und weißen Chenilledraht verdrehen und nach Abbildung als Schwanz aufkleben. Die aus Filz zugeschnittenen Ohren und den Pompon aufkleben.

Bär

1 Die Dose öffnen, der Deckel wird auch benötigt. Beides nach Vorlage und Abbildung bemalen. Die braunen Streifen auf die Dose malen. So lange die braune Farbe noch nass ist mit einem Schwamm darüber tupfen, sodass sie etwas verwischt. Nach dem Trocknen die schwarzen Punkte aufmalen.

2 Die Biene aus Metallprägefolie ausschneiden, bemalen, trocknen lassen und mit Alleskleber auf die Dose kleben. Die Linien und Fühler mit wasserfestem Stift malen.

3 Die Styroporkugel ocker grundieren und dann das Gesicht aufmalen. Die roten Backen mti dem Schwämmchen auftupfen. Die Holzhalbkugeln bemalen, trocknen lassen und als Hände aufkleben. Deckel, Kopf und Dose mit Klarlack lackieren und trocknen lassen. Kragen und Ohren aus Filz zuschneiden (eine Seite der Ohren mit der Zackenschere) und aufkleben. Anschließend den Kopf auf dem Kragen befestigen und den Pompon aufkleben.

HINWEIS

Bei den Dosen müssen Groß und Klein aufpassen, dass sie sich nicht schneiden.

Kleine Naschkatze

M+S
7

Wolke 7

→ auch hier braucht man Schutzengel!

MATERIAL PÄRCHEN
- 2 Tontöpfe, ø 4 cm
- 2 durchbohrte Rohholzkugeln, ø 3 cm
- 4 Holzperlen in Natur, ø 1,2 cm
- je 2 Marionettenfüße, 2 cm und 2,5 cm lang
- Acrylfarbe in Rot, Silber und Hautfarbe
- Kordel in Rot, 2 x 13 cm (Arme) und 2 x 13 cm lang (Beine)
- Paketschnur
- Filzrest in Rot
- Aludraht, ø 0,6 mm

M + S
- Tontopf, ø 8 cm
- Rohholzkugel, ø 4,5 cm mit Bohrung
- Flower-Hair in Silber
- Strohseide in Weiß
- Satinband in Rosa, 5 mm breit
- Aludraht, ø 0,6 mm
- Acrylfarbe in Hautfarbe, Silber und Rosa
- Filzrest in Rot
- Schaschlikstäbchen
- Tonkartonreste in Rot und Graumetallic
- Füllwatte

VORLAGE SEITE 246

Pärchen

1 Die beiden Tontöpfe silbern, die großen Rohholzkugeln hautfarben und die Schuhe rot bemalen. Nach dem Trocknen die Gesichter aufmalen.

2 Die Engel nach Grundanleitung auf Seite 10 zusammenbauen. Die Paketschnur in ca. 6 cm lange Stücke schneiden und als Haare im Kopfloch befestigen.

3 Die Flügel und Herzen nach Vorlage ausschneiden und aufkleben.

4 Das Liebespaar am Kopf und am Topf zusammenkleben. Die Hände so fixieren, dass sie sich umarmen.

5 Für den Heiligenschein ein Herz aus Aludraht formen, die Enden in die Kopflöcher stecken.

M+S

1 Das Schaschlikstäbchen auf 11,5 cm kürzen.

2 Den Topf rosa, die Holzkugel hautfarben und das Schaschlikstäbchen silbern bemalen.

3 Nach dem Trocknen das Gesicht aufmalen.

4 Den Engel nach Grundanleitung auf Seite 10 zusammenbauen.

5 Den Filz auf roten Tonkarton kleben. Die Herzen und die Sieben ausschneiden, in das große Herz für den Pfeil zwei Schlitze einschneiden und mit den Initialen beschriften. Das Schaschlikstäbchen durchstecken.

6 Die Spitze und die Federn ausschneiden und aufkleben. Das Herz am Tontopf festkleben.

7 Den Aludraht über einem Stift locken. Die mit je einem Herzen beklebten Drahtlocken im Kopfloch festkleben. Das Flower-Hair ebenfalls aufkleben.

8 Die Nummer auf die Watte kleben. Die Watte unter den Tontopf kleben.

9 Die Flügel aus Strohseide ausschneiden und von hinten an den Tontopf kleben.

Liebeserklärungen im Jahr 1990 …

… waren vollmundig. Selbstverständlich konnte man auch andere Versprechen in den Mund legen. Das Öffnen und Schließen der Lippen bei dieser Karte ist auf jeden Fall sehr originell.

Vielleicht war diese Karte ja von Matthias Reims Hit „Verdammt ich lieb' dich" inspiriert, der sich beachtliche 16 Wochen auf Platz 1 der Hitlisten hielt.

Bild aus Armin Täubner: Kartengrüße für Menschen die man mag.

TIPP

Diese Liebesengel können Sie zu Verlobungen, an Jahres- oder Hochzeitstagen verschenken.

See you, honey!

→ ein süßes Versprechen

MATERIAL

- Holzkochlöffel mit ovaler Kelle, 5 cm x 9 cm, 35 cm lang
- Holzplatine, ø 4 cm
- Rohholzhalbkugel, ø 6 mm
- Draht in Blau, ø 1,2 mm
- Acrylfarbe in Schwarz, Gelb, Dunkelgrün, Hautfarbe, Rot und Weiß
- Transparentpapierrest in Gelb
- Textilblume
- Band in Dunkelgrün, 4 cm breit, 80 cm lang
- Band in Orange-Weiß kariert, 1 cm breit, 50 cm lang
- Fotokartonrest in Orange

VORLAGE SEITE 246

1 Den Kochlöffel und die Rohholzhalbkugel bemalen. Die Haare und das Gesicht auf die Holzplatine malen und die Nase aufkleben.

2 Den Kopf auf den Kochlöffel kleben.

3 Die Drahtfühler biegen und ebenso wie die Flügel auf der Rückseite anbringen.

4 Den Stiel der Textilblume und des Kochlöffels mit dem breiten Band umwickeln.

5 Das Schild ausschneiden, beschriften und lochen. Mit dem karierten Band anbinden.

TIPP

Die Biene können Sie auch toll zusammen mit einem Glas Honig verschenken!

Verliebter Strauß

→ Kantenhocker

MATERIAL
- Fichtenleimholzplattenrest, 1,8 cm stark
- Sperrholzrest, 5 mm stark
- Sperrholzrest, 3 mm stark
- Acrylfarbe in Schwarz, Weiß, Rosa, Rot und Gelb
- Deko-Kordel in Rosa, ø 2 mm, 23 cm lang
- Draht, ø 0,65 mm, 10 cm lang
- Draht, ø 0,35 mm, 4 x 2,5 cm lang
- Holzbohrer, ø 1 mm und 2,5 mm

VORLAGE SEITE 246

1 Den Strauß nach der Anleitung für Holz auf Seite 11 arbeiten.

2 Das Rumpfvorderteil rosa und schwarz, das Mittelteil schwarz und das Hinterteil weiß anmalen. Nach dem Bemalen die Kanten noch leicht abschleifen, bis das Holz durchschimmert.

3 Die Kordel durch die Beinlöcher ziehen und die Füße jeweils mit einem Knoten festhalten.

4 Auf das Rumpfmittelteil das Vorder- und das Hinterteil aufleimen. Den Schnabel aufleimen und die Haare einstecken. Das Herz umhängen.

TIPP

Besonders originell ist dieses Geschenk, wenn auf der Rückseite des Herzens ein Foto des Schenkenden ist.

Herzliche Geschenkideen

→ vielseitig einsetzbar

MATERIAL BÄRCHENTÜTE

- Packpapier in Hellbraun, A3
- Papiertüte in Hellbraun
- Tonpapierrest in Rot
- Schleifenband in Rot-Weiß kariert, 2,5 cm breit, 40 cm lang
- Tonpapierreste in Weiß und Grün
- Bast in Natur
- runder Marienkäfer aus Holz, ø 1,5 cm
- Motivlocher: großes Herz
- Motivlocher: kleines Herz
- Holzwäscheklammer, 4,5 cm lang

SCHACHTEL

- Pappdose, ø 9,5 cm, 4,5 cm hoch
- Tonpapierreste in Schwarz, Weiß und Rot
- Packpapierrest in Hellbraun
- Wellpapperest in Schwarz
- Motivlocher: kleines Herz

GRUSSKARTE

- Tonkarton in Rot, A4
- Tonkartonreste in Weiß und Grün
- flacher Marienkäfer aus Holz, ø 2,5 cm
- Motivlocher: großes Herz

LEPORELLO

- Tonpapier in Rot, A4
- Tonpapierreste in Weiß und Grün
- Marienkäfer aus Holz, ø 1,5 cm
- Bast in Natur
- Motivlocher: kleines Herz

VORLAGE SEITE 247

Bärchentüte

1 Das Packpapier auf weißes Tonpapier kleben. Den Kopf und die Pfoten zuschneiden. Den Kopf mit Tonpapierschnauze, Ohren und Nase gestalten.

2 Die Bäckchen mit einem Buntstift röten. Augen und Mund mit einem Filzstift aufmalen.

3 Das Köpfchen an eine Wäscheklammer kleben, die als Verschluss dient. Die Pfoten mit Klebepads am Tütenrand befestigen, hier evtl. eine Minikarte mit Kleeblatt befestigen. Bänder und Bast mit aufgeklebtem Herzen beim Verschließen in die Wäscheklammer einstecken.

Schachtel

1 Für die Schachtel auf den Deckel das schwarze Tonpapierstück bekleben und darüber den roten Käferkörper setzen. Auf diesen die mit dem Motivlocher ausgestanzten schwarzen Herzen verteilen. Für das Gesicht Packpapier auf weißes Tonpapier kleben und die Haube sowie die Herznase aufkleben. Den Rest mit einem schwarzen Filzstift und einem roten Buntstift gestalten.

2 Für die Fühler zwei Wellpappestreifen (ca. 8 cm lang) mit senkrechtem Rillenverlauf eng um einen Holzstab wickeln und am Deckel befestigen. Darüber mit einem Klebepad den Kopf ankleben.

Grußkarte

1 Die Doppelkarte zuschneiden und vorne das Fenster ausschneiden.

2 Die Innenseite mit weißem Tonpapier überkleben. Darauf das Kleeblatt fixieren, das aus vier in der Mitte gefalteten Herzen besteht. Diese nur mit der Spitze aufkleben. Darunter einen schmalen gekringelten Papierstreifen (ca. 8 cm lang) setzen, mittig auf das Kleeblatt einen flachen Marienkäfer kleben.

Leporello

1 Für den Leporello die Herzen lochen und mit Bast zusammenbinden.

2 Aus der Front eine beliebige Form ausschneiden, die Öffnung hinterkleben und ein Herzblatt oder ein herzförmig geschnittenes Foto aufsetzen.

Schmetterlinge

→ beflügelndes Geldgeschenk

MATERIAL

- Blumentopf in Weiß in beliebiger Größe
- passende Topfpflanze mit Blüten in Weiß
- Dekogras in Pink
- Perlendraht in Rosa-Silber, 80 cm lang
- dünner Draht in Silber
- Organzaband in Pink, 7 cm breit, 50 cm lang
- Hologrammfolienrest
- 3 Blumensteckdrähte
- 6 Geldscheine

VORLAGE SEITE 247

1 Pro Schmetterling zwei Geldscheine in schmale Ziehharmonikafalten legen und mit zwei Klebefilmröllchen verbinden.

2 Den Schmetterlingskörper sowie einen 8 mm x 4,5 cm großen Streifen aus Hologrammfolie zuschneiden. Den Streifen zu einem Ring legen und die Enden 1 cm übereinander kleben. Mit einer dünne Nadel zwei kleine Löcher in den Schmetterlingskörper stechen und ein 11 cm langes Drahtstück durchziehen. Die Fühler in Form biegen und die Enden aufrollen.

3 Den Schmetterlingskörper auf den Ring kleben. Dann die gefalteten Geldscheine durch den Ring ziehen und die Flügel aufbiegen.

4 Die Pflanze mit dem Dekogras verzieren und lose den Perlendraht darum legen. Das Organzaband zu einer einfachen Schleife legen und mit Silberdraht fixieren. Die fertige Schleife andrahten und in den Blumentopf stecken.

5 Die drei Schmetterlinge mit Blumensteckdraht versehen und so zwischen die Blüten stecken, dass sie über diesen schweben.

TIPP

Auch einzeln sehen die Geldschein-Schmetterlinge sehr dekorativ aus und verleihen Geschenken eine wertvolle (Bank-)Note. Einen einzelnen Schmetterling können Sie auch zusätzlich auf einem kleinen Geschenk anbringen.

Im Geld schwimmen

→ mit Eurogami

MATERIAL PRO FISCH

- Schreibmaschinenpapierrest
- Hologrammfolienrest
- Geldschein

VORLAGE SEITE 248

1 Die Fische nach Skizze auf Seite 248 falten. Den Geldschein einmal in der Mitte nach links falten (Schritt 1). An der geschlossenen Seite eine Ecke bis zur Mitte hin umknicken (Schritt 2). Von der geknickten Ecke aus die Längsseite bis zur Hälfte nach links knicken (Schritt 3). Die oben liegende Längsseite nach unten knicken (Schritt 4). Der Geldschein ist jetzt ein Quadrat.

2 Die Oberseite nochmals öffnen, die linke Längsseite wieder nach unten falten und die Spitze nach links außen ziehen (Schritt 6), sodass diese Figur entsteht (Schritt 7). Die rechte Längsseite wieder öffnen, die Unterseite nach oben falten, die rechte Seite wieder schließen und die Spitze nach außen ziehen (Schritt 8), sodass diese Figur entsteht (Schritt 9).

3 Aus Hologrammfolie den Schwanz ausschneiden. Mit dem Bürolocher einen Kreis aus Papier ausstanzen und mit Filzstift die Pupille aufmalen. Das Auge von vorne und den Schwanz von hinten mit doppelseitigem Klebeband ankleben.

TIPP

Für Aquarienfreunde arrangieren Sie mehrere Geldschein-Fische in einem kleinen Glasaquarium, für Reiselustige kleben Sie den Fisch auf eine hübsche Karte.

Froschkönig

→ Kohle statt Küsse

MATERIAL

- Tontopf, ø 3,5 cm
- Acrylfarbe in Grün und Gold
- 2 Chenilledrähte in Grün, je 30 cm lang
- Wattekugel, ø 2,5 cm
- Rohholzkugel, ø 1,2 cm
- Tonkartonreste in Grün und Gold
- 2 Wackelaugen, ø 8 mm
- Draht in Silber, ø 0,65 mm, 25 cm lang
- Geldschein

VORLAGE SEITE 247

1 Den Topf grün, die Wattekugel golden anmalen. Den Kopf doppelt und die Krone einfach ausschneiden, die Wackelaugen aufkleben und Mund und Nase aufmalen.

2 Die Chenilledrähte durch das Loch im Tontopf ziehen und die Enden wie abgebildet zu Händen und Füßen biegen.

3 Den Silberdraht durch die Holzperle ziehen, diese in das Töpfchen legen und die Drahtenden durch das Loch im Topf ziehen. Gesicht und Hinterkopf zusammenkleben, dabei die Krone und den Draht dazwischen fixieren. Den überstehenden Draht abknipsen.

4 Die Goldkugel mit Kraft- oder Heißkleber fixieren und dem Froschkönig eine Geldscheinrolle in die Hand geben.

TIPP

Wenn der Frosch aufgehängt werden soll, knipsen Sie die Drahtenden nicht ab, sondern verdrehen sie oben. So bilden sie eine Aufhängung.

Prinzessin

→ für kostspielige Wünsche

MATERIAL

- Tontopf, ø 5,5 cm
- Acrylfarbe in Rosa
- Glimmerfarbe in Silber
- 2 Chenilledrähte in Weiß, je 40 cm lang
- 6 Glasschliffperlen in Rosa, ø 1,2 cm
- Wattekugel, ø 3 cm
- Glanzfasern in Pink
- Tonkartonrest in Gold
- Tonpapierrest in Blau
- Band in Silber, 1,5 cm breit, 24 cm lang
- Draht in Silber, ø 0,35 mm, 30 cm lang
- Gelstifte in Pink und Silber
- Buntstift in Orange
- 4 Geldscheine (hier 2 5-€-Scheine und 2 10-€-Scheine)

VORLAGE SEITE 247

1 Den Tontopf rosa anmalen und mit Glimmerfarbe verzieren. Die Augen mit dem Bürolocher ausstanzen und auf die Wattekugel kleben. Nase und Mund mit Gelstiften aufmalen und die Bäckchen mit Buntstift färben.

2 Die Chenilledrähte durch das Loch im Topf ziehen und so überstehen lassen, dass die Beine länger als die Arme sind. Die Geldscheine zusammenrollen, die Rollen mit Klebefilm fixieren und über die Arme bzw. Beine schieben. An den Chenilledrahtenden jeweils eine Perle befestigen und den Draht einmal herum wickeln.

3 Den Silberdraht durch eine Glasperle ziehen, diese von unten in das Töpfchen legen und die Drahtenden durch das Loch im Topf führen. Dann den Draht durch eine weitere Glasperle (für den Hals) fädeln und mit einer Nadel durch die Wattekugel ziehen. Oben die Drahtenden für die Aufhängung verdrehen.

4 Die Krone anfertigen. Zum Schluss die Glanzfaser-Haare und die Krone aufkleben und den Schal umbinden.

TIPP

Auch ohne ihre wertvolle Kleidung sieht die Prinzessin mit ihren Chenilledrahtarmen und -beinen hübsch aus.

MÄUSE FÜR DICH
ICH BRINGE DIE KOHLE...

Mäuse, Kohle & Co.

→ spendable Klemmentinis

MATERIAL

MÄUSE
- Holzwäscheklammer, 4,5 cm oder 7,2 cm lang
- Acrylfarbe in Rot
- Fotokartonreste in Weiß, Weiß-Rosa kariert und ggf. Rosa
- Deko-Kordel in Weiß und ggf. Rosa, ø 2 mm, 14 cm lang

KOHLENMANN
- Holzwäscheklammer, 4,5 cm lang
- Acrylfarbe in Rot
- Fotokartonreste in Schwarz, Hautfarbe, Hellbraun und Rot
- Holzperlen in 3 x Rot, 4 x Schwarz, ø 6 mm
- Baumwollfaden in Rot, ø 1 mm, 20 cm lang

VORLAGE SEITE 248

Mäuse

1 Die Wäscheklammer bemalen und evtl. kleine schwarze Punkte mit schwarzem Filzstift auftupfen.

2 Ohr und Schwanz an die Maus kleben. Das Gesicht aufmalen. Die Maus auf der Wäscheklammer fixieren.

Kohlenmann

1 Auf die rot bemalte Wäscheklammer mit schwarzem Filzstift kleine Kreuzchen zeichnen.

2 Den bemalten Kopf, dann den Kohlesack und den Ärmel samt Hand auf den schwarzen Rumpf kleben. Den Kohlenmann auf die Klammer kleben.

3 Den Faden durch die Klammerspirale ziehen und die Perlen sowie das mit der Lochzange oder dem Bürolocher gelochte Schild auffädeln.

Geldgeschenke 1994 ...

... sehen heute beinahe antik aus, denn da galten noch Mark und Pfennig. Immer noch denken viele mit Wehmut an diese Zeit zurück. Viele Menschen haben, teils bewusst aus Nostalgie, teils aus Versehen, Geldstücke oder sogar Scheine der Deutschen Mark aufbewahrt.

Der Volksmund nennt den Euro wie auch schon die Mark: Mäuse, Kohle, Kröten, Piepen, Flocken. Es gibt kaum etwas auf Erden, das vielfältiger bezeichnet wird. Mit Geldgeschenken kann man all die Spitznamen und Sprichwörter mit einem Augenzwinkern zum Leben erwecken.

Bild aus Armin Täubner: Tierisch Geld verschenken.

Naschkatze und Schleckmaus

→ für Schleckermäuler

ab 8 Jahre

MATERIAL NASCHKATZE

- Holzkochlöffel mit runder Kelle, ø 5,5 cm, 32 cm lang
- Balsaholzrest, 2 mm stark
- Acrylfarbe in Indischgelb, Orange, Schwarz, Weiß, Rot und Grasgrün
- Holzteller, ø 20 cm
- Rohholzhalbkugel, ø 4 cm

SCHLECKMAUS

- Holzkochlöffel mit runder Kelle, ø 5,5 cm, 32 cm lang
- Balsaholzrest, 2 mm stark
- Acrylfarbe in Weiß, Hellblau, Rot und Rosa
- Fotokartonrest in Weiß
- kleine Tüte mit Süßigkeiten
- Schleifenband in Blau-Weiß kariert, 4 cm breit, 70 cm lang
- Pinzette oder kleine Zange

VORLAGE SEITE 249

Naschkatze

1 Verkehrsschild, Naschkatzenschild (5 cm x 2,5 cm), Nase, Hände und Ohren mit einem Cutter aus Balsaholz zuschneiden. Achtung: Die Ohren müssen der Rundung des Löffels angepasst werden.

2 Alles nach Abbildung grundieren, dabei auch die Rückseite nicht vergessen. Nach dem Trocknen das Gesicht aufmalen, die Nase aufkleben und mit einigen Pinselstrichen das gescheckte Katzenfell andeuten. Lichtreflexe mit einem weißen Lackstift setzen.

3 Die Innenohren auf die Ohren malen. Das dreieckige Schild mit rotem Rand versehen und trocknen lassen. Die Ohren aufkleben. Hinten an die Kelle drei kurze Steckdrahthaare, die zuvor mit einer spitzen Flachzange etwas eingedreht werden, kleben. Mit einem wasserfesten Stift Ausrufezeichen, Schriftzug und Katzentatzen auf das Verkehrsschild malen.

4 Die Hände aufkleben und beide Schilder an den Löffelstiel kleben. Die Rohholzhalbkugel mit Holzleim mittig auf den Teller kleben und zu ca. einem Drittel mit Kraftkleber befüllen.

5 Den Löffel einstecken und festhalten, bis der Klebstoff erkaltet ist. Um Kratzer beim Gebrauch der Süßigkeitenschale zu vermeiden, diese mit einem Klarlack lackieren.

Schleckmaus

1 Den Löffel weiß grundieren und nach dem Trocknen das Bonbonmuster mit einem roten Buntstift übertragen und ausmalen (bei Bleistift würden die grauen Hilfslinien sichtbar bleiben). Die Einzelteile der Maus mit einem Cutter zuschneiden und hellblau grundieren.

2 Nach dem Trocknen die Innenohren aufmalen und das Gesicht gestalten. Als Haare Steckdrahtstücke (ca. 1,5 cm lang) zurechtbiegen, am Ende mit einem Kraftklebertropfen versehen und mithilfe einer Pinzette oder einer kleinen Zange in das Holz stecken. Die Löcher dafür mit einer Stopfnadel stechen.

3 Hände und Kopf auf die Löffelkelle kleben. Den Löffelstiel in die Süßigkeitentüte stecken und diese mit einer dekorativen Schleife versehen. Auf einem kleinen, an den Löffelstiel geklebten Tonkartonschild (7 cm x 3 cm) steht ein lieber Gruß.

TIPP

Das Schneiden aus Balsaholz sollten Erwachsene übernehmen! Kinder können statt Balsaholz auch feste Pappe verwenden.

Naschkatze
für meine kleine Schleckmaus!

Trostbärchen

→ für Genesungsbesuche

MATERIAL
BLAUES TROSTBÄRCHEN

- Holzkochlöffel mit runder Kelle, ø 5,5 cm, auf 22 cm gekürzt
- Fotokartonrest in Weiß
- Acrylfarbe in Himmelblau, Flieder, Rot und Weiß
- Süßigkeiten
- Klarsicht-Geschenktüte, 11 cm breit, 15 cm hoch

GUTE BESSERUNG

- Holzkochlöffel mit runder Kelle, ø 5,5 cm, 32 cm lang
- Friesenbaumfuß, 7 cm x 9 cm x 1,5 cm
- Acrylfarbe in Flieder, Himmelblau, Maigrün, Rot und Weiß
- durchbohrte Rohholzkugel, ø 2,5 cm
- Filz in Hellblau, 3 cm x 15 cm
- Figurendraht, ø 6 mm, 18 cm lang
- Gipsbinde, 6 cm breit
- 2 Pflaster
- Schüssel mit kaltem Wasser
- Klarsichtfolie

VORLAGE SEITE 248

Blaues Trostbärchen

1 Die Schnittstelle des gekürzten Löffelstieles glatt schmirgeln. Den Kochlöffel und den Tonkarton bemalen. Den Tonkarton nur dünn mit Farbe streichen, ggf. die Farbe nach dem Trocknen noch einmal auftragen.

2 Das Gesicht übertragen und gestalten. Die Tonkartonteile zuschneiden. Die Innenohren mit Klebestift auf die Ohren kleben und diese mit Heißkleber am Löffel fixieren. Die Nase mit einem Klebepad aufsetzen. Lichtreflexe in den Augen und auf der Nase mit einem Zahnstocher und weißer Farbe malen.

3 Das Trostbärchen in eine mit Süßigkeiten gefüllte Tüte stecken und die Hände sowie das beschriftete Schild (ca. 8 cm x 10 cm) mit Klebepads aufsetzen.

Gute Besserung

1 Den Löffel, den Tonkarton, den Friesenbaumfuß und die Holzkugel wie abgebildet bemalen. Dann das Gute-Besserungs-Bärchen wie das Trostbärchen weiter gestalten.

2 Den Figurendraht als Arme mit Kraftkleber am Übergang zwischen Kelle und Löffelstiel fixieren und bemalen. Nach dem Trocknen an einer Seite die Holzkugel festkleben. Dafür ggf. das Drahtende spitz zuschneiden. An die andere Seite kommt der Gipsarm.

3 Für den Gipsarm und das -bein die Gipsbinden in 3 cm x 10 cm große Streifen schneiden. Jeden Streifen vor dem Umbinden etwas zusammenbiegen und kurz in Wasser tauchen. Dann die Streifen auswringen, um den Sisaldraht bzw. Löffelstiel wickeln und glatt streichen. Das Gipsbein nur bis ca. 1 cm vor das Stielende wickeln, kurz antrocknen lassen (ca. acht Minuten) und dann das Löffelstielende mit Kraftkleber im Friesenbaumfuß befestigen.

4 Erst dann den Gipsfuß aus feuchten, zusammengeknüllten Gipsbindenstücken formen und mit weiteren Bindenstücken umwickeln. Während des Arbeitens die restliche Figur mit Klarsichtfolie abdecken, der Friesenbaumfuß muss evtl. noch einmal nachgestrichen werden.

5 Die Gipsbinde über Nacht aushärten lassen und dann nach Belieben beschriften. Die Pflaster aufkleben und den Gipsarm in Form biegen.

TIPP

Mit diesen Bärchen geht es Kranken gleich viel besser. Bringen Sie einen von beiden beim Krankenbesuch statt eines Blumenstraußes mit! Falls die Verletzung an anderer Stelle ist, können Sie das Gute-Besserungs-Bärchen entsprechend verbinden und eingipsen.

TROST
BÄRCHEN
Gute
Besse-
rung!

Wende dein Gesicht der Sonne zu, dann fallen die Schatten hinter dich!
die Blumen brauchen Sonnenschein und ich brauch dich zum Glücklichsein

Eitel Sonnenschein

→ für strahlende Gesichter

MATERIAL SONNENBLUME

- Großkochlöffel mit runder Kelle, ø 6,5 cm, 30 cm lang
- Filzreste in Gelb, Orange und Grün
- Acrylfarbe in Braun, Gelb, Grün und Weiß
- Fotokartonrest in Orange

BLUMENTOPF

- Spülbürste
- Tontopf, ø 7 cm
- Aludraht, ø 2 mm, 50 cm lang
- Fotokarton in Hellgelb, Orange und Gelb
- Acrylfarbe in Hautfarbe, Rot, Gelb, Grün und Weiß
- Dekogras in Grün
- 3 Miniblüten in Gelb
- Band in Orange-Weiß kariert, 1 cm breit, 30 cm lang
- Trockensteckschwamm

VORLAGE SEITE 249

Sonnenblume

1 Den Kochlöffel bemalen. Für die Blütenmitte das Braun mit dem Gelb mischen und die Farbtöne so auftragen, dass sie von innen nach außen dunkler werden. Nach dem Trocknen das Gesicht aufmalen.

2 Aus Filz die zwölf zweiteiligen Blütenblätter ausschneiden. Die orangefarbenen Innenblätter auf die gelben kleben und die fertigen Blütenblätter von hinten rings um den Blütenkopf kleben.

3 Vier grüne Blätter ausschneiden und an den Blütenstiel kleben. Das Schild anfertigen, beschriften und mit Klebstoff wie abgebildet anbringen.

Blumentopf

1 Den Bürstenkopf aus der Halterung nehmen. Gesichtsfeld und Stiel der Bürste anmalen. Die Haare mit einem Borstenpinsel einfärben. Nach dem Trocknen das Gesicht anmalen und die Schleife um den Kopf binden. Den Kopf wieder einhängen.

2 Den Steckschwamm in den Tontopf drücken, die Bürste und die einzelnen Blümchen hineinstecken und das Dekogras befestigen.

3 Die Sonne und das Schild anfertigen und beides ebenfalls in den Topf stecken.

Sonnenrelief 1971

Dieses modellierte Relief ist zwar abstrakt, aber es sieht schon sehr nach Sonne und Sonnenstrahlen aus, die sich gegen das Blau des Himmels absetzen.

Die Sonne wurde in vielen Kulturen als Gottheit verehrt, schließlich verdanken wir Menschen ihr Wärme und somit auch Leben aller Art. Die Sonne ist ein Zeichen für Lebensfreude und Lebenskraft. Und wer lässt sich nicht gerne als Sonnenschein bezeichnen?

Bild aus Ursula Kühnemann: Modellieren ohne Ton, ohne Hitze.

Alle meine Entchen

→ auf Spangen

MATERIAL

- Plusterstifte in Gelb, Orange, Weiß und Schwarz
- Silberdraht, ø 0,4 mm
- Magnet, Haarspange, Wäscheklammer, etc.

VORLAGE SEITE 238

1 Für die zusammengesetzten Enten den Kopf und die Füße getrennt nach Anleitung für Plusterstift auf Seite 10 malen und kurz antrocknen lassen.

2 Anschließend einen Schnabel am Kopf ansetzen und eine plastische Halbkugel als Körper auf die Füße modellieren. Für das Schwänzchen die Farbe ein wenig in die Höhe ziehen.

3 Nun die Augen und die Flügel ansetzen oder extra auf die Glasplatte malen und nach dem Plustern am Körper festkleben.

4 Nach dem Aufplustern den Kopf am Körper befestigen.

5 Lustig sieht auch ein Drahtspiral-Hals aus. Dazu Draht um einen Bleistift drehen, leicht auseinander ziehen und damit Kopf und Körper verbinden.

6 Für die liegenden Entchen zuerst die Beine und Füße malen und nach dem Antrocknen Kopf und Körper aufsetzen. Den Entchen einige Haare zu Berge stehen lassen, dafür den Plusterstift in einer abrupten Bewegung leicht nach oben ziehen. Wieder kurz antrocknen lassen und den Schnabel ansetzen.

TIPP

Sie können diese lustigen Entchen auf kleinen Wäscheklammern, Magneten, Haarspangen und vielem mehr befestigen.

Rosalie, das Pferd

→ für Pferdefreunde

MATERIAL

- Fichtenleimholzplattenrest, 1,8 cm stark
- Sperrholzrest, 3 mm stark
- 4 Rohholzperlen, ø 1,2 cm
- Acrylfarbe in Braun, Hellblau, Hautfarbe, Weiß und Gelb
- Lederriemen, ø 2 mm, 20 cm und 21 cm lang
- Draht, ø 0,35 mm, 12 cm lang
- Abacafasern in Schwarz, 3 cm und 7 cm lang
- Holzbohrer, ø 2,5 mm und 1 mm

VORLAGE SEITE 243

1 Das Pferd nach der Anleitung für Holz auf Seite 11 arbeiten.

2 Den Rumpf auf der Rückseite für den Schwanz 1 cm tief anbohren. Von oben ebenfalls eine Bohrung für die Mähne machen.

3 Damit der Kopf schön geneigt auf dem Körper sitzt, den Hals oberhalb der gestrichelten Linie mit der Feile nach hinten etwas abschrägen. Dann den bemalten Kopf aufleimen.

4 Mähne und Schwanz in die Bohrungen kleben. Die Blume auffädeln und um den Hals hängen.

TIPP

Da das Holz für den Kantenhocker sehr dick sein muss, braucht man hierfür eine Dekupier- oder Stichsäge.

Kantenengelchen

→ überall dabei

MATERIAL

- Sperrholzrest, 6 mm stark
- Sperrholzrest, 1 cm stark
- Acrylfarbe in Hautfarbe, Elfenbein, Weiß, Schilf, Olivgrün und Scharlachrot
- 2 Nägel, ø 1 mm, 1,5 cm lang
- Perlmuttknopf, ø 7 mm
- Baumwollkordel in Natur, ø 2 mm, 9 cm lang
- Draht, ø 0,35 mm und 0,65 mm
- Holzbohrer, ø 1,5 mm und 2 mm

VORLAGE SEITE 244

1 Den Engel und seine Füße aus dem dicken und seine Flügel und die Arme nach Anleitung für Holz auf Seite 11 aus dem dünnen Sperrholz aussägen. Alles wie abgebildet bemalen und die notwendigen Bohrungen ausführen.

2 Die Arme annageln und beide Flügel fixieren. Die Locke aus dickem Draht und den mit dünnem Draht verzierten Knopf ankleben.

3 In die Bohrung der Füße jeweils ein Ende der halbierten Baumwollkordel kleben und das andere Ende der Kordel in die Bohrungen im Unterkörper kleben.

TIPP

Wenn Sie den Engel aufhängen möchten, dann kleben Sie hinten einfach Nylonfaden an!

Bär mit Windlicht

→ zum Träumen

ab 6 Jahre

MATERIAL
BÄR
- Plusterstifte in Nachtleuchtend, Pink und Hellblau
- 2 Streichhölzer

WINDLICHT
- Plusterstifte in Weiß, Orange und Pink
- Glas in Weiß satiniert
- Teelicht

VORLAGE SEITE 221

Bär

1 Den Bären nach Vorlage und Anleitung für Plusterfarbe auf Seite 10 malen. Mit dem Oberkörper samt linkem Arm beginnen und die Farbe kurz antrocknen lassen. Das aufgetürmte Hinterteil und den leicht aufgetürmten rechten Arm aufmalen. Die Ohren und die Nase aufsetzen, wenn die Farbe etwas angetrocknet ist.

2 Für die Beine zunächst zwei Füße auf die Glasplatte malen. In diese nach kurzer Trockenzeit je ein Streichholz ohne Zündkopf stecken. Die Streichhölzer nun mit Plusterfarbe bemalen und aufplustern.

3 Anschließend die Beine unter den Bärenkörper kleben. Falls nötig, dazu zwei kleine Einbuchtungen aus dem Hinterteil des Bären herausschneiden.

4 Die Augen aufmalen.

Windlicht

Das Glas frei Hand mit ganz viele Blumen und Herzen bemalen. Die Farbe nicht aufplustern, sondern den Plusterstift als Liner verwenden.

Kinder, Kinder

Kinder sind das Herz einer Familie. Bastelideen, die Kinder gerne machen und die ihnen auch danach gefallen, sind in einem Familienbastelbuch besonders wichtig. Basteln ist für Kinder wertvoll, denn sie werden dabei geschickter und sind stolz auf ihre selbst gebastelten Sachen. Den Eltern bereitet es viel Freude, die Kinder dabei zu unterstützen und zu sehen, wie sich die Kreativität ihres Kindes entfaltet.

Rabe und Tukan

→ gefiederte Schreibtischhelfer

ab 6 Jahre

MATERIAL JE TIER

- Toilettenpapierrolle
- Zeitungspapier
- Tapetenkleister
- Pappmachémasse
- Styroporkugel, ø 5 cm (Tukan)
- Tontenuntersetzer aus Pappe, ø 20 cm
- Marabufedern, 4 x in Schwarz (Rabe) bzw. je 2 x in Orange und Pink (Tukan)
- Tonkarton in Weiß, A5
- Acrylfarbe in Weiß, Schwarz, Gelb, Orange (beide) sowie Blau, Hellblau, Violett und Rot (Tukan)

VORLAGE SEITE 254

1 Die zwei Schnabelteile aus Tonkarton zusammenkleben und sie an den beiden entgegengesetzt geknickten Klebeflächen am Körper fixieren.

2 Beim Tukan die Styroporkugel in die Papprolle einkleben. Mit einem Messer oben in die Kugel einen Schlitz einschneiden und den Kamm einstecken.

3 Nach Anleitung für Pappmaché auf Seite 12 kleine Kugeln aus Pappmaché formen und als Augen aufsetzen.

4 Die Vögel und den Tortenpappboden mit mehreren Schichten Zeitungspapier kaschieren. Den Rand des Bodens aus Pappmachémasse modellieren. Die Vögel gut trocknen lassen.

5 Alle Teile weiß grundieren. Die Farbe gut trocknen lassen. Anschließend die Tiere und den Untersetzer der Abbildung entsprechend bemalen.

6 Nach dem Trocknen die Federn aufkleben.

7 Den Tukan mit Alleskleber am Tortenboden befestigen.

HINWEIS

Eine Anleitung, wie man Pappmaché selbst herstellt, befindet sich auf Seite 12. Das Messer sollte nicht zu scharf sein, sonst sollten Erwachsene das Einschlitzen übernehmen.

Schräge Vögel 1995

Diese lustigen Raben sehen teilweise ganz schön schlecht gelaunt und frech aus. Wenn man sich so einen Raben vor die Haustür stellt, kann er einen Hofhund gut ersetzen.

Der Rabe ist auch ein Sternbild. Außerdem waren die Raben Munin und Hugin die treuen Begleiter des Gottes Odin, dem höchsten Gott der germanischen Mythologie. Sie stehen für den Gedanken einerseits und die Erinnerung andererseits.

Bild aus Karl Kirchhoff: Schräge Vögel. Modelliertes Federvieh.

Frosch mit Schmetterlinge

→ drahtige Tiere

Frösche 1996 ...

Frösche sind beliebte Tiere, auch wenn nicht immer ein Prinz daraus wird. Das liegt vielleicht daran, dass man es mit dem Küssen probiert. Märchenfrösche sollte man aber an die Wand schmeißen. Erst dann wird ein Prinz daraus.

In dem Märchen Froschkönig fällt der Königstochter ihre goldene Kugel in den Brunnen. Während sie darüber sehr traurig war, begeisterte Oliver Bierhoff 1996 durch sein Golden Goal, mit dem er Deutschland zum Europameister kickte.

Bild aus Armin Täubner: Phantastisch plastisch.

Frosch

1 Die Schachtel grün bemalen und trocknen lassen.

2 Für ein Froschbein den Chenilledraht in der Mitte knicken und zu einem U-förmigen Bein formen. Die Beine nach Abbildung an die Schachtel kleben.

3 Die Flossen an die Vorderbeine schlingen und diese auf den Froschbauch kleben.

4 Die Füße aus Tonkarton ausschneiden, Perlen aufkleben und mit Klebstoff unter der Dose fixieren.

5 Für die Augen mit dem schwarzen Plusterstift die Punkte auf die Wattekugeln setzen und in die noch feuchte Farbe eine Perle drücken. Anschließend die Augen auf die Dosenschachtel kleben.

6 Zuletzt die grünen Punkte mit Acrylfarbe und den Mund und die Glitzerpunkte mit Plusterstift aufmalen.

Schmetterlinge

1 Für die Schmetterlingskörper einen 12 cm langen Chenilledraht zur Hälfte zusammenlegen und den Kopf formen.

2 Die oberen (je 15 cm lang) und die unteren Flügel (13 cm lang) wie eine Acht formen und von unten an den Körper kleben.

3 Für die Fühler je ein 4 cm langes Stück Draht abschneiden, durch den Kopf schieben und anschließend verdrehen.

4 Die Perlen auf die Fühlerenden aufkleben.

MATERIAL FROSCH

- Chenilledraht in Grün
- 10 Holzperlen in Gelb, ø 5 mm
- Acrylfarbe in Dunkelgrün und Hellgrün
- Fotokartonrest in Grün
- Spanschachtel, ø 6,5 cm, ca. 12 cm hoch
- 2 Wattekugeln, ø 2 cm
- Plusterstifte in Glitzerpink und Schwarz

SCHMETTERLINGE

- Chenilledraht in Gelb, Hellblau, Lila und Rosa
- Draht in Schwarz, ø 1 mm, 3 x 4 cm lang
- je 2 Rocailles in Hellblau, Weiß und Rosa, ø 3 mm

VORLAGE SEITE 229

Auf dem Bauernhof

→ schön zum Spielen

ab 5 Jahre

MATERIAL SCHWEINCHEN
- Toilettenpapierrolle
- Fotokartonrest in Rosa
- Tonpapierrest in Rosa

KUH
- Toilettenpapierrolle
- Fotokarton in Weiß, A4
- Fotokartonreste in Rosa und Hellbraun
- Krepppapierrest in Schwarz

HUHN & KÜKEN
- Toilettenpapierrolle
- ½ Toilettenpapierrolle, 4,5 cm hoch
- Tonpapier in Weiß und Gelb, A4
- Fotokartonreste in Gelb, Weiß, Rot und Orange
- 6 Marabufedern in Gelb

HUND
- Toilettenpapierrolle
- Fotokarton in Hellbraun, A4
- Fotokartonrest in Dunkelbraun

SCHÄFCHEN
- 2 Toilettenpapierrollen
- Fotokartonrest in Rosa
- Füllwatte

VORLAGE SEITE 247

Schweinchen

1 Den Körper des Schweinchens mit rosa Papierschnipseln bekleben.

2 Das bemalte Kopfteil mit der Schnauze aufkleben, das Schwänchzen mit Klebstoff fixieren.

Kuh

1 Die Papierrolle mit weißem Tonkarton ummanteln. Hufe und Schwanzquaste schwarz anmalen. Die Euterteile von innen an den Bauch kleben.

2 Für den Körper nur den Rücken- und Seitenbereich mit Klebstoff bestreichen und die Papierrolle befestigen. Den Kopf nach Vorlage zusammenfügen, bemalen und aufkleben. Den Schwanz in der Papierrolle befestigen.

3 Mit kleinen, zusammengeknüllten Krepppapierkügelchen das Fellmuster gestalten.

Huhn & Küken

1 Die Augen auf die Köpfe der beiden Tiere malen. Den Körper des Huhns mit weißem, den des Kükens mit gelbem Tonpapier bekleben.

2 Den Kamm, die Kehllappen und den Schnabel auf den Kopf des Huhns kleben und diesen am Körper befestigen.

3 Je zwei Marabufedern als Flügel ankleben. Beim Huhn eine Schwanzfeder auf der Rückseite der Papierrolle anbringen. Dem Küken als Kopfschmuck eine Feder auf den Hinterkopf kleben.

Hund

1 Das Gesicht aufmalen und die Papierrolle mit hellbraunem Tonkarton bekleben.

2 Das Körper-, Fuß- und Schwanzteil ausschneiden. Den Rücken- und Seitenbereich mit Klebstoff bestreichen und die Körperteile befestigen. Den Schwanz hochbiegen und den Kopf sowie die Ohren vorne aufkleben.

Schäfchen

1 Das Kopfteil mit einem Watteknäuel bekleben und das Gesicht aufmalen.

2 Die Toilettenpapierrolle mit Füllwatte bekleben. Den Kopf ankleben.

Raupenwettrennen

→ wer ist schneller?

MATERIAL PRO RAUPE

- Wollknäuel in Blau, Gelb, Grün und Rot
- Fotokartonreste in Blau, Grün und Rot
- 2 Wackelaugen, ø 1 cm
- Chenilledraht in Rot oder Gelb, 2 x 3 cm lang
- Plüschpompon in Rot oder Hellblau, ø 2 cm
- Schaschlikstäbchen, 1 cm lang

VORLAGE SEITE 246

1 Für gleichmäßige Wollknäuel den Wollfaden ggf. mehrfach um drei nebeneinanderliegende Finger wickeln. Die Wolle von den Fingern nehmen und sie einmal der Länge nach falten. Den Faden anschließend senkrecht zur vorherigen Laufrichtung wickeln.

2 Die Enden der Wollknäuel mit Klebstoff bestreichen und sie so auf ein Schaschlikstäbchen stecken, dass die Spitze nicht herausragt. Die Wackelaugen, Nase und Fühler an die Raupe kleben. Unter jedem Wollknäuel ein Fußteil fixieren.

3 Einen etwa 3 m langen Faden unterhalb der Nase verknoten und ihn auf ein doppelt geklebtes Rechteck aus Tonkarton kleben.

TIPP

Wenn Kinder den Faden so schnell wie möglich aufwickeln, können sie die Raupen um die Wette laufen lassen.

Raupe im Blatt

→ wer kriecht denn da?

1 Die Motivteile ausschneiden und die Hexentreppe nach Anleitung auf Seite 12 falten. Das Raupengesicht auf den ovalen Kopf malen, die Wangen mit Buntstift röten.

2 Die Blattadern nach Vorlage den grünen Tonkarton oder frei Hand zeichnen.

3 Das Herz fixieren und mit Filzstift verzieren. Die gebogenen und mit Perlen versehenen Fühler zwischen das Kopfteil mit Gesicht und das etwas kleinere, ebenfalls ovale Kopfteil (gestrichelte Linie) kleben.

4 Den Kopf auf dem letzten, aufgeklappten Abschnitt der Hexentreppe befestigen und die Schwanzspitze halbrund zuschneiden. Mit einer kleinen Schere zwei Öffnungen ins Blatt schneiden und die Raupe hindurch stecken.

Die Löcher sind etwas schwierig zu schneiden. Da können Erwachsene mit einem Cutter helfen.

MATERIAL
- Tonpapierstreifen in Gelb, 1 cm breit, 2 x 50 cm lang
- Tonpapierrest in Gelb
- Fotokartonreste in Grün und Rot
- Draht in Grün, ø 0,65 mm, 9 cm lang
- 2 Rocailles in Rot, ø 3 mm

VORLAGE SEITE 248

Seelöwe

→ tollpatschiger Akrobat

MATERIAL

- Fotokarton in Grau, A4
- Fotokartonreste in Hellgrau, Gelb, Orange und Rot
- Tonpapierreste in Weiß, Schwarz, Gelb, Rot, Hellgrün und Grau
- Pappe
- Nähgarn in Grau und Gelb

VORLAGE SEITE 249

1 Die Halsschleife, die drei Eckchen für den Ball, Fische und den weißen und grauen Teil des Auges von der Vorlage auf Tonpapier übertragen. Mit einem Bürolocher etwa 40 schwarze Konfettis aus schwarzem Tonpapier ausstanzen.

2 Alle anderen Teile des Seelöwen auf Fotokarton übertragen und ausschneiden. Für den Seelöwen-Rumpf vor dem Ausschneiden zur Stabilisierung ein Stück grauen Fotokarton auf Pappe kleben.

3 Nun alle Löcher mit einer Nadel vorstechen und mit schwarzem Permanentmarker das Gesicht, die Halsfalten, die Andeutung der Flossen, die Augen der Fische und die Verzierung des Eimers aufmalen. Die drei Kreise für das Auge erst aufeinander kleben, dann am Kopf fixieren. Die Halsschleife aufkleben.

4 Die drei Flossen der Vorlage entsprechend mit grauen Fadenknoten am Seelöwenrumpf montieren. Die bunten Eckchen auf dem Ball fixieren und diesen hinter die rechte Flosse kleben. Das Kopfteil ankleben, die schwarzen Konfettis auf dem Körper verteilen und befestigen.

5 Nun die drei Ringe auf die Schwanzflossen fädeln und festkleben. Auf der Rückseite die beiden Schwanzflossen mit einem Faden verbinden, festknoten und die gelbe Zugschnur in der Fadenmitte festbinden.

6 Die Zugschnur durch das Loch der unteren Flosse fädeln und festknoten. Dabei aber ein ausreichend langes Stück hängen lassen. Die Fische so hinter den vorderen Teil des Eimers kleben, dass nur die Köpfe und Schwänze herausragen. Danach das Ende der Zugschnur und schließlich das zweite Eimerteil aufkleben. Den roten Griff aufkleben.

7 Soll der Seelöwe an der Wand aufgehängt werden, als Aufhängung einfach einen Faden durch das Loch zwischen den Schwanzflossen ziehen.

TIPP

Kleben Sie auf die Rückseiten der beiden Schwanzflossen jeweils eine kleine Münze (oder sonst etwas, das klein und schwer ist), damit sie schwerer werden und somit besser wieder in ihre Ausgangsposition fallen können. Da nur eine Vorderflosse beweglich ist, wird die Zugschnur hinter dem Ball und nicht in der Mitte betätigt.

Fisch und Monster

→ kugelrunde Hampelfiguren

MATERIAL FISCH

- Styroporkugel, ø 10 cm
- Fotokartonrest in Weiß
- Zeitungspapier
- Tapetenkleister
- Pappmachémasse
- 2 Wackelaugen, ø 1 cm
- Acrylfarbe in Gelb, Weiß, Hellgrün, Hellblau, Blau, Rot und Rosa
- Zugfeder, ø 1 cm, 20 cm lang

MONSTER

- Styroporkugel, ø 10 cm
- Fotokartonrest in Weiß
- Zeitungspapier
- Tapetenkleister
- Pappmachémasse
- Chenilledraht in Gelb, 3 x 20 cm lang
- 2 Wackelaugen, ø 1 cm
- Acrylfarbe in Gelb, Weiß, Hellgrün, Hellblau, Violett, Rot und Blau
- Zugfeder, ø 1 cm, 20 cm lang

VORLAGE SEITE 249

1 Die Flossen und den Schwanz des Fisches sowie die Stacheln und Füße des Monsters auf Fotokarton übertragen und ausschneiden. Der Mund des Fisches ist ein Wellpappering (siehe Vorlage).

2 Mit einem Messer beim Fisch Schlitze für die Flossen und beim Monster für die Stacheln in die Styroporkugeln schneiden. Die mit Kraftkleber bestrichenen Fotokartonteile einstecken. Den Mund des Fisches aufkleben.

3 Die Grundformen nach Anleitung für Pappmaché auf Seite 12 mit Zeitungspapierschnipseln kaschieren.

4 Die Augen und Augenbrauen beim Fisch und der Mund sowie die Füße beim Monster sind aus Pappmaché modelliert. Aufsetzen und gut trocknen lassen.

5 Die Figuren in Weiß grundieren und nach dem Trocknen der Abbildung entsprechend bemalen. Die Farbe abermals gut trocknen lassen und anschließend die Wackelaugen aufkleben.

6 Für das Anbringen der Zugfeder mit dem Bleistift ein Loch in die Oberseite der Figur stechen und die Feder dort mit Kraftkleber fixieren. Entsprechend auch die Beine des Monsters anbringen. Vorher den Chenilledraht hinter die Füße kleben und für die Spiralen um den Finger herumbiegen.

TIPP

Eine Anleitung, wie man Pappmachémasse selbst herstellt, befindet sich auf Seite 12. Beim Schlitze schneiden gut aufpassen oder Erwachsene helfen lassen.

Pappmaché 1993

Für diesen großen Pappmachéfrosch musste man ganz schön fleißig sein. Stroh gehört nicht gerade zur Leibspeise von Fröschen. Dieser Frosch allerdings ist ein Kompostbehälter und war als Recycling-Projektarbeit für Schulklassen gedacht. Anschließend konnte man den gefräßigen Riesenfrosch mit Rollen über den Schulhof ziehen und mit kompostierbaren Abfällen füttern lassen.

Pappmaché ist nicht nur ein günstiges und leicht herzustellendes Material. Es ist auch ganz einfach in der Anwendung und bereitet Groß und Klein viel Freude.

Bild aus Renate Henge: Wir basteln für die Umwelt.

Rapunzel

→ märchenhafte Bärchen

MATERIAL

- Fotokarton in Hellgrau, A 4
- Fotokarton in Hellgrün und Mittelgrün, A5
- Fotokartonreste in Blau-Weiß kariert, Rosa gestreift, Dunkelbraun, Gelb, Hellbraun, Dunkelgrau, Rot und Hellblau
- Schleifenband, 3 mm breit, 10 cm lang

VORLAGE SEITE 250

1 Alle Teile ausschneiden. Zu Beginn die Bruchsteine auf den Turm und den Fensterrahmen kleben.

2 Das Kleid von Rapunzel unten am Kopf befestigen. Nun die Haare auf den Kopf kleben. Das rechte Ohr hinter den Haaren, das linke Ohr auf den Haaren anbringen. Aus Satinband eine kleine Schleife knoten und diese an den Zopf kleben oder gemäß Vorlage die Schleife aus Fotokarton fertigen.

3 Nun den Arm mit der aufgeklebten Blume hinter dem Ärmel befestigen.

4 Den Busch rechts unten am Turm befestigen. Dahinter noch den Untergrund kleben.

5 Das Gewand des Bärenprinzen an den Kopf kleben, ebenso den Helm mit dem Ohr.

6 Die Beine und den Arm mit dem Speer von der Rückseite am Kleid befestigen.

7 Auf das Schild zuerst das Innenteil und darauf die zusammengesetzte Blume kleben.

8 Nun den Prinzen auf dem Bild positionieren und abschließend überall die fehlenden Konturen mit einem schwarzen Filzstift zeichnen. Die Wange mit Buntstift röten und Lichtpunkte in die Augen zeichnen.

TIPP

Machen Sie einen Märchenabend und lesen Sie Ihrer Familie das Märchen von Rapunzel und wenn Sie mögen auch andere Märchen von den Gebrüdern Grimm vor! Besonders in der kalten Jahreszeit ist das sehr, sehr schön.

Märchen 1981

Nicht Rapunzel und ihr Prinz sondern Hänsel und Gretel samt Hexe und Hexenhaus stellt dieses Reliefbild aus Salzteig dar. Das Basteln mit Salzteig war in den 80er Jahren sehr beliebt. Die Materialien, Mehl, Salz und Wasser, hatte jeder zu Hause und von kindlichen bis zu reich verzierten, edlen Objekten ließ sich alles Erdenkliche daraus machen.

In Kindergärten und Schulen wird auch heute noch sehr gerne mit Salzteig gearbeitet, da die Materialien keine Giftstoffe enthalten. Aufgrund des Salzes ist der Teig ungenießbar, sodass keine Gefahr besteht, dass Kinder davon essen.

Bild aus Gudrun Hettinger: Salzteig-Bilder und Figuren.

Magnetlöwen

→ ein schönes Geschenk

MATERIAL PRO LÖWE

- Modelliermasse in Weiß und Terrakotta
- gewachste Baumwollkordel in Braun, ø 1 mm, 3 x 15 cm lang
- Magnetscheiben, ø 1,3 cm

1 Für den Körper eine weiße Kugel, ø 3 cm, platt drücken und drei Löcher hinein bohren.

2 Für den Kopf eine Kugel, ø 2 cm, und für die Ohren zwei kleine Kugeln, ø 5 mm, rollen, plattdrücken und an den Kopf schlickern. Dafür Modelliermasse mit Wasser verdünnen, die Flächen, die miteinander verbunden werden sollen, einritzen und beide Hälften zusammenfügen. Für die Mähne ungefähr zwanzig 2 cm lange und 3 mm dicke Würstchen rollen und hinten am Kopf befestigen. Das Gesicht eindrücken und die Nase, ø 5 mm, anbringen.

3 Den Kopf am Körper befestigen. Hinten am Kopf eine 1 cm dicke, leicht platt gedrückte Kugel anbringen, damit Kopf und Körper hinten auf einer Fläche liegen und der Magnet gut am Kopf zu befestigen ist.

4 Ein kleines Ei, ø 1 cm, als Schwanzquaste und zwei Kugeln, ø 1,5 cm als Pfoten formen und durchbohren.

5 Nach dem Trocknen die Kordeln durch die drei Löcher ziehen und auf je zwei Kordelenden die beiden Pfoten und die Schwanzquaste auffädeln. Die Magnete mit Alleskleber an die Rückseite kleben.

Schneckentiere & Co.

→ Urlaubsgrüße vom Strand

MATERIAL SCHNECKENTIERE

- Plusterstifte in Hellgrün, Gelb, Weiß, Pink, Hellblau, Braun, Blau, Orange und Rot
- Schneckenhäuschen

STREICHHOLZ-SCHACHTELN

- Plusterstifte in Mittelgelb, Rubinrot, Orange, Hellblau, Dunkelblau, Weiß, Grau und Smaragdgrün
- Acrylfarbe in Hell- und Dunkelblau
- Streichholzschachteln

NAMENSBLEISTIFT

- Plusterstifte in Hellgrün, Flieder, Weiß und Gelb
- Bleistift
- Föhn

Schneckentiere

1 Für die Schneckentiere an der Anleitung für Plusterstifte auf Seite 10 orientieren.

2 Die Schneckenhäuser in einen Farbpunkt auf der Glasscheibe legen.

3 Dann Farbe an Farbe tupfen, bis ein Schneckenkörper entsteht. Wenn er lang genug ist, einen dickeren Punkt als Kopf machen.

4 Nach dem Trocknen die Augen aufmalen und dabei den Farbfaden nach oben ziehen. Die Rückenverzierungen aufmalen.

Streichholzschachtel

1 Die Streichholzschachtel mehrfach mit Acrylfarbe bemalen. Ggf. die Oberfläche vorher mit Schmirgelpapier aufrauhen.

2 Mit den Plusterstiften nach Anleitung für Plusterstifte auf Seite 10 verschiedene Urlaubsmotive und Texte frei Hand direkt auf die Schachtel malen.

Namensbleistift

1 Nach Anleitung für Plusterstifte auf Seite 10 den Namen in Blockbuchstaben frei Hand auf den Bleistift schreiben und die Farbe aufplustern.

Zirkusluft

→ zum Verschenken

Zirkuszelt

1 Die Schachtel gemäß Abbildung und Vorlage anmalen und Klebepunkte anbringen.

2 Für den Deckel einen ca. 1 cm breiten Streifen aus Feinwellpappe zuschneiden, eine Seite mit einer Zackenschere schneiden und festkleben.

3 Für die Befestigung der Fahne mit einer Stopfnadel ein Loch in den Deckel stechen und den Zahnstocher mit Alleskleber befestigen. Die Fahne aus Modellierfilz anbringen.

4 Zum Schluss die gebundenen Tüllschleifen aufkleben.

Clown

1 Die Spandose gemäß Abbildung mit grüner und orangefarbener Acrylfarbe bemalen und Klebepunkte anbringen.

2 Alle Teile aus Fotokarton und Feinwellpappe laut Vorlage ausschneiden und zusammenkleben. Mit Alleskleber an der Dose befestigen.

3 Zum Schluss die Pompons aufkleben.

MATERIAL

ZIRKUSZELT

- Pappmachéschachtel mit Spitzdach, 11 cm x 11 cm x 14 cm
- Acrylfarbe in Hellblau, Flieder und Rot-Violett
- Klebepunkte in Blau, ø 7 mm
- Modellierfilzrest in Gelb
- Feinwellpapperest in Blau
- Tüllband in Blau, 5 cm breit, 2 x 35 cm lang
- Zahnstocher

CLOWN

- Spanschachtel, ø 9,5 cm, 12,5 cm hoch
- Acrylfarbe in Orange und Grün
- Fotokartonreste in Flieder, Gelb, Hautfarbe, Rot, Weiß und Türkis
- Feinwellpapperest in Natur
- Klebepunkte in Gelb, ø 7 mm
- Pompons, 2 x in Grün, 1 x in Hellblau, ø 2 cm

VORLAGE SEITE 250

Clowns 1981

Mit dieser riesigen Clown-Handpuppe konnten Kinder ein eigenes Zirkusprogramm auf die Beine stellen. Ein tolles Spielzeug, das die Fantasie fördert.

Viel Zirkus machte man in diesem Jahr um die Hochzeit von Prinz Charles und Lady Diana. Die „Princess of Wales“ erhielt nach ihrem tragischen Tod auf der Flucht vor Paperazzi den Beinamen „Königin der Herzen“.

Bild aus Rosemarie Krummnich: Handpuppen.

Kleine Wichtel

→ für Leckereien

MATERIAL PRO WICHTEL

- Fotokartonreste in Rot bzw. Blau bzw. Grün und Hautfarbe
- Filz in Rot bzw. Blau bzw. Grün, A5
- Chenilledraht in Rot bzw. Blau bzw. Grün
- 2 Holzperlen in Natur, ø 1 cm
- ½ Holzperle in Rot, ø 8 mm
- Füllwatte

VORLAGE SEITE 251

1 Den Körper aus Fotokarton, den Süßigkeitenbehälter und die Mütze aus Filz zu einer Tüte zusammenkleben. Das bemalte Gesicht (Lichtpunkte mit weißem Lackstift malen) 4,5 cm unterhalb der Tütenspitze aufkleben, eine halbierte Perle als Nase sowie den Bart aus Füllwatte ringsum befestigen.

2 Die Mütze auf den Kopf kleben und die Tüte an den Körper kleben. Die Arme (je 8,5 cm lang) beidseitig von außen und die Beine (je 12 cm lang) an der Körperinnenseite anbringen.

3 Für die Füße den Chenilledraht zu einer Öse von ca. 2 cm Seitenlänge umbiegen. Die Holzperlen als Hände aufstecken und festkleben, danach die Beine und Arme zurechtbiegen. Den Pompon aus Chenilledraht (3 cm lang) zu einem Ring biegen, diesen auf die Hutspitze kleben.

TIPP

Diese Zwerge können Sie als Tischdeko für einen Kindergeburtstag verwenden.

Handwerkerwagen

→ zum Beladen und Ziehen

MATERIAL

- Schachtel für 10 Eier mit hohen Zapfen
- Schälchen aus einer Eierpalette, 1,5 cm hoch (Mützen)
- 4 Wattekugeln, ø 3 cm
- Acrylfarbe in Orange, Blau, Hautfarbe und Schwarz
- Strukturschnee
- Decorlack in Dunkelbraun und Schwarz
- 6 Holzperlen in Natur, ø 8 mm (2 für Nasen halbieren)
- 8 Holzperlen in Natur, ø 6 mm
- Chenilledraht in Blau, 8 x 4 cm lang
- Zahnstocher
- Fotokarton in Weiß und Blau
- Kordel in Blau, ø 2 mm, 30 cm lang
- 2 Schaschlikstäbchen, je 15 cm lang
- 4 Rohholzkugeln, ø 1,4 cm
- 4 Rohholzkugeln, ø 2 cm
- Karoband in Rot-Weiß und Grün-Weiß, 6 mm breit, je 2 x 13 cm lang
- 4 Deckel von Glasbehältern für Acrylfarbe, ø 4,5 cm

VORLAGE SEITE 249

1 Die Einzelteile nach Abbildung farbig gestalten. Die Augen mit dem Bürolocher aus Tonkarton ausstanzen und mit Iris und Pupille bemalen. Als Haare den Strukturschnee mit einem Pinsel auftragen und nach dem Trocknen mit Decorlack bemalen. Die Schilder für die Mützen aus dem Deckel einer Eierschachtel schneiden und an die Mützen kleben.

2 In die Spitze der Zapfen ein Loch bohren, einen Zahnstocher als Hals einstecken, an der Unterseite mit einer Holzperle (ø 8 mm) und Klebstoff fixieren. Den Kopf auf den Zahnstocher kleben, die Mütze fixieren und das Halstuch umbinden. Die Arme befestigen und jeweils Perlen (ø 6 mm) als Hände aufstecken.

3 Für die Räder in die Deckelmitte mit einer heißen Stopfnadel ein Loch schmelzen. Achtung: Das ist eine Arbeit für Erwachsene! Je einen Fotokartonkreis aufkleben.

4 Die Rohholzkugeln (ø 1,4 cm und 2 cm) und Schaschlikstäbe in Schwarz bemalen. Eine große Rohholzkugel mit Alleskleber an einem Ende des Schaschlikstabs befestigen, darauf das Rad stecken. Außen eine kleine Holzperle aufkleben. Ebenso das andere Ende bestücken. Achtung: Alle Räder müssen genügend Spielraum zum Drehen haben.

5 Die Radachse an der Unterseite zwischen je zwei Eierbehältern mit Alleskleber befestigen. Am vorderen Ende in die Mitte der Eierschachtel ein Loch stanzen, durch dieses die Ziehkordel ziehen.

TIPP

Falls Sie keine vier passenden Deckel haben, können Sie entsprechend große Holzscheiben verwenden.

Hallo, kleine Fee!

→ Glücksbringer

MATERIAL FEE

- Chenilledraht in Rosa
- durchbohrte Rohholzkugel in Natur, ø 2,5 cm
- je 2 Holzperlen in Weiß, ø 8 mm und 1 cm
- Wachsperle in Rosa, ø 3 mm
- Märchenwolle in Gelb
- Filzreste in Pink und Rosa
- Organzaband in Weiß-Silber gemustert, 2,5 cm breit, 6 cm lang
- Draht in Schwarz, ø 1 mm, 4,5 cm lang

PRO ENGEL

- Chenilledrähte in Rosa und Goldglitzer
- durchbohrte Rohholzkugel, ø 2,5 cm
- 2 Holzperlen in Weiß, ø 5 mm
- 2 Holzperlen in Gelb, ø 8 mm
- Märchenwolle in Gelb
- Filzreste in Weiß und Gelb
- Kordel in Gold, ø 1 mm, 10 cm lang
- Motivlocher: Stern

VORLAGE SEITE 251

1 Die Körper der Vorlage entsprechend biegen.

2 Die Kleider wie auf der Abbildung gezeigt aus Filz ausschneiden. Das Kleid der Fee mit einem rosa Saum und Kragen schmücken.

3 Für die Hände und Füße kleine Holzperlen am Chenilledraht befestigen.

4 Das Gesicht auf die Rohholzkugel aufmalen und auf den Hals kleben. Den Kopf mit Haaren aus Märchenwolle verzieren.

5 Der Fee zusätzlich einen Hut mit Schleier aufsetzen. Für den Engel einen Heiligenschein und Flügel aus goldglitzerndem Chenilledraht zurechtbiegen und am Körper fixieren.

6 Dem Engel eine Schleife auf das Kleid kleben. Hinter die beiden Hände wie abgebildet den ausgestanzten Filzstern mit Alleskleber befestigen. Am Kragen des Feenkleidchens die Wachsperle ankleben und den Zauberstab an die Hand kleben.

TIPP

Wenn Sie sehr stark gemaserte oder dunkle Holzkugeln haben, können Sie diese mit hautfarbener Acrylfarbe bemalen.

Feenzauber 1985

Feen sind immer bezaubernd, egal aus welchem Material sie gestaltet werden. Diese Feenrelief aus FIMO® ist an den Jugendstil angelehnt.

Feen sind weibliche Fabelwesen, die aus der keltischen Sagenwelt stammen. Sie können sich unsichtbar machen und sind den Menschen überwiegend freundlich gesonnen. Es gibt aber auch böse Feen wie zum Beispiel Fanserlüsch und Karabossa, deren Namen zwar lustig klingen, mit denen aber ansonsten nicht zu spaßen ist.

Bild aus Gudrun Hettinger: Figuren modelliert und arrangiert.

Einhörner

→ im Zauberwald

1 Die hinteren Beine an den Körpern befestigen und die Hufe anfügen. Die Einhörner bemalen und den Strukturschnee entsprechend der Abbildung auftragen. Ca. zwei Stunden trocknen lassen.

2 Den Filz zur Stabilisierung auf weißen Fotokarton kleben. Die Mähnen und Schweife einmal aus Filz und einmal aus silbernem Fotokarton bzw. Hologramm-Tonkarton ausschneiden. Die einzelnen Teile wie abgebildet leicht versetzt übereinander auf den Körpern platzieren und die Hörner aufkleben. Das weiße Einhorn zusätzlich leicht mit einem blauen Buntstift bemalen. Das rosafarbene Einhorn bekommt mit orangefarbenem Buntstift Backen aufgemalt.

3 Die Baumkronen nach Anleitung auf Seite 10 mit Plusterstift verzieren und die Baumstämme ankleben. Die Sterne und den Mond um die Einhörner und Bäume herum arrangieren.

MATERIAL

- Fotokarton je 1 x in Weiß und Braun sowie 2 x in Grün, A3
- Fotokarton in Silber und Rosa, A 5
- Hologramm-Tonkarton in Silber, A5
- Filz in Weiß, A5
- Permanentmarker in Hellblau
- Buntstift in Orange und Blau
- Plusterstifte in Glittersilber und Glittergrün
- Strukturschnee
- Motivlocher: Stern

VORLAGE SEITE 254+255

Fantasy 1994

Mindestens genauso hübsch und ganz in Rosa, nur ohne ein glitzerndes Horn, sind das kleine Fohlen und seine Mama. Mit der putzigen weißen Schleife sieht das kleine Pony besonders hübsch aus.

In den 90er Jahren wurden Fantasy-Rollenspiele immer beliebter. Bei diesen Improvisationsspielen muss man ohne Einhörner auskommen, dafür kann man sich als edler Ritter oder Fee ausleben.

Bild aus Angelika Kipp: Groß & Klein. Tierisch gute Fensterbilder aus Tonkarton.

Katz' und Maus

→ für die Tür

MATERIAL

- Pappelsperrholz, 4 mm stark, 30 cm x 17 cm
- Wasserfarbe oder Acrylfarbe in Rosa, Schwarz, Hellgrün, Grau und Gelb
- Deckweiß
- Draht in Schwarz, ø 1 mm
- Filzreste in Rosa und Grau
- Schnürsenkel in Schwarz, 7 cm lang
- Satinband in Blau, 3 mm breit
- Schaschlikstäbchen
- ggf. Handbohrer, ø 1 mm

VORLAGE SEITE 251

1 Alle Teile nach Anleitung für Holz auf Seite 11 aussägen. Die Löcher für die Schnurrbarthaare mit einem Nagel oder Handbohrer (ø 1 mm) anbringen.

2 Den Halbkreis für die Maus grau bemalen, nach dem Trocknen das zweiteilige Ohr aus Filz einschneiden und aufkleben. Das Auge und die Schnute aufmalen und den Schwanz von hinten ankleben. Die Maus mit Klebepads am Türrahmen befestigen.

3 Die Katze schwarz bemalen, für die Schattierungen in die noch nasse Farbe Weiß geben und ineinander ziehen. Die Pfoten grau und die Ohren rosa bemalen, nach dem Trocknen das Gesicht malen und alle Zierlinien anbringen.

4 Sechs 3 cm lange Stücke Draht um ein Schaschlikstäbchen drehen, mit einem Tropfen Kraftkleber in die Löcher stecken und zur Seite biegen.

5 Hinter den Mond das Satinband kleben. Daran an die Wand oder an den Türrahmen hängen.

Bello, der PC-Hund

→ verschönert den Arbeitsplatz

MATERIAL

- Fotokarton in Hellbraun, A4
- Fotokartonreste in Weiß und Schwarz

VORLAGE SEITE 252

1 Alle gestrichelten Linien für die Schachtel knicken und die Schachtel zusammenkleben. Das Gesicht aufmalen, die Augen und die Schnauze aus Tonkarton fertigen. Die Augen bemalen, die Lichtpunkte mit dem weißen Lackstift setzen.

2 Die Ohren leicht über einen Scherenrücken streifen, diese sowie auch die Vorderpfoten von hinten am Kopf fixieren.

3 An die Breitseite der Schachtel das Hinter- und Vorderteil kleben, zuletzt den Kopf mit Klebepad anbringen.

Lustige Fingerpuppen

→ zum Spielen

ab 5 Jahre

MATERIAL

- lufttrocknende Modelliermasse in Weiß
- 6 Handfegerhaare
- Acrylfarbe in Weiß, Rot, Grün, Braun und Schwarz

VORLAGE SEITE 252

1 Alle Fingerpuppen entsprechend der Vorlage nach dem gleichen Prinzip modellieren. Je nach Puppe die Ohren und Schnauzen ansetzen. Die Barthaare von Maus und Katze auf den Kopf legen und die Nase aufdrücken.

2 Die Figuren ca. vier Tage trocknen lassen. Dabei auf ein Schaschlikstäbchen stellen und in einen Blumentopf stellen. Dann trocknen die Figuren auch von innen.

3 Die Figuren bemalen, manche Farben dafür mischen und für den Glanz mit Klarlack bestreichen.

TIPP

Legen Sie als Theaterbühne eine Decke auf eine Stuhllehne. Denken Sie sich dann eine lustige Geschichte zusammen aus, in der die Fingerpuppen mitspielen.

Modellieren 1982

Hätten Sie gedacht, dass dieses schön modellierte Pferd hauptsächlich aus Zeitungspapier besteht? Wie eine alte, kostbare Statue mutet die Figur an.

Bild aus Ursula Kühnemann: Modellieren ohne Ton, ohne Hitze.

Das Sandmännchen ist da!

→ für süße Träume

MATERIAL

- Fotokarton in Hellblau, A4
- Fotokarton in Blau, Hautfarbe und Schwarz, A5
- Regenbogen-Transparentpapierrest
- Sisalgras in Natur
- Baumwollstoff in Natur, 15 cm x 6 cm
- Nähgarn in Weiß
- Satinband in Hellblau, 6 cm breit, 18 cm lang
- Aludraht in Schwarz, ø 2 mm
- Füllwatte

VORLAGE SEITE 253

1 Die Standfläche des Körpers anritzen. Die Hände von hinten an den Körper kleben, den Ärmelbesatz von vorne fixieren.

2 Das Gesicht aufmalen, für die Bäckchen roten Buntstift, für die Lichtpunkte weißen Lackstift verwenden. Den Bart aus Sisalgras von hinten an das Gesicht kleben. Die Mütze erhält einen Pompon und einen Besatz. Auf der Rückseite die Haare aus Sisalgras befestigen, erst danach die Mütze und den Kopf ankleben.

3 Die Trennlinien von Hose und Schuhen aufmalen, diese positionieren und die Beine mit Klebepads anbringen. Die Standfläche nach hinten knicken.

4 Die Laterne mit Regenbogen-Transparentpapier hinterkleben, den Aludraht zurechtbiegen (siehe Vorlage) und auf der Rückseite der Laterne sowie an der Hand festkleben.

5 Für das Säckchen das Rechteck aus Stoff an zwei Seiten zusammenkleben, mit Füllwatte ausstopfen und mit Nähgarn zubinden. Eine Schleife aus Satinband auf das Säckchen kleben.

Kleiner Rabe

→ verkuschelt

MATERIAL
- Fotokarton in Gelb, Orange und Hellblau, A4
- Fotokartonreste in Schwarz, Weiß, Dunkelbraun und Hellbraun
- Stoff mit kleinem Muster, 5 cm x 15 cm
- Buntstift in Weiß

VORLAGE SEITE 256

1 Das orangefarbene Innenteil des Nestes auf das gelbe Außenteil kleben. Das Köpfchen auf dem eingeschnittenen Kopfkissen fixieren. Die Bettdecke aufkleben, dabei die unteren Federn darunter befestigen.

2 Den Teddybär zusammenkleben und mit einem Flügel hinter den Schnabel kleben. Das Schnuffeltuch zurechtlegen und unter dem zweiten Flügel arrangieren und aufkleben.

3 Mit einem weißen Buntstift und einem schwarzen Filzstift die fehlenden Konturen malen. Die Nase des Teddybären mit einem roten Buntstift färben.

Vier Jahreszeiten

SEITE 14/15

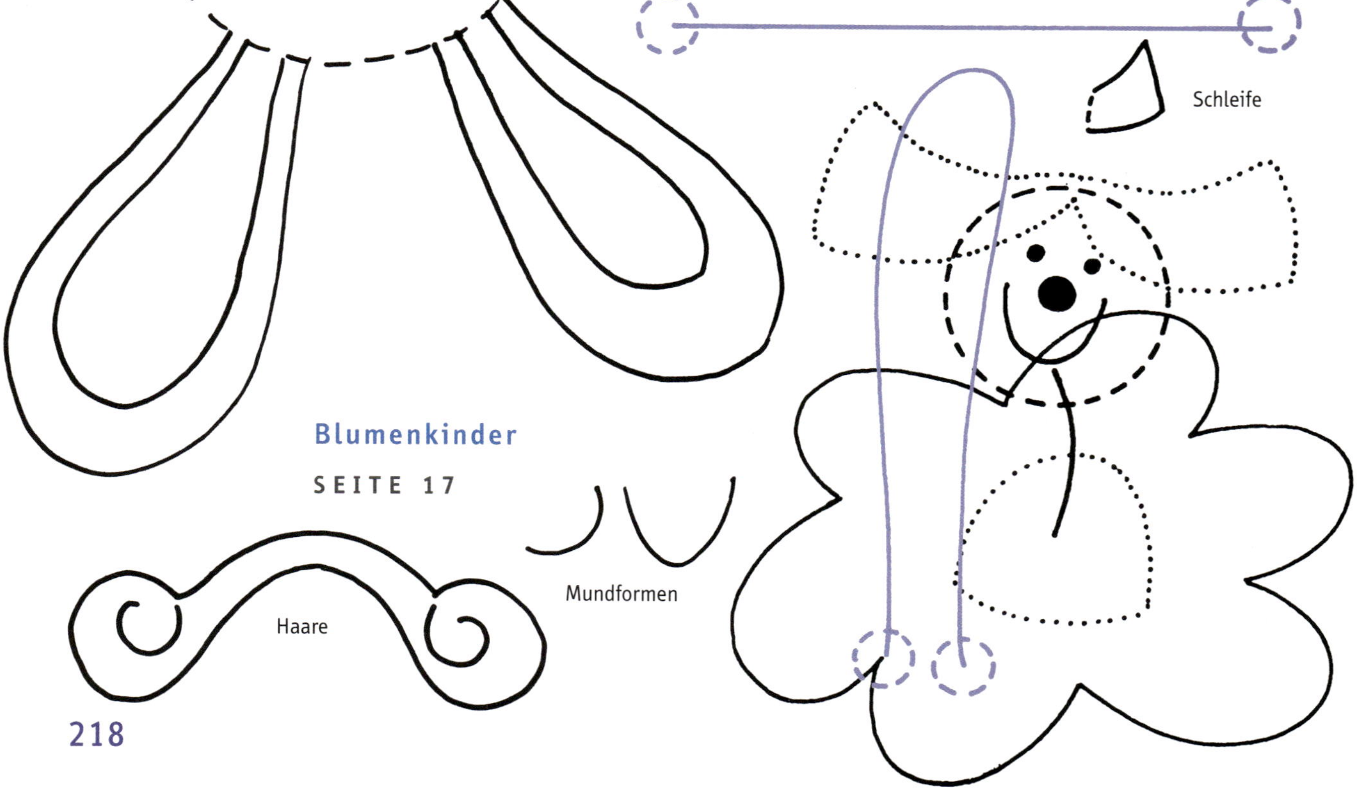

Blumenkinder

SEITE 17

Süßes Käferpärchen

SEITE 19

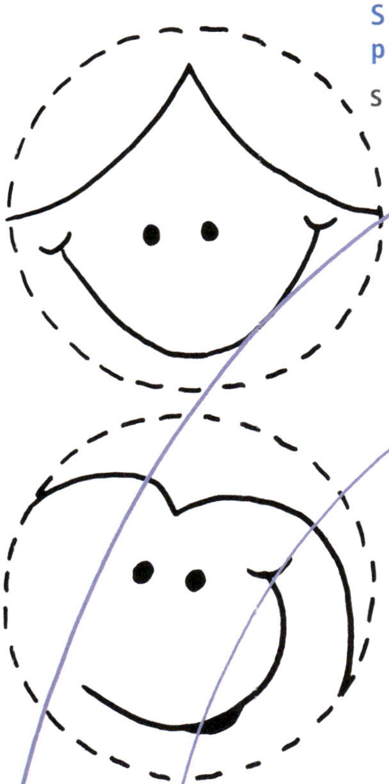

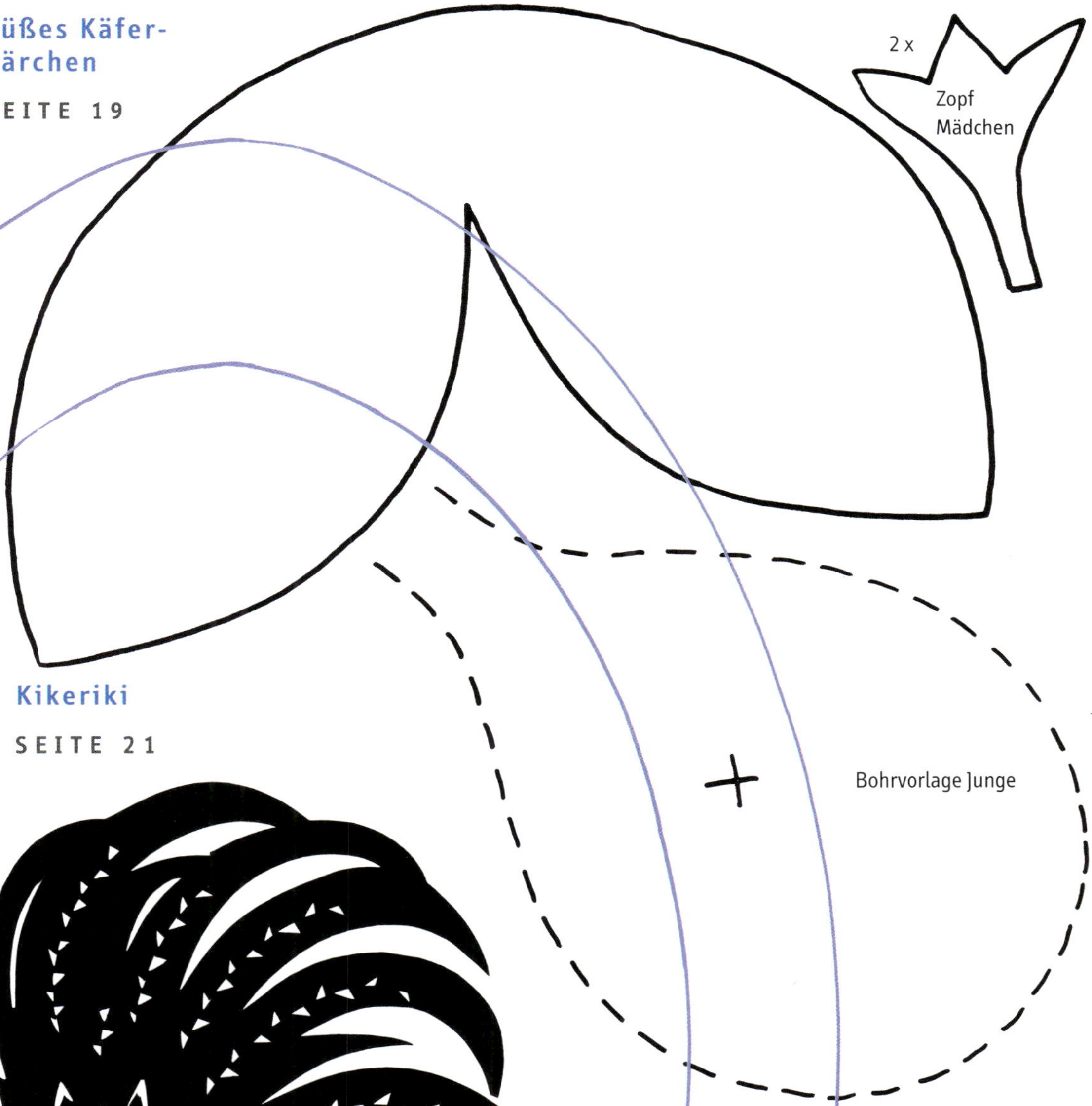

Kikeriki

SEITE 21

Alle meine Entchen

SEITE 20

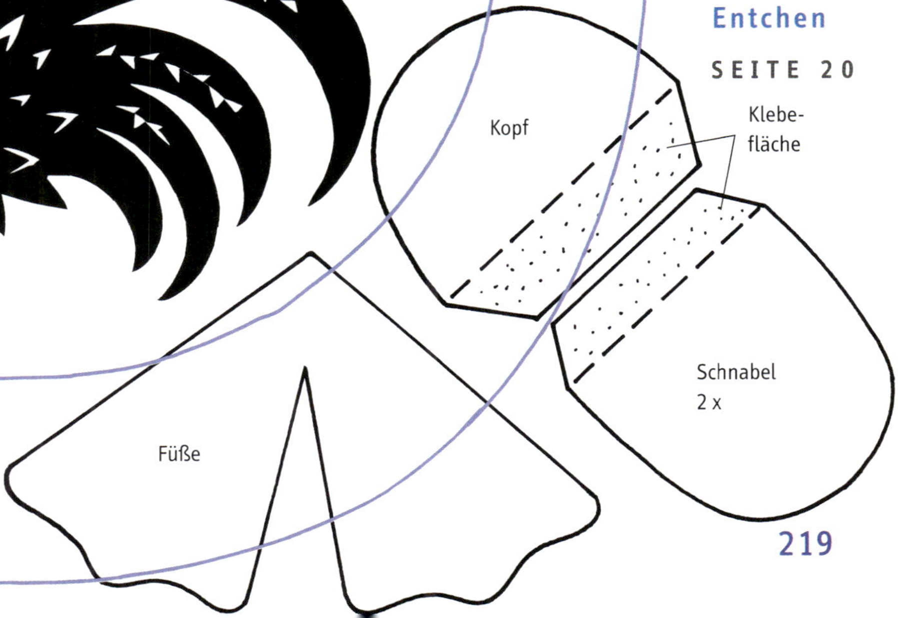

Pfiffige Eivasen

SEITE 22

Skater-Hasen

bitte auf 200 % vergrößern

SEITE 24/25

Hasen-gymnastik

bitte auf 250 % vergrößern

SEITE 28/29

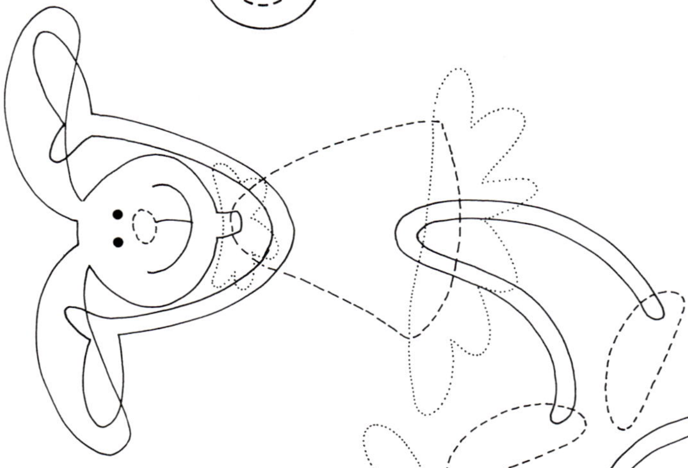

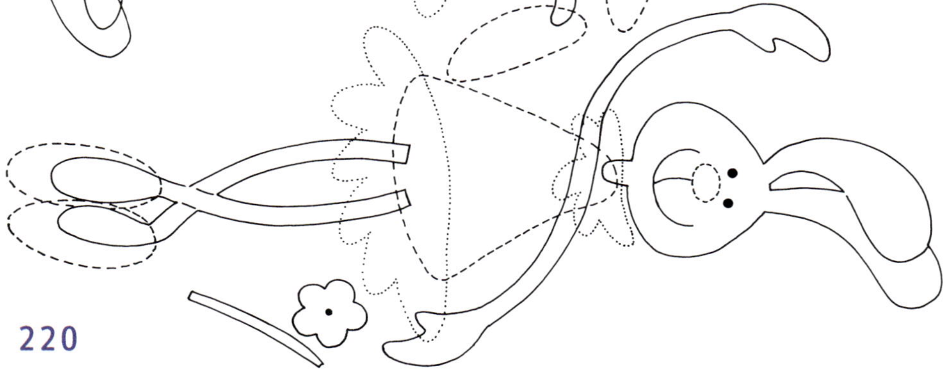

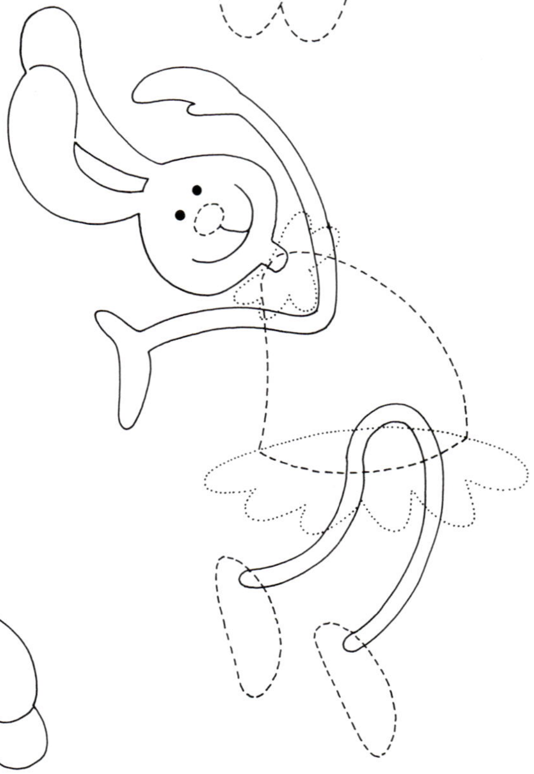

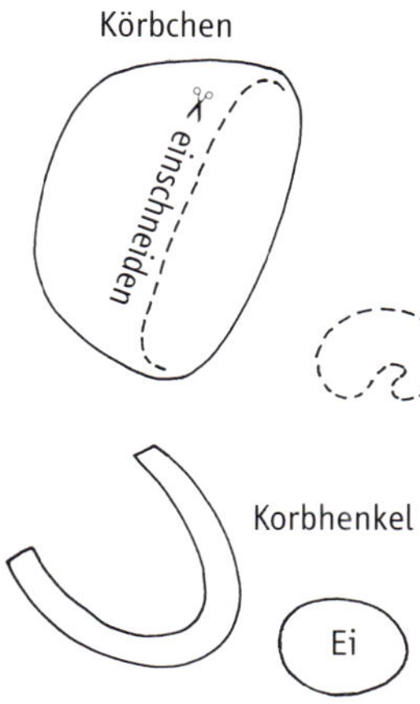

Hasengymnastik

bitte auf 250 % vergrößern

SEITE 28/29

Eierbaum

SEITE 27

Bär mit Windlicht

SEITE 187

Bienchen

SEITE 30

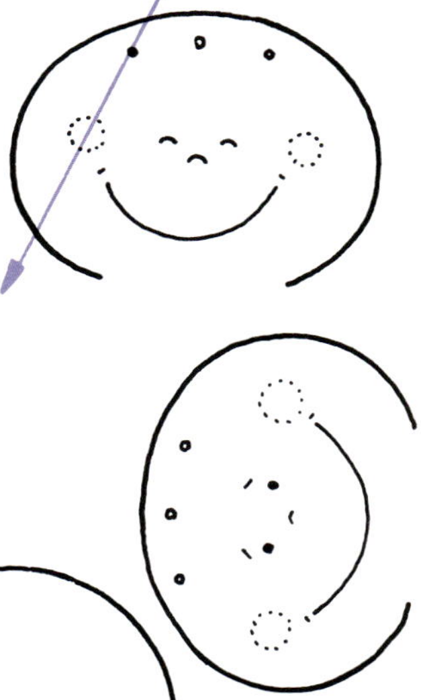

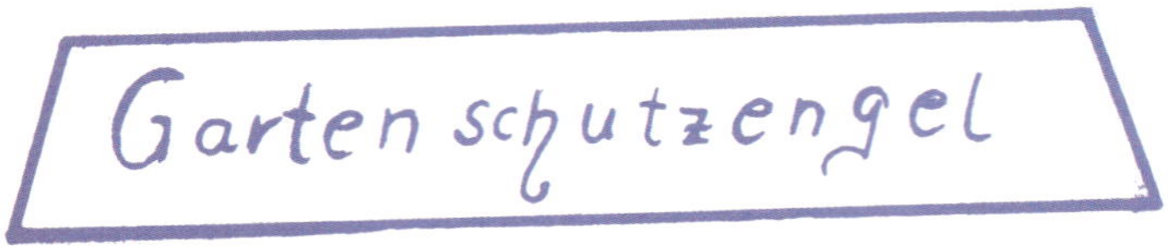

Gartenschutz-engel

SEITE 31

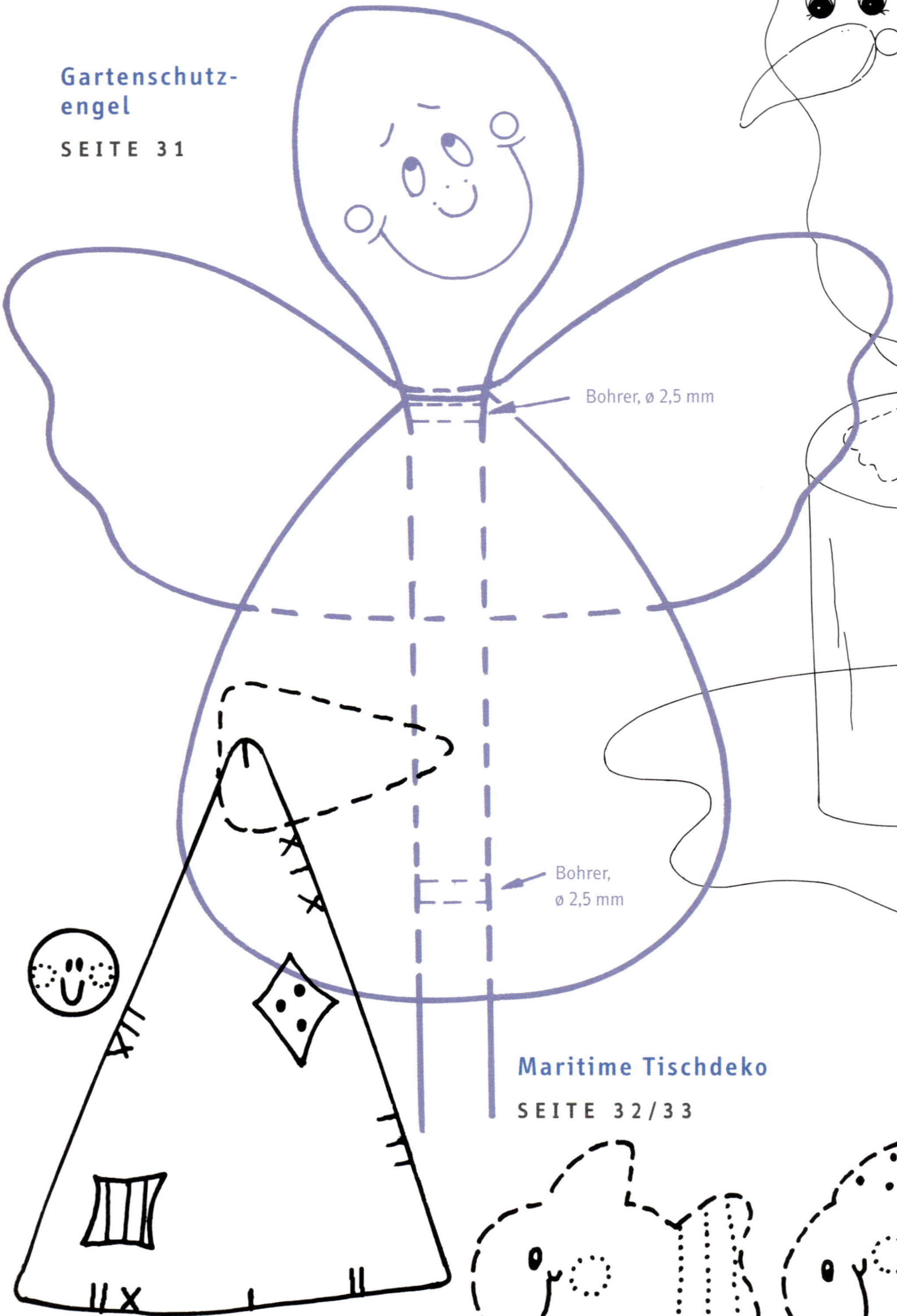

Lachmöwe Lara

bitte auf 250 % vergrößern

SEITE 36

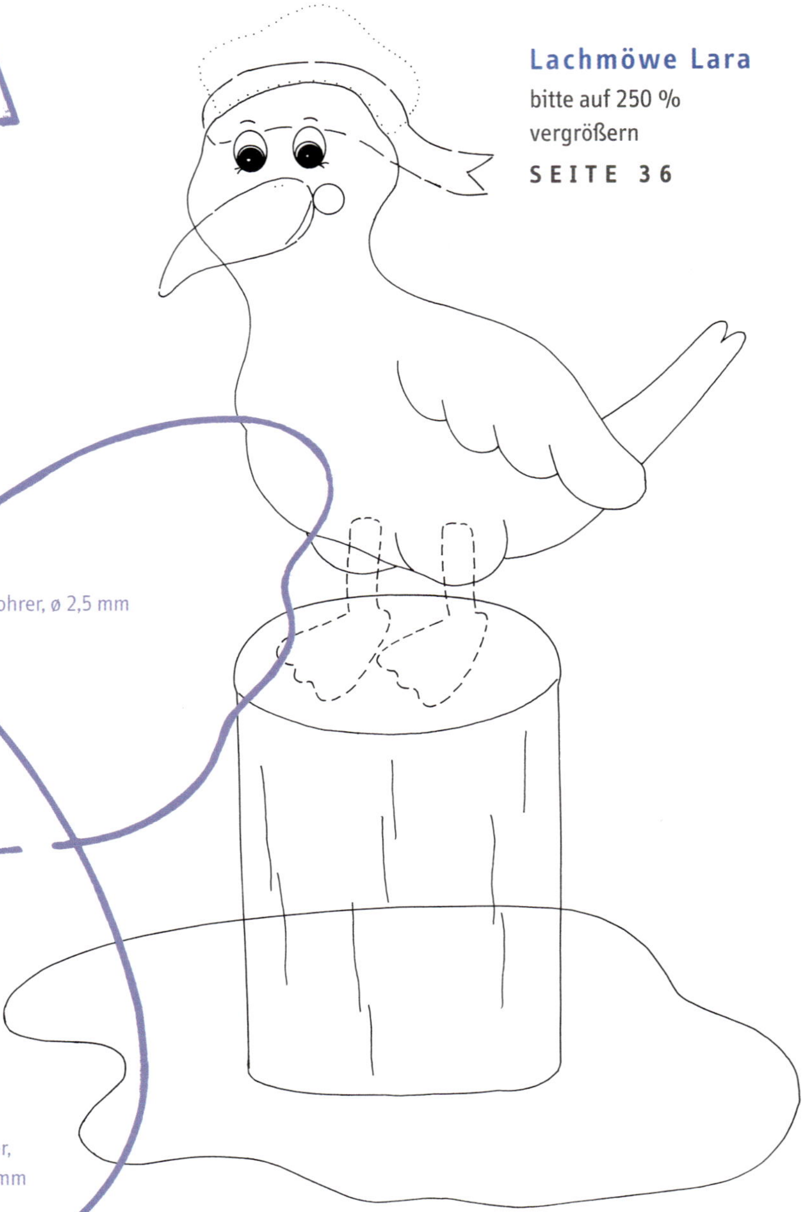

Maritime Tischdeko

SEITE 32/33

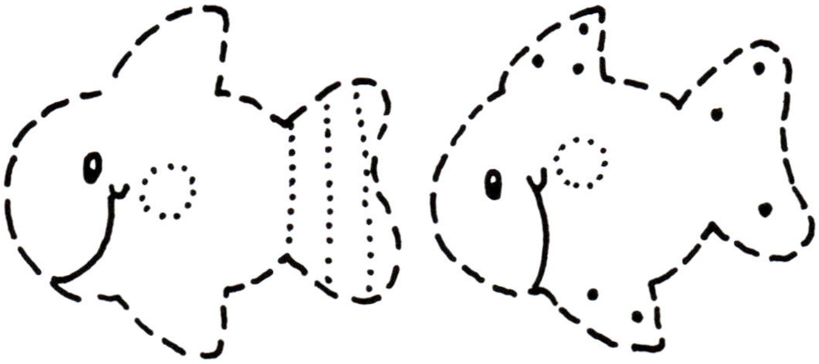

Blumenschmuck

SEITE 39

Buddelspaß

bitte auf 250 % vergrößern

SEITE 37

Schneckenquartett

SEITE 40

Krokodil am Gartenteich

bitte auf 400 % vergrößern

SEITE 41

Kürbisfratze

SEITE 42

Eichhörnchen

SEITE 43

Apfelzwerge

bitte auf 200 % vergrößern

SEITE 48

Rabe und Igel

bitte auf 200 % vergrößern

SEITE 46/47

Lustige Drachen

bitte auf 400 % vergrößern

SEITE 49

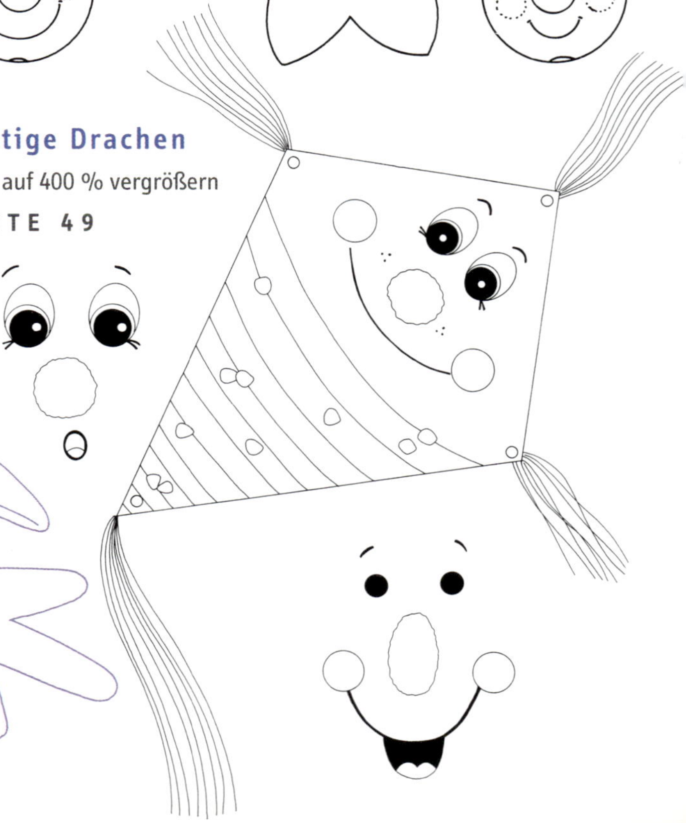

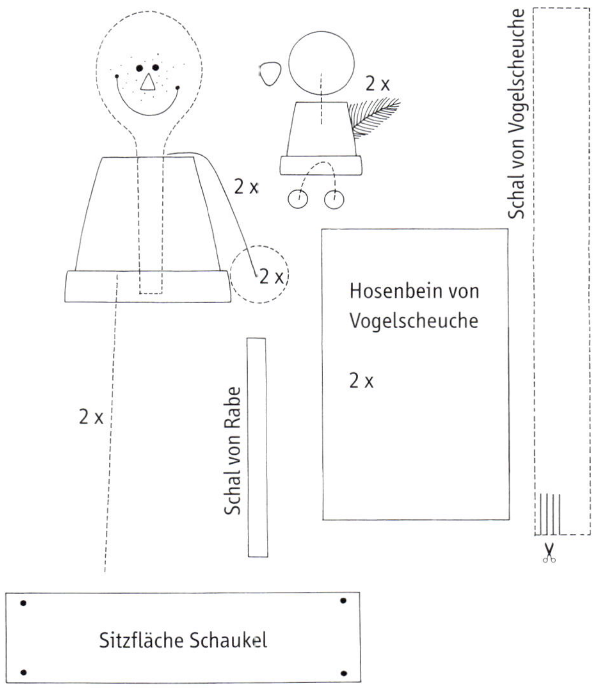

Vogelscheuche und Rabe

bitte auf 400 % vergrößern

SEITE 51

Rüben- und Kürbisgeister

bitte auf 140 % vergrößern

SEITE 53

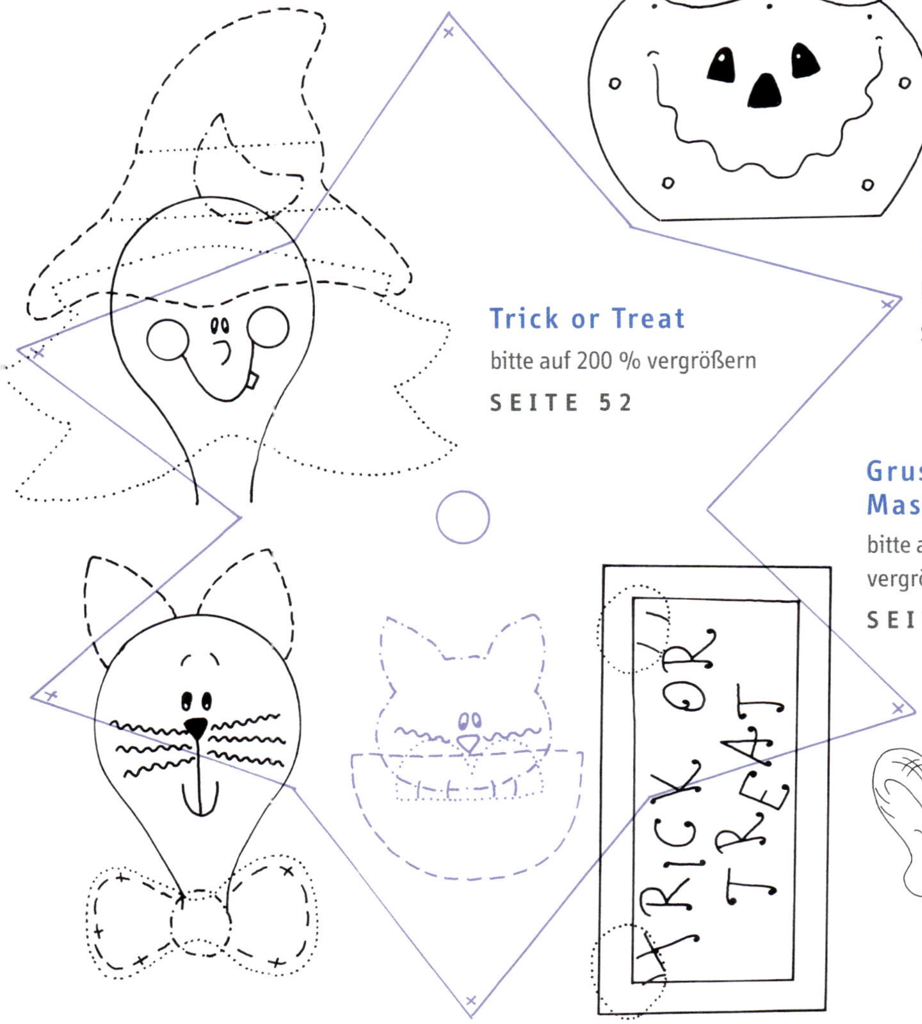

Trick or Treat

bitte auf 200 % vergrößern

SEITE 52

Grusel-Maskenball

bitte auf 400 % vergrößern

SEITE 54

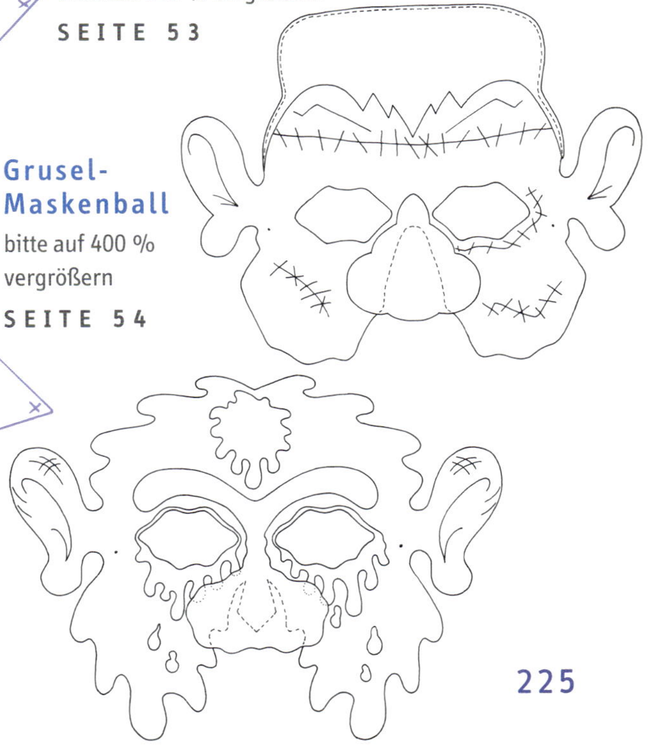

Fledermaus-Lichterkette

bitte auf 140 % vergrößern

SEITE 55

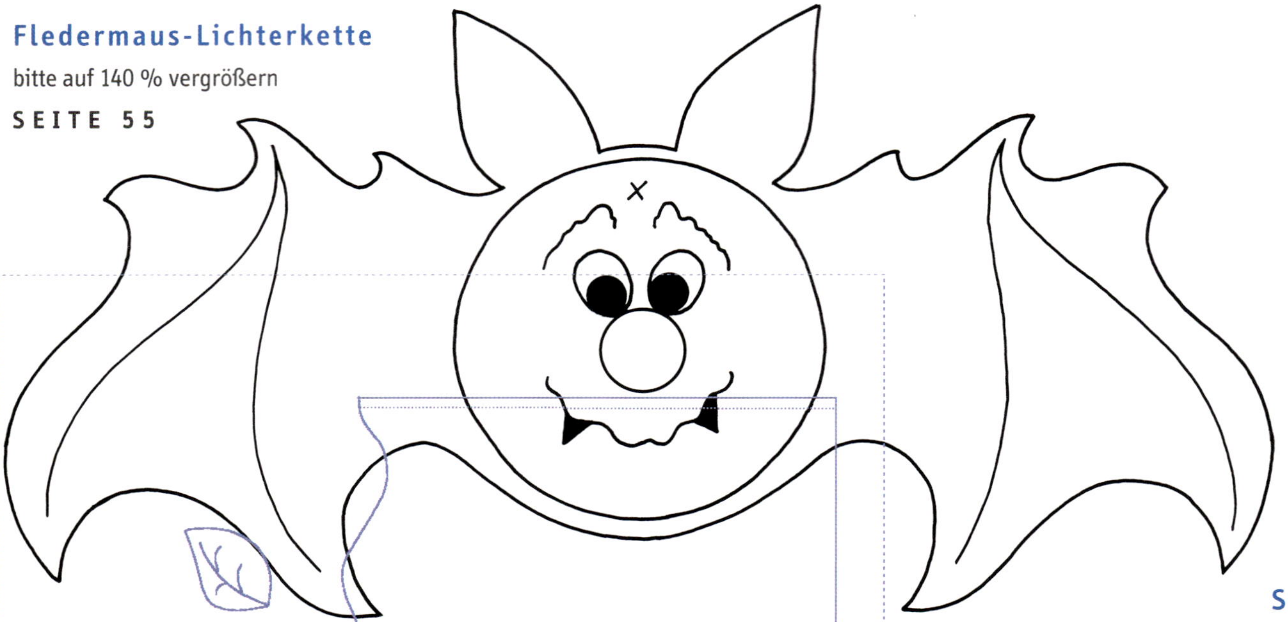

Schaflaterne

bitte auf 400% vergrößern

SEITE 57

Elfenlaterne

auf um 285 % vergrößern

SEITE 56

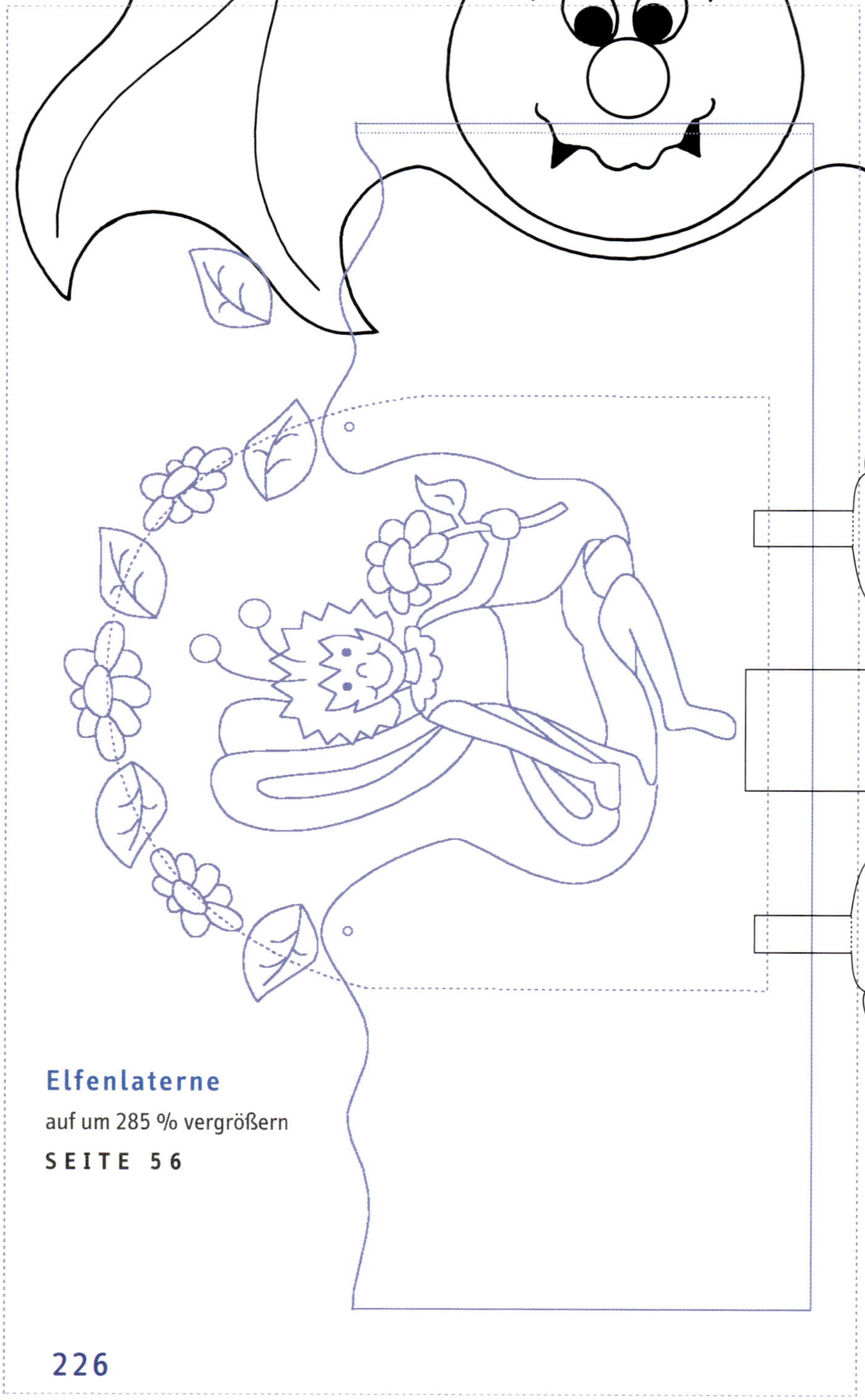

Drachen

Kleine Drachen

SEITE 59

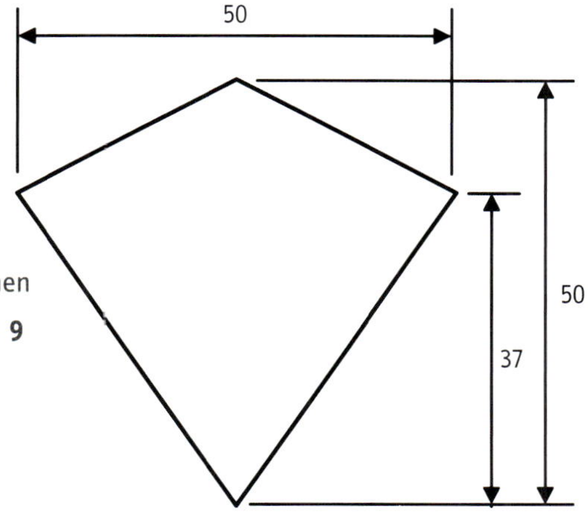

Willkommen im Kürbishaus

bitte auf 200% vergrößern

SEITE 61

Juhu, wir schaukeln!

SEITE 60

Coole Schneemänner

SEITE 62

Spazierender Schneemann

bitte auf 285% vergrößern

SEITE 65

Vogelhaus

bitte auf 200% vergrößern

SEITE 63

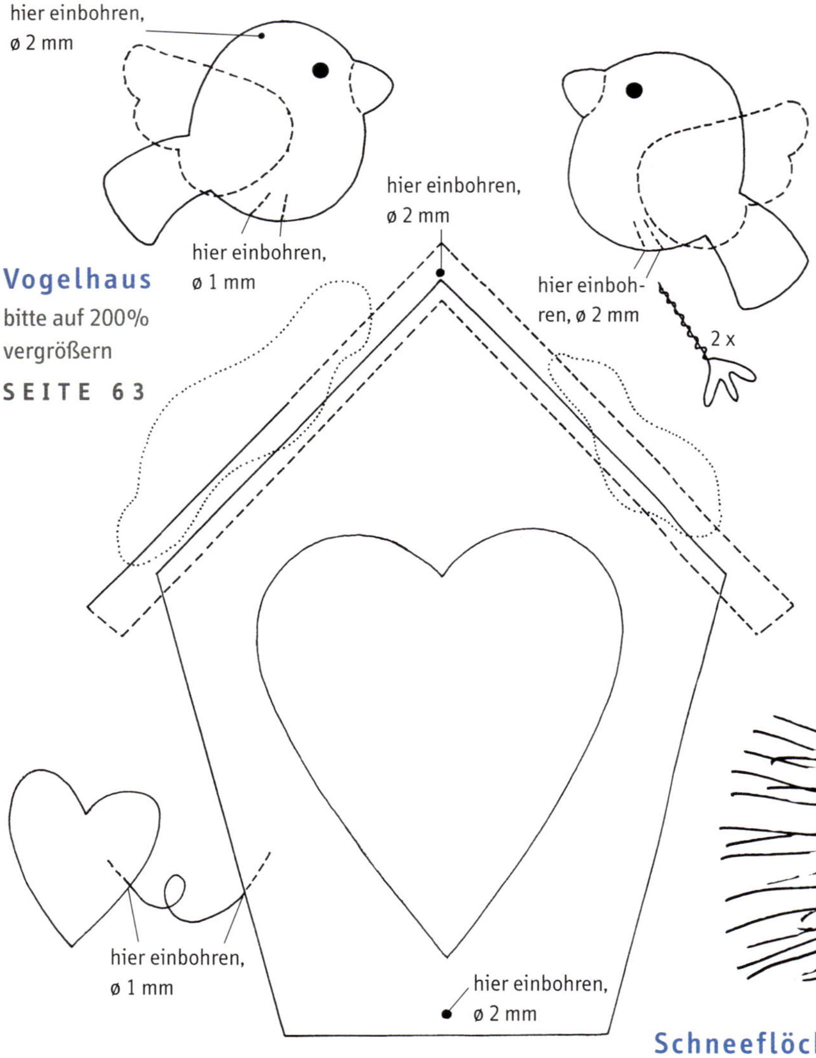

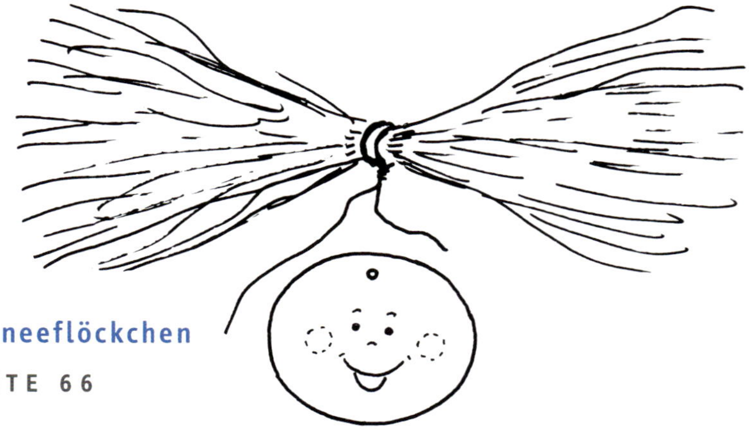

Schneeflöckchen

SEITE 66

Winterliche Kerzen

SEITE 67

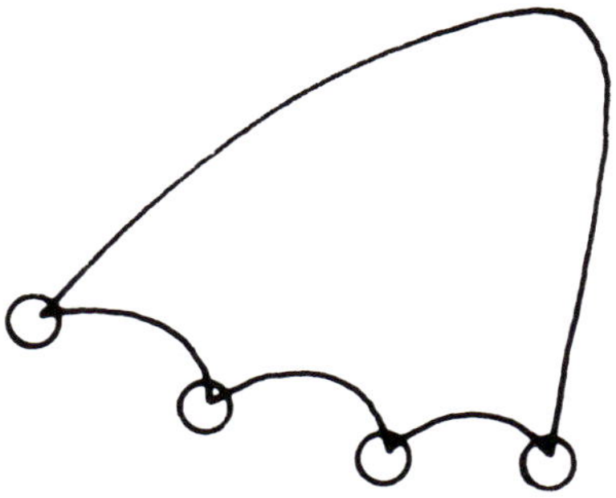

Frosch und Schmetterlinge

SEITE 191

Schlitten fahren

SEITE 69

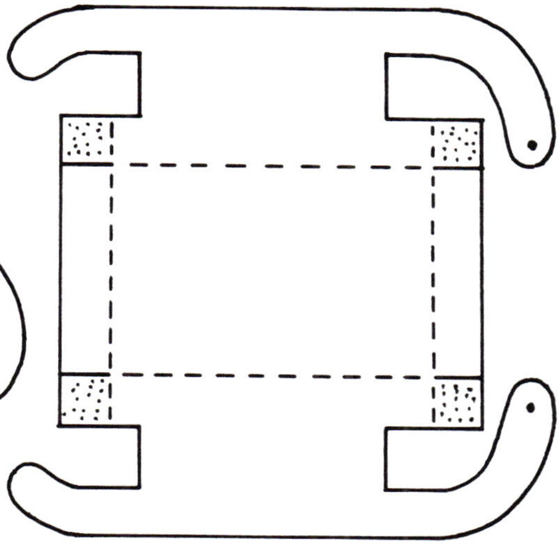

Adventskalender mit Engeln

bitte auf 285% vergrößern

SEITE 70

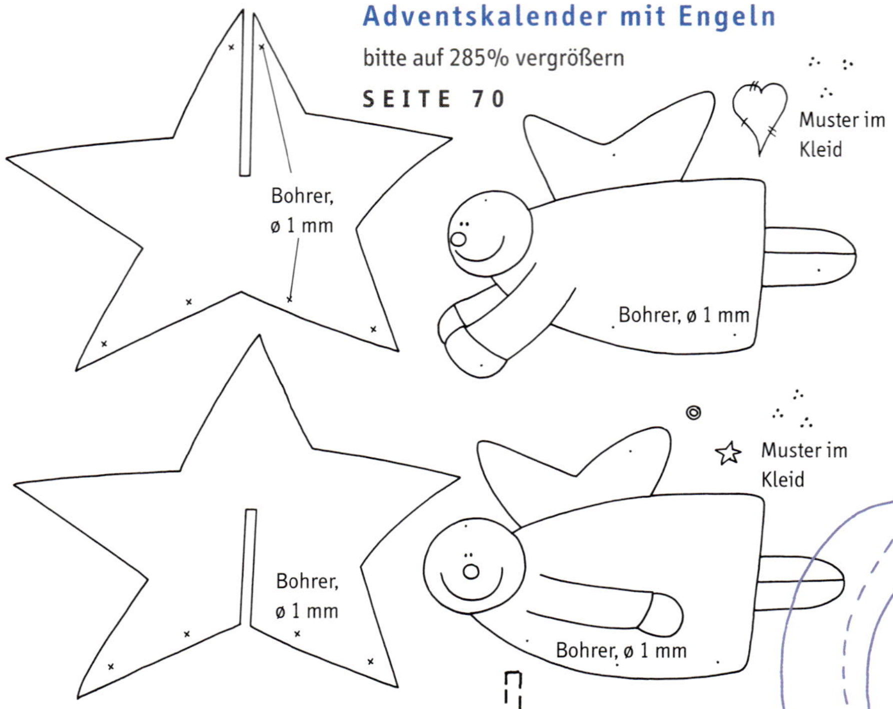

Löffel-Rudolf

auf um 200%
vergrößern

SEITE 71

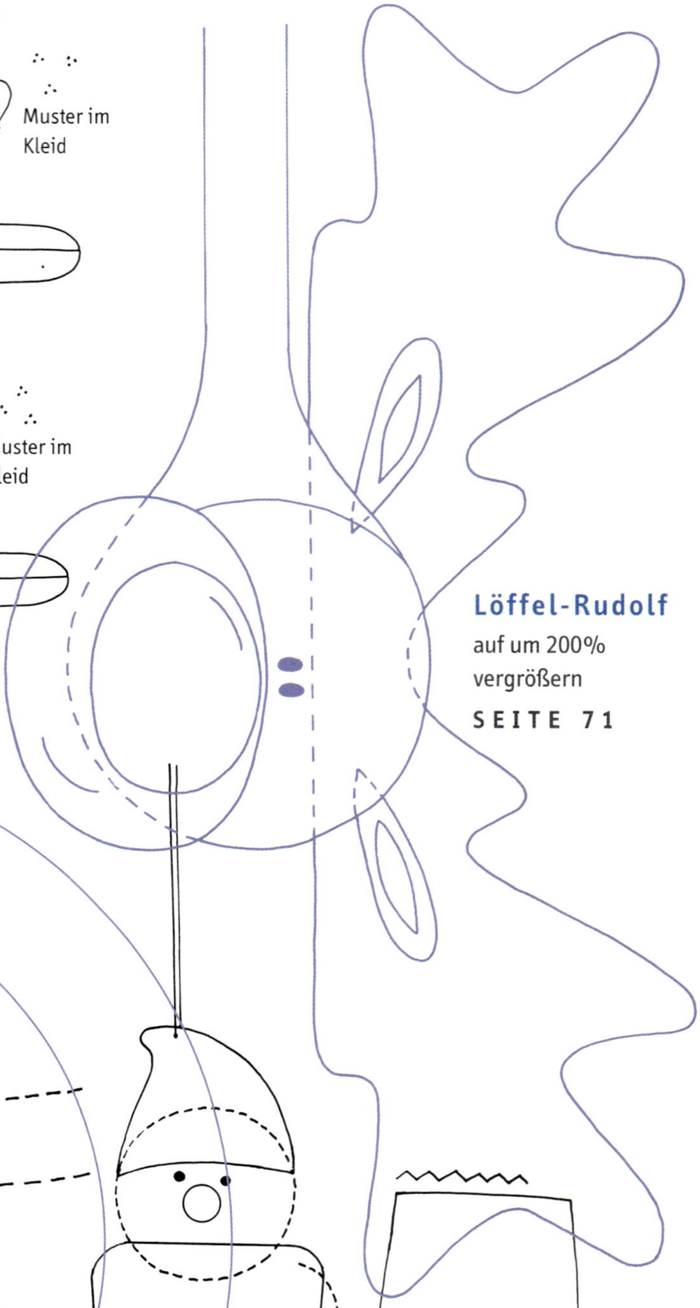

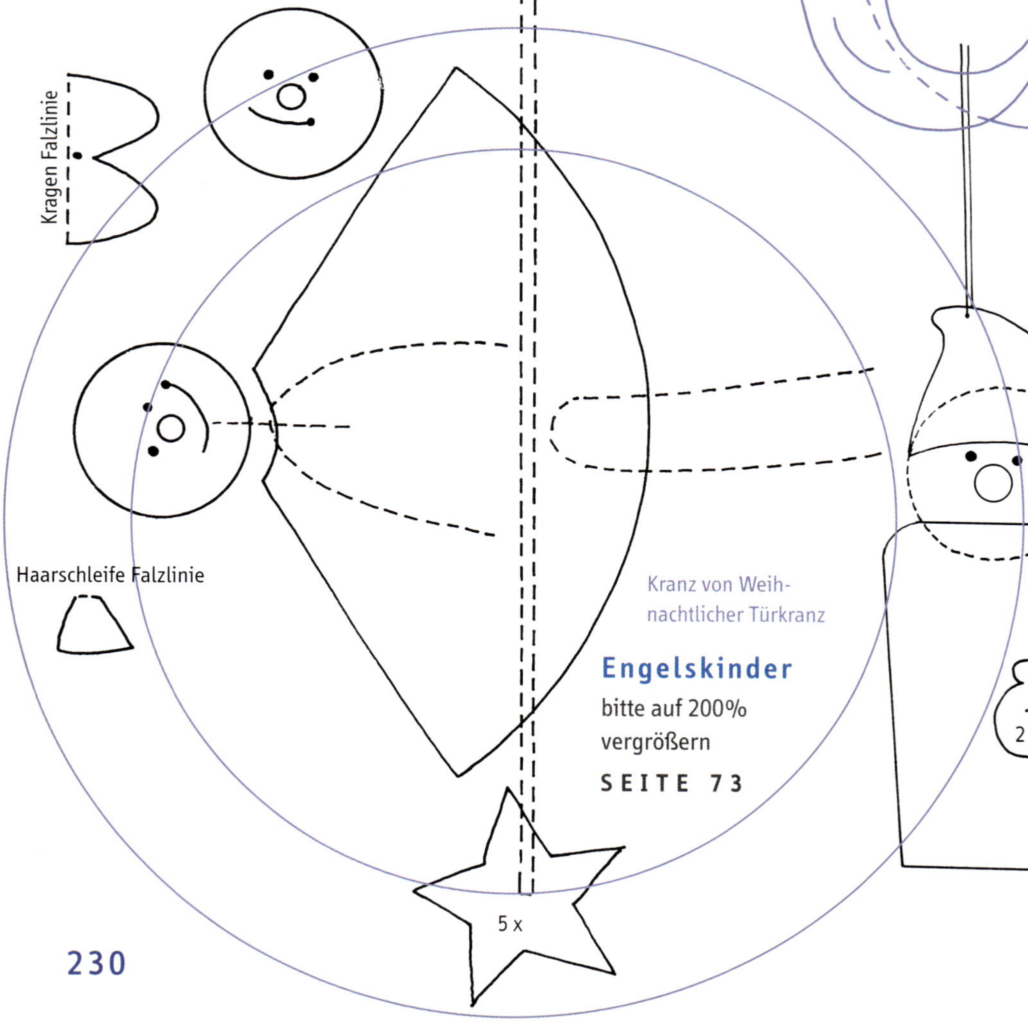

Engelskinder

bitte auf 200%
vergrößern

SEITE 73

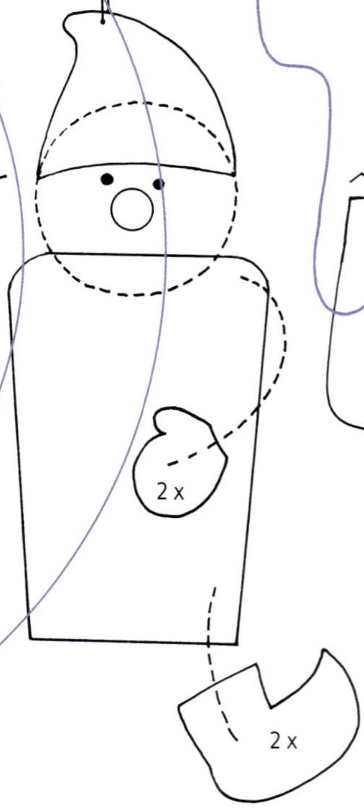

Weihnachtlicher Türkranz

bitte auf 200%
vergrößern

SEITE 74/75

Stecken- und Ziehpferdchen

SEITE 76

Lebkuchenschmuck

SEITE 77

Glänzende Engelchen

bitte auf 140% vergrößern

SEITE 78

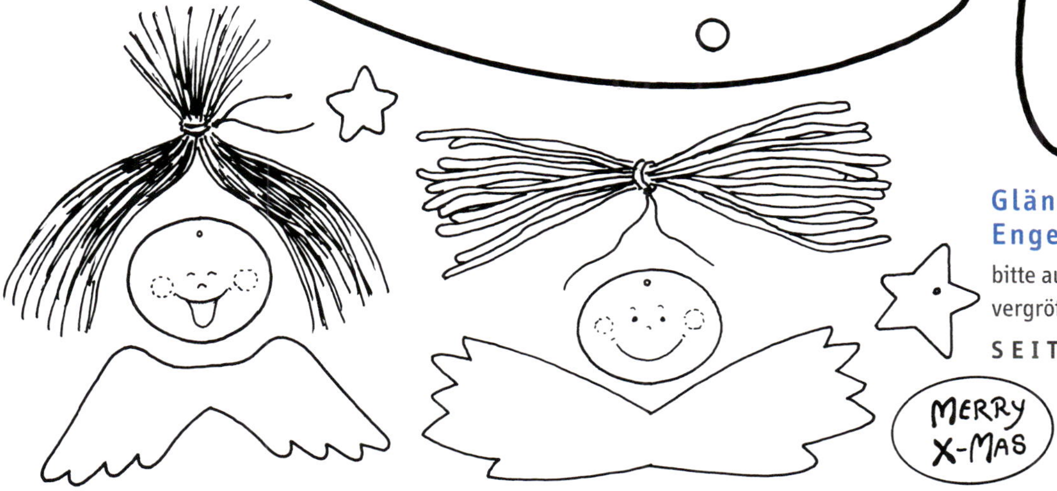

Lebkuchenmännchen

bitte auf 250% vergrößern

SEITE 80

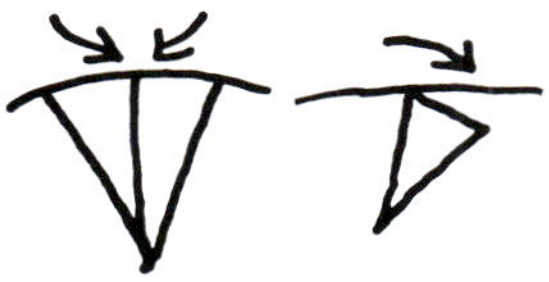

Haare Kind

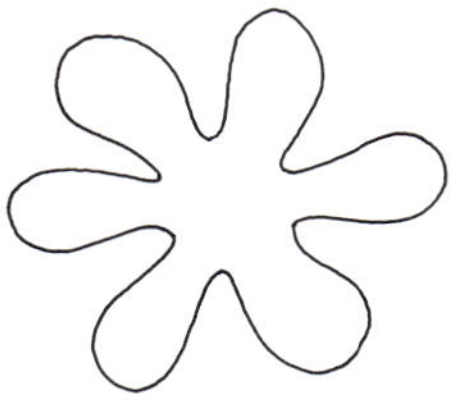

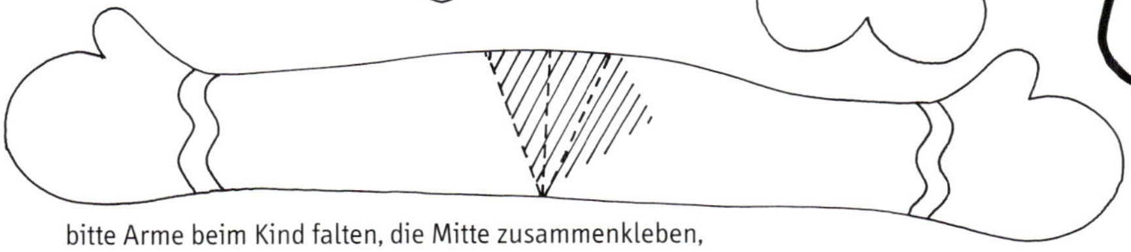

bitte Arme beim Kind falten, die Mitte zusammenkleben, umklappen und seitlich fixieren (siehe Skizze)

Zwerge mit Ringelsocken

bitte auf 200% vergrößern

SEITE 81

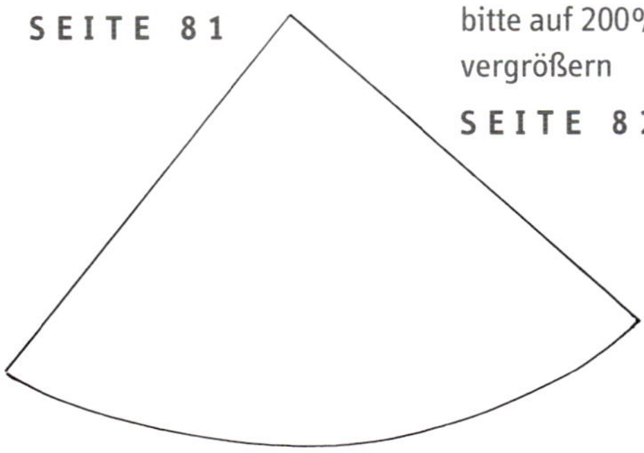

Fröhliche Weihnachtsengel

bitte auf 200% vergrößern

SEITE 82

Willkommen

bitte auf 250% vergrößern

SEITE 86/87

Kleeblatt und Fliegenpilz

SEITE 84

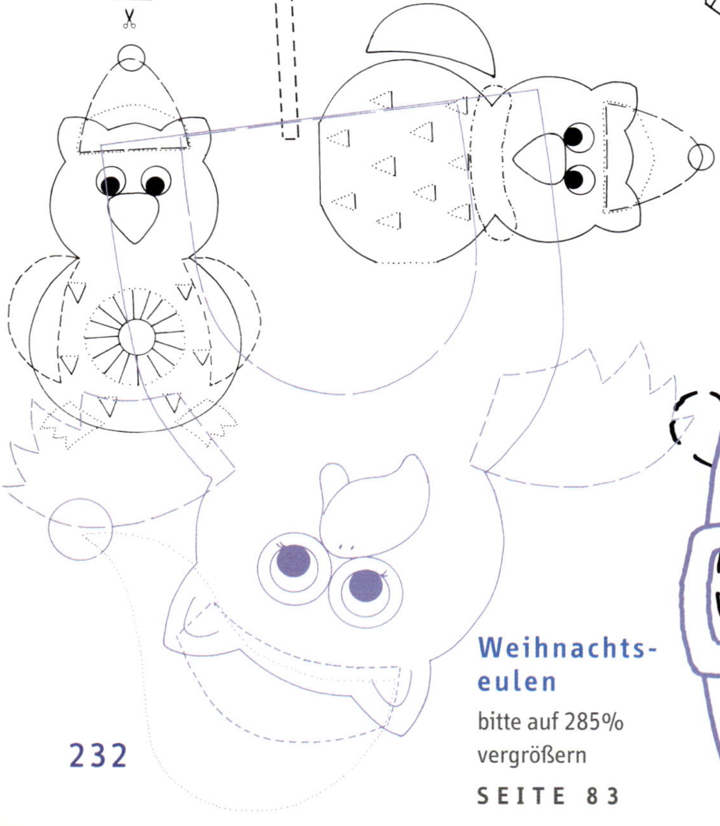

Weihnachtseulen

bitte auf 285% vergrößern

SEITE 83

Willkommen

bitte auf 250% vergrößern

SEITE 86/87

Wir sind im Garten

bitte auf 285% vergrößern

SEITE 88/89

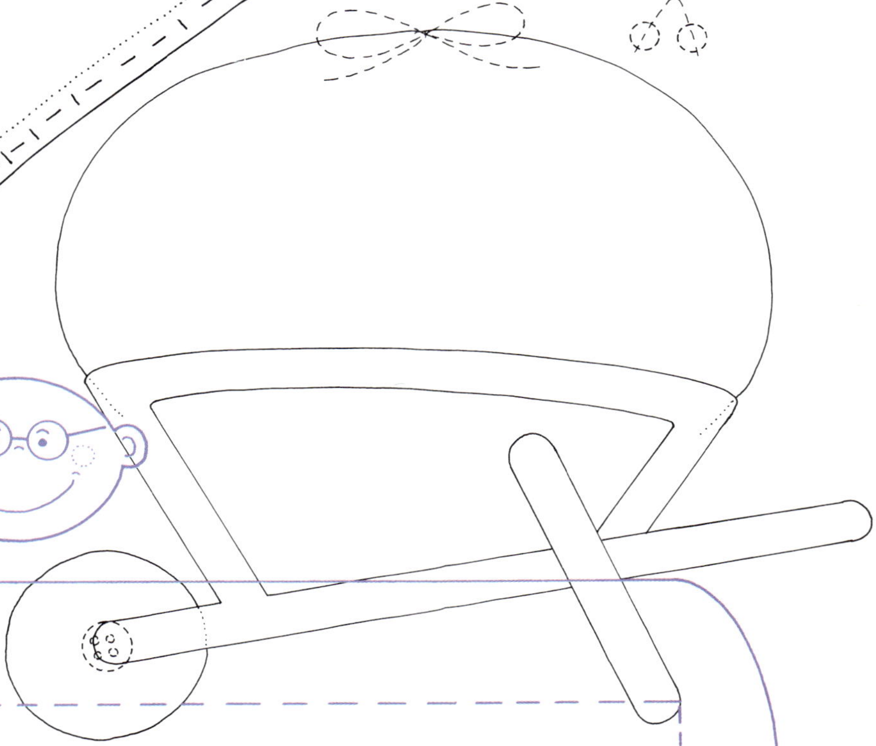

Familienbrett

bitte auf 118% vergrößern

SEITE 90

In der Küche

bitte auf 140% vergrößern

SEITE 92

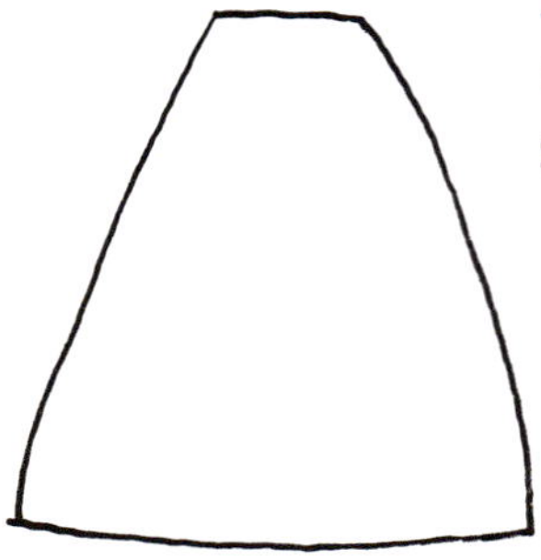

Kehrwoche

SEITE 91

Kleine Schäfchenleiste

bitte auf 200% vergrößern

SEITE 93

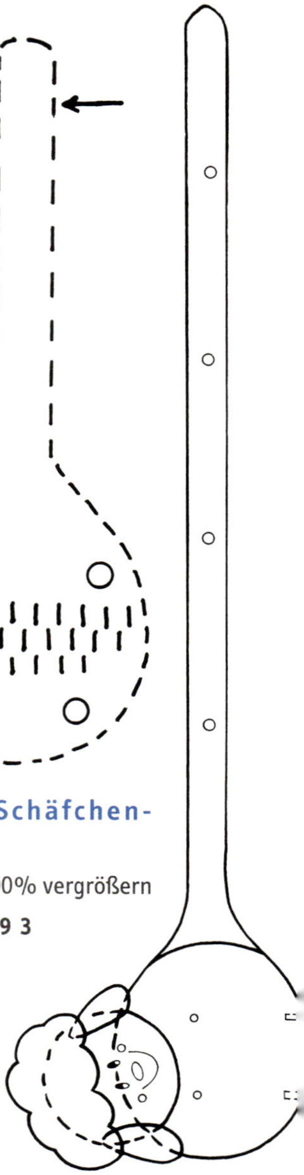

Blumen in Orange-Türkis

SEITE 96

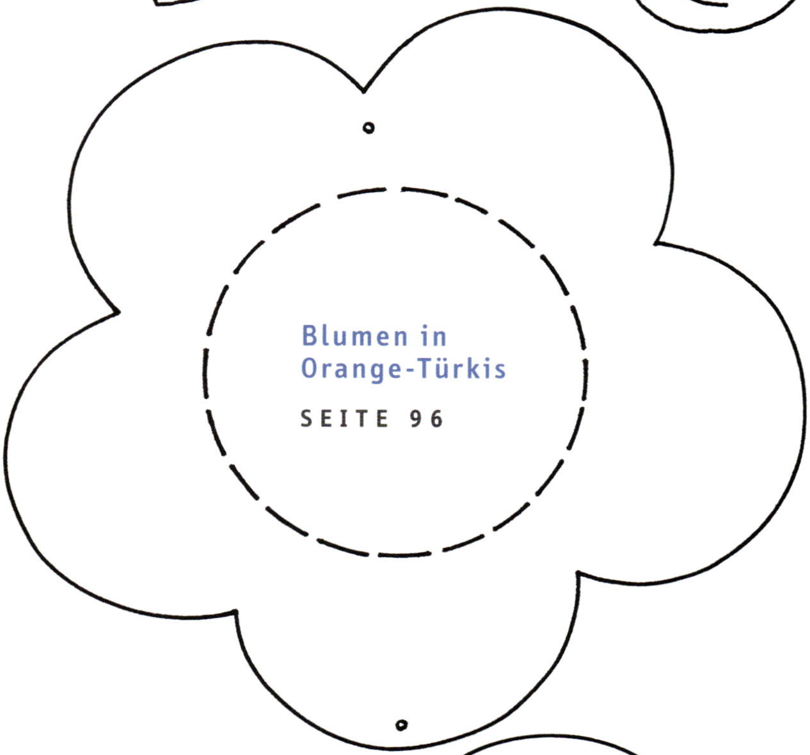

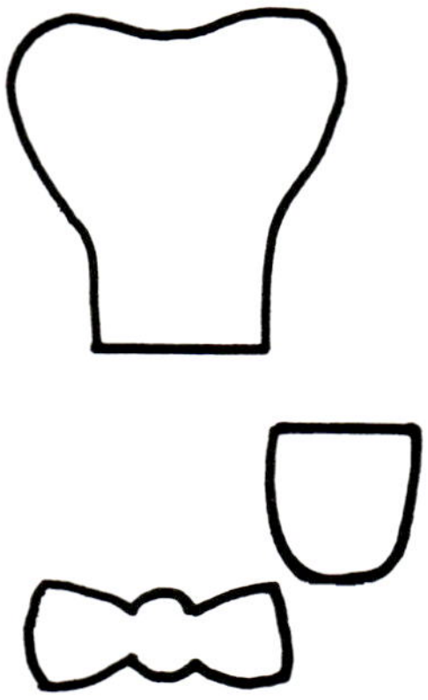

Einkaufszetteltafel

SEITE 95

Romantische Windlichter

SEITE 113

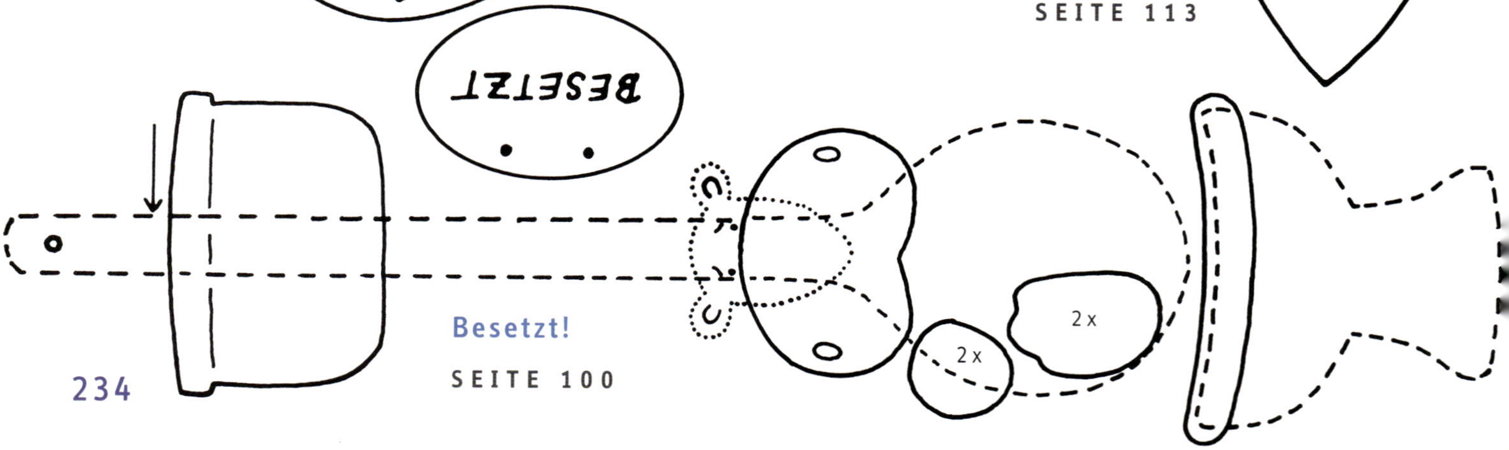

Besetzt!

SEITE 100

Hilfsbereite Bauernhoftiere

bitte auf 185% vergrößern

SEITE 97

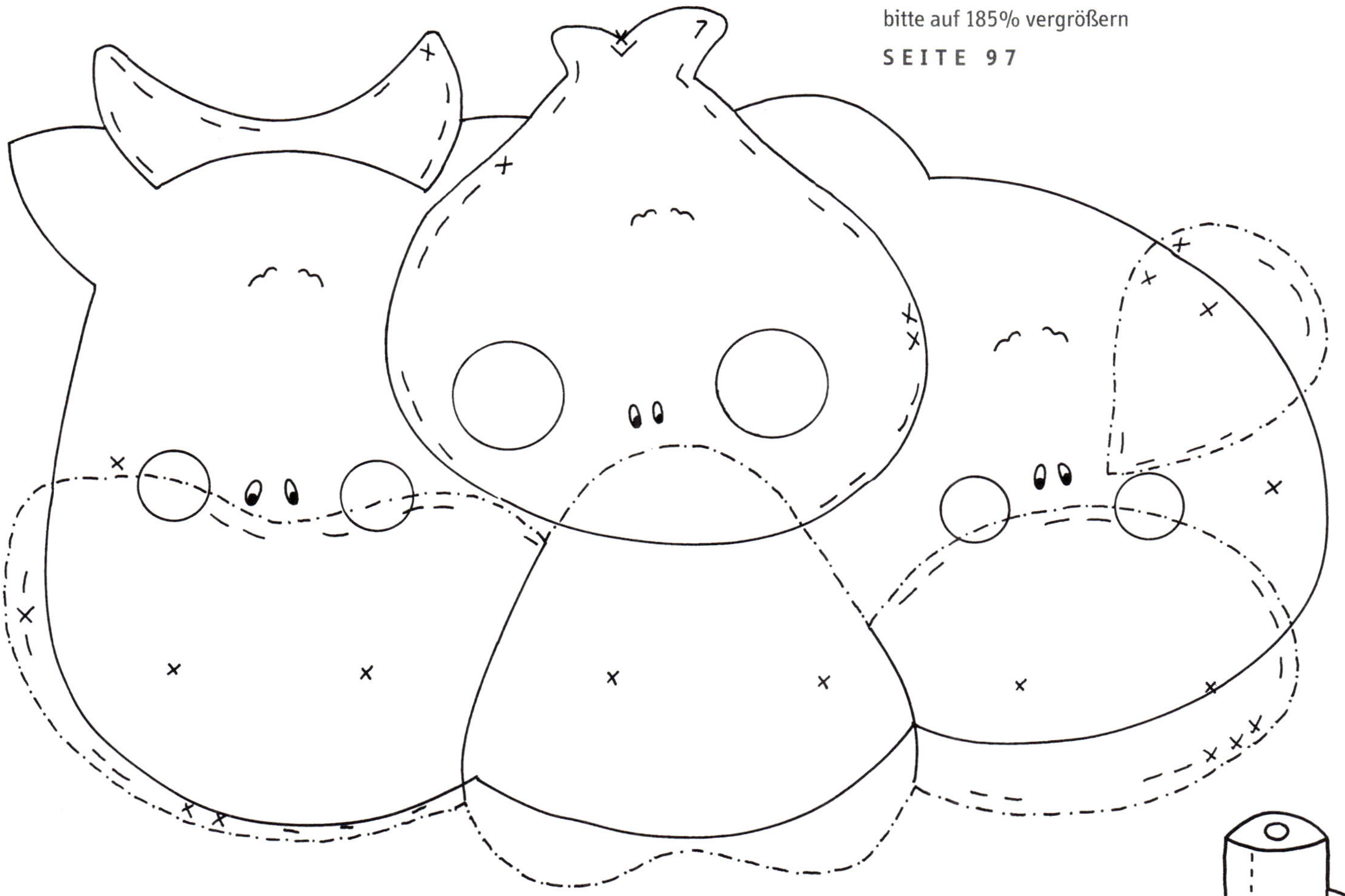

WC-Schild

bitte auf 140% vergrößern

SEITE 99

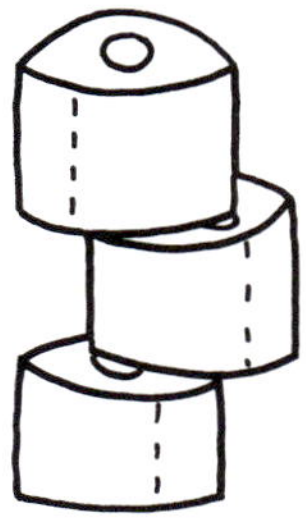

Badezimmerschild

bitte auf 140% vergrößern

SEITE 99

Zahnputzuhr

SEITE 101

Bunte Unterwasserwelt

bitte auf 250% vergrößern

SEITE 103

Dicke Deko-Katzen

bitte auf 200% vergrößern

SEITE 108

Blühende Lichterkette

SEITE 105

Wohnzimmer

SEITE 104

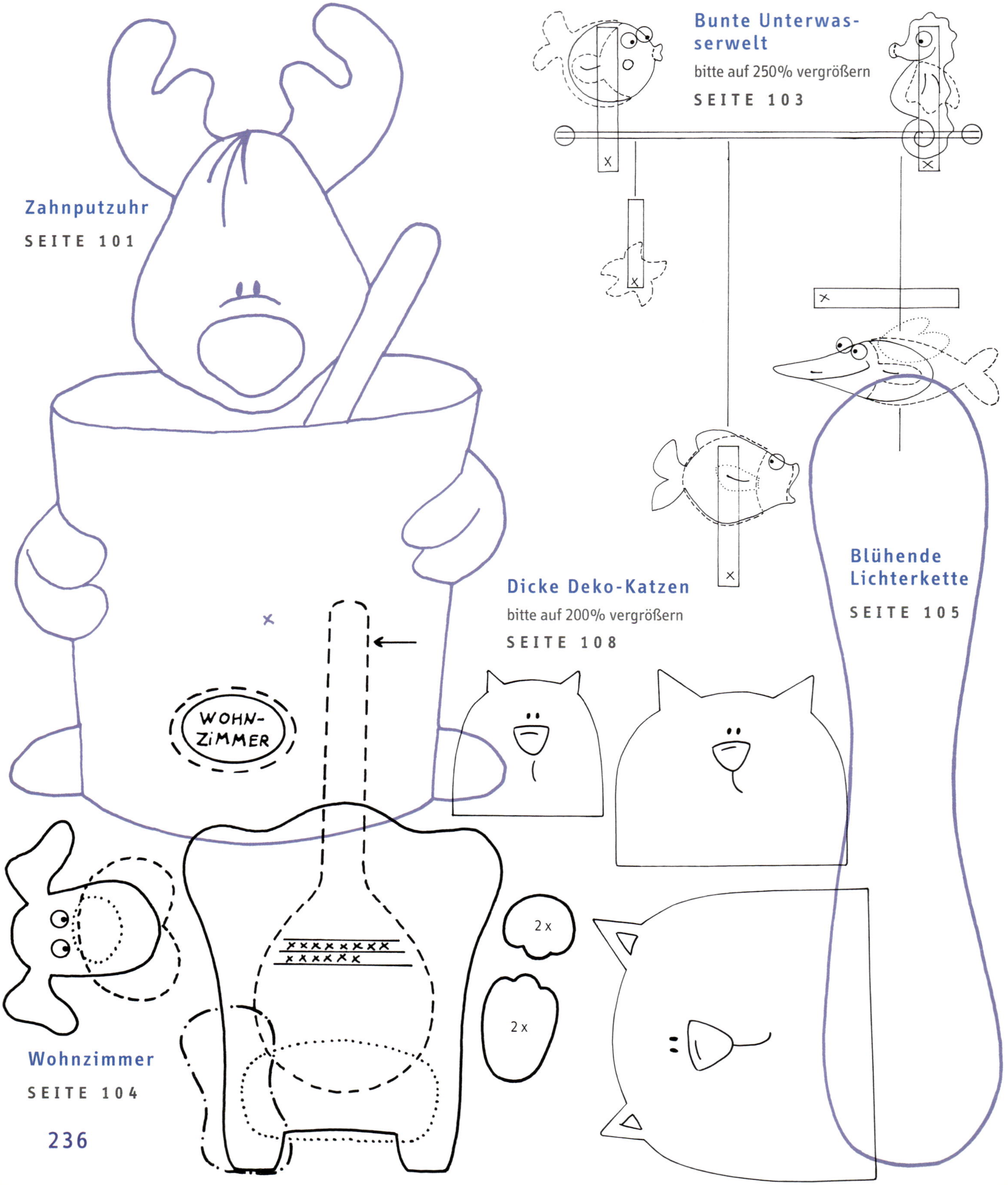

Perlenblüten

SEITE 109

Schäfchen zählen

SEITE 112

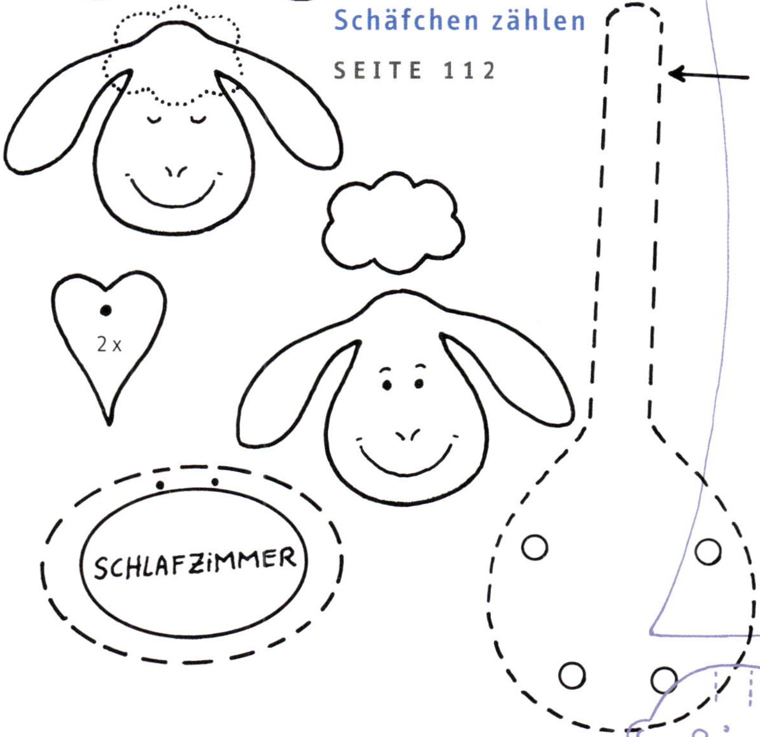

Stecklampe

bitte auf 200% vergrößern

SEITE 111

Rosenlichterkette

bitte auf 200% vergrößern

SEITE 111

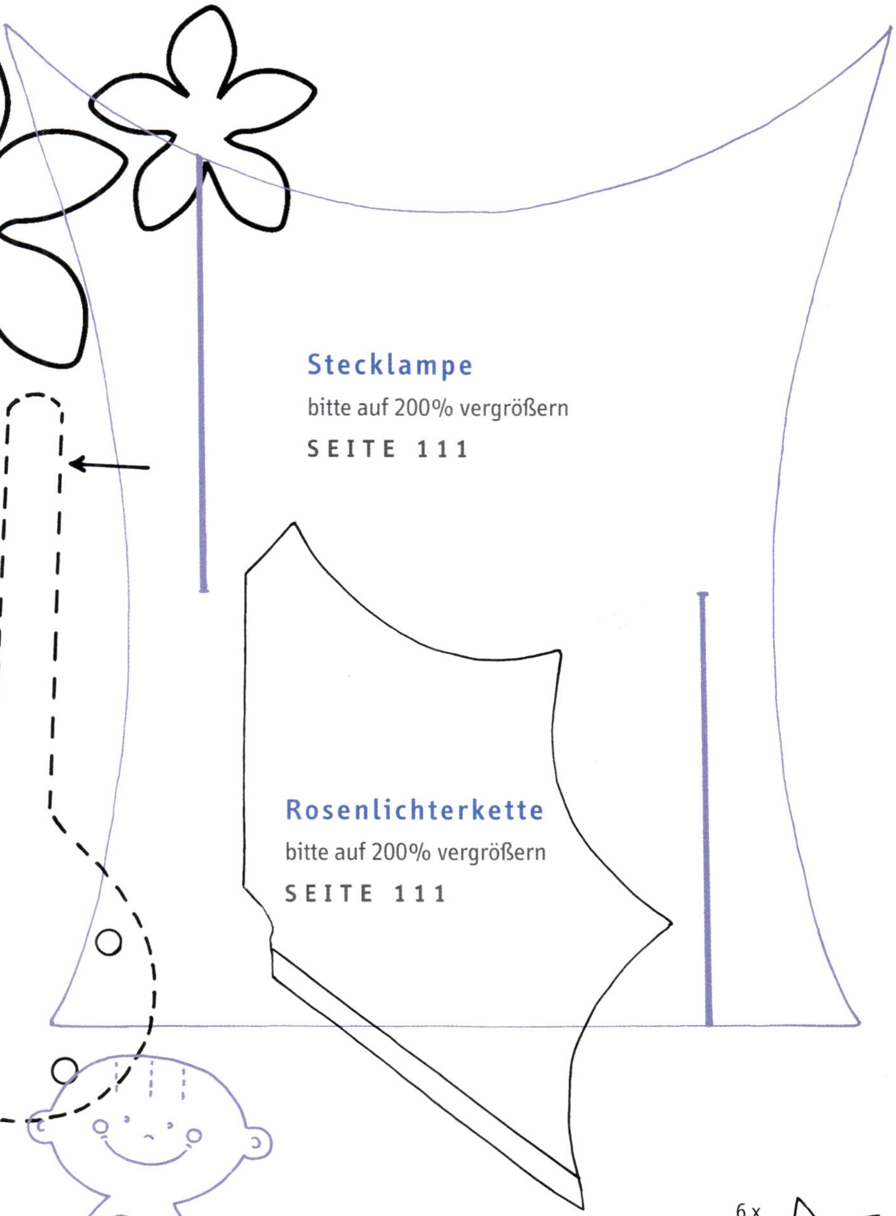

Schlaf gut!

bitte auf 140% vergrößern

SEITE 114

Messlatte

SEITE 116

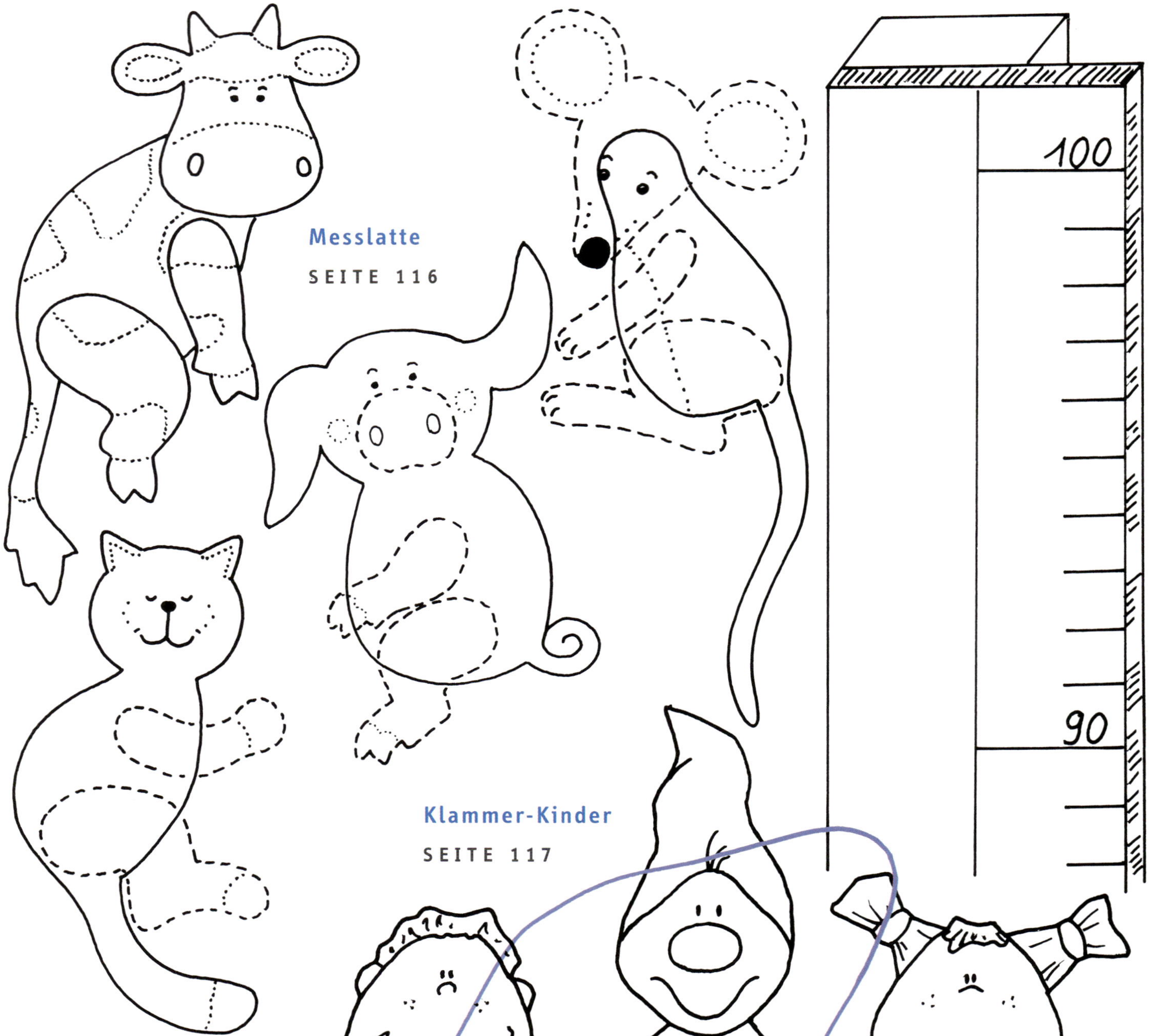

Klammer-Kinder

SEITE 117

Alle meine Entchen

SEITE 184

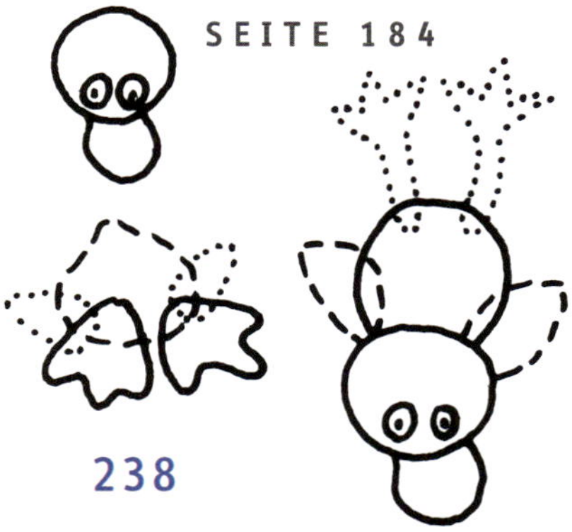

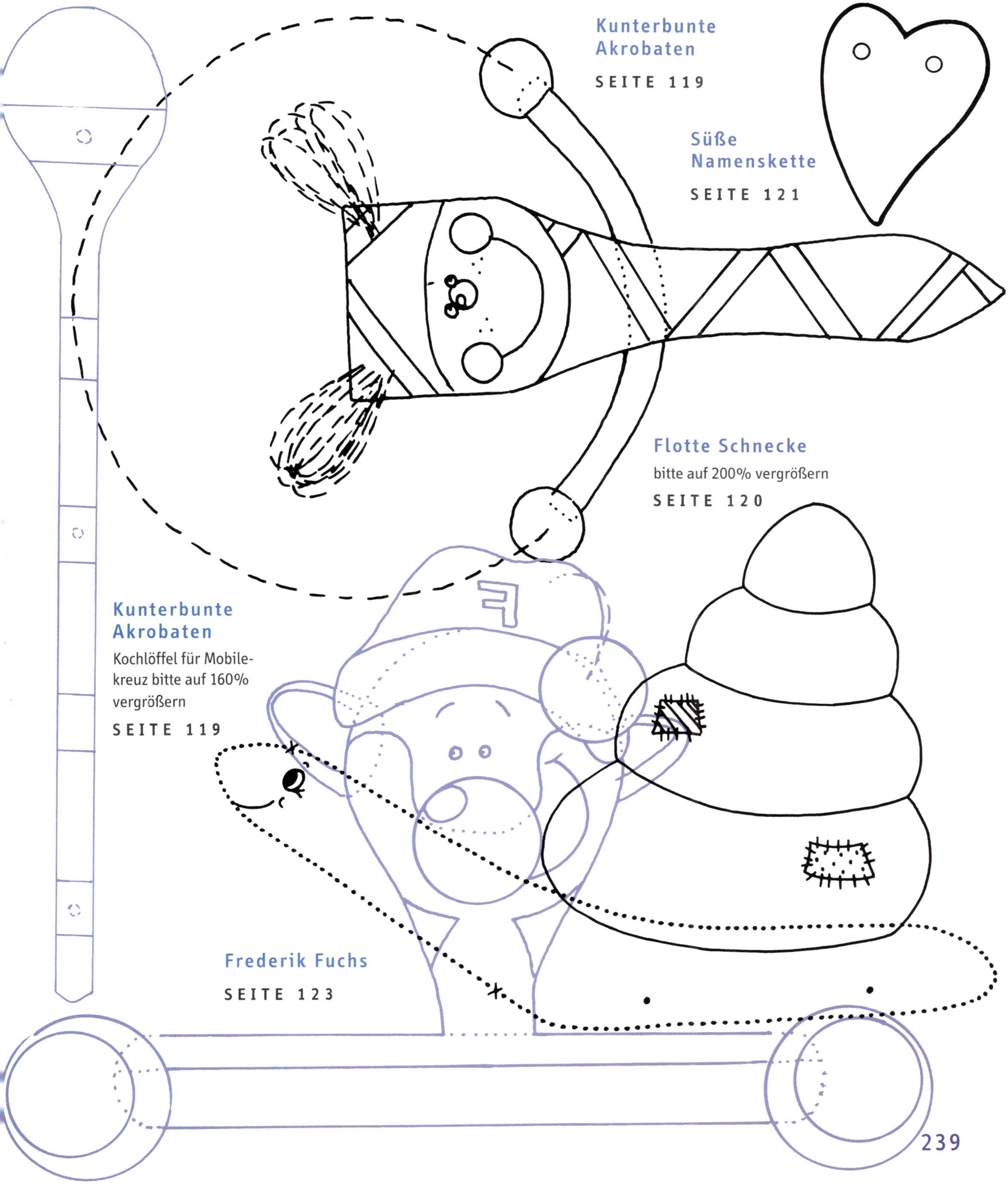

Kunterbunte Akrobaten

SEITE 119

Süße Namenskette

SEITE 121

Flotte Schnecke

bitte auf 200% vergrößern

SEITE 120

Kunterbunte Akrobaten

Kochlöffel für Mobilekreuz bitte auf 160% vergrößern

SEITE 119

Frederik Fuchs

SEITE 123

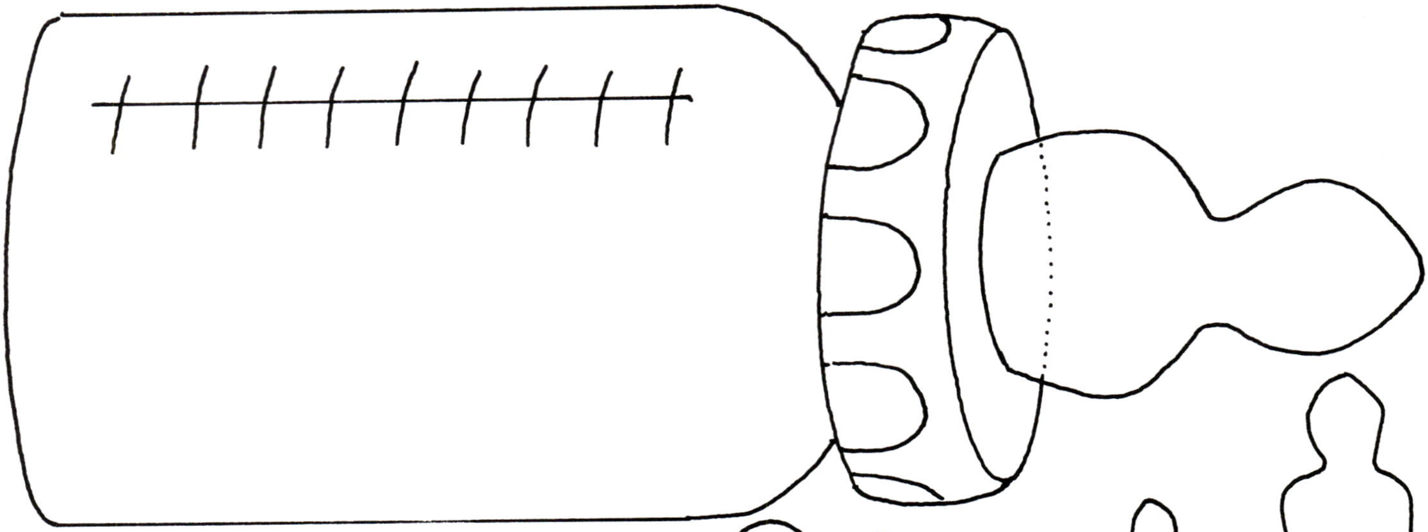

Tischdeko-ration für die Taufe

bitte auf 118% vergrößern

SEITE 124

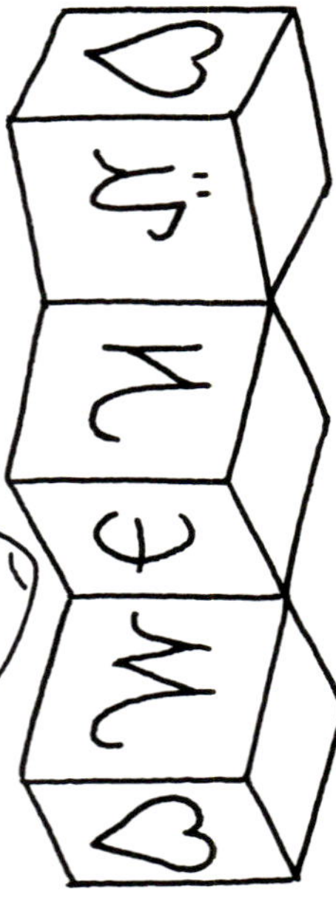

Kleines Bärchen

SEITE 126

Storchenlicht

SEITE 127

Rosa oder Himmelblau

bitte auf 140% vergrößern

SEITE 128/129

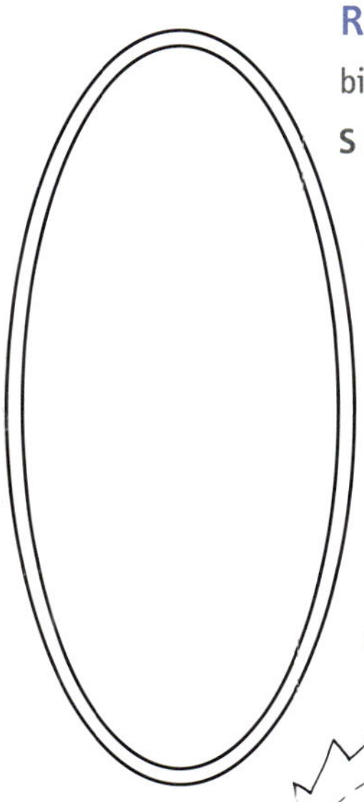

Mut zur Lücke

bitte auf 140% vergrößern

SEITE 130

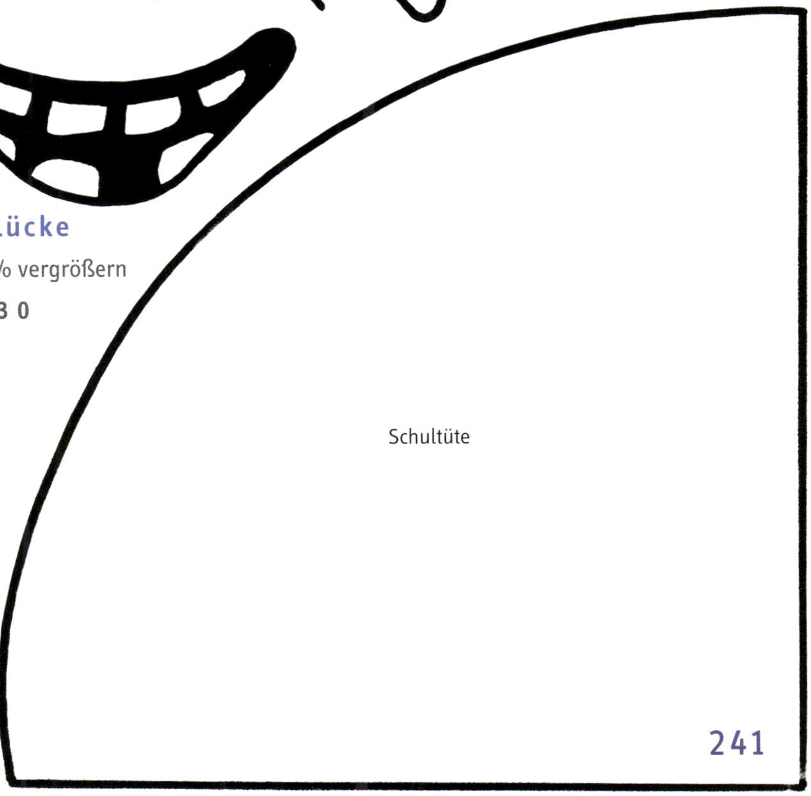

ABC-Schultüte

bitte auf 250% vergrößern

SEITE 131

Schultüte für Nixen

bitte auf 250% vergrößern

SEITE 132

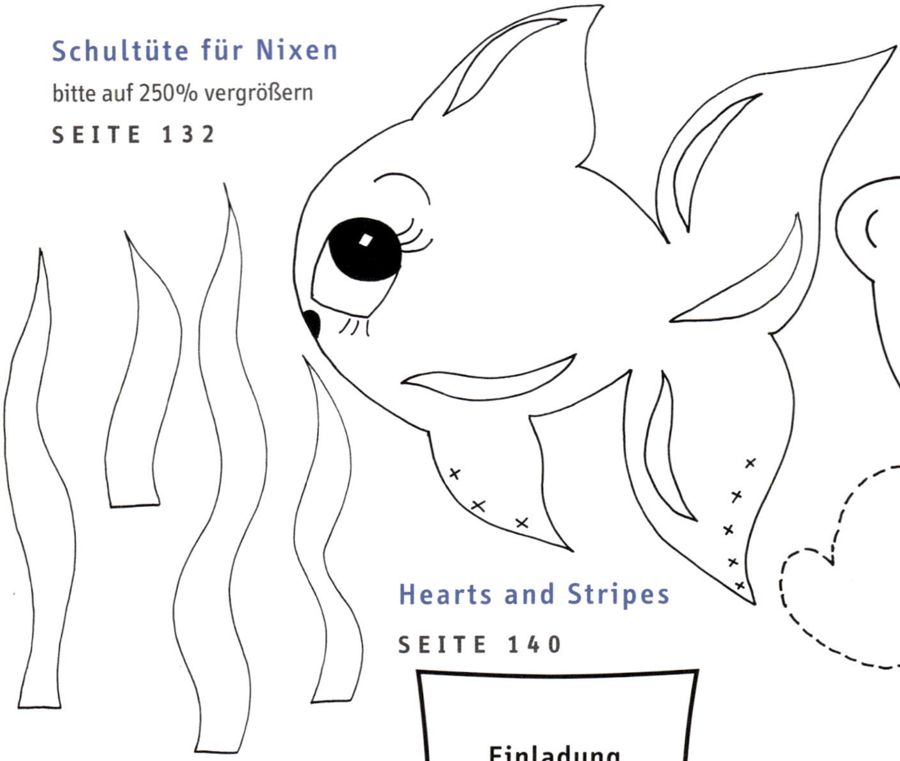

Tor, Toor, Tooor

bitteauf 200% vergrößern

SEITE 133

Hearts and Stripes

SEITE 140

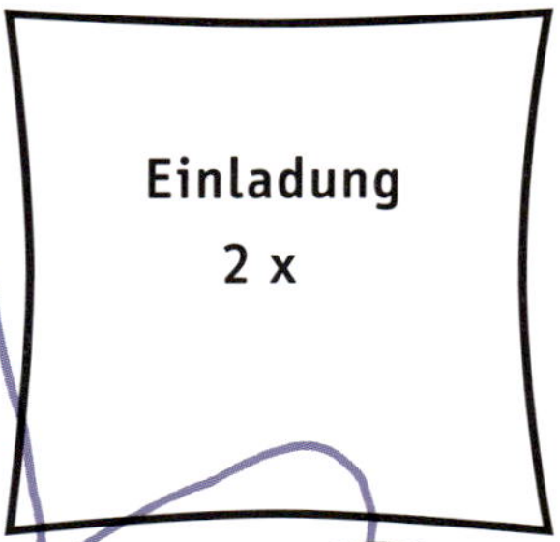

Regenbogen

bitte auf 250% vergrößern

SEITE 135

Serviettenfaltung Regenbogen

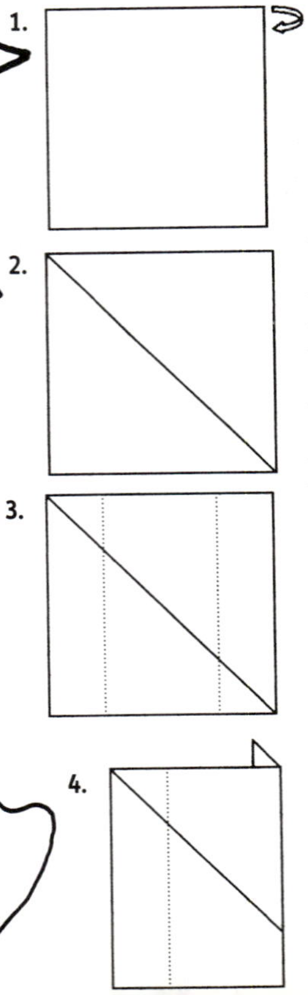

Brautpaar

bitte auf 140% vergrößern

SEITE 145

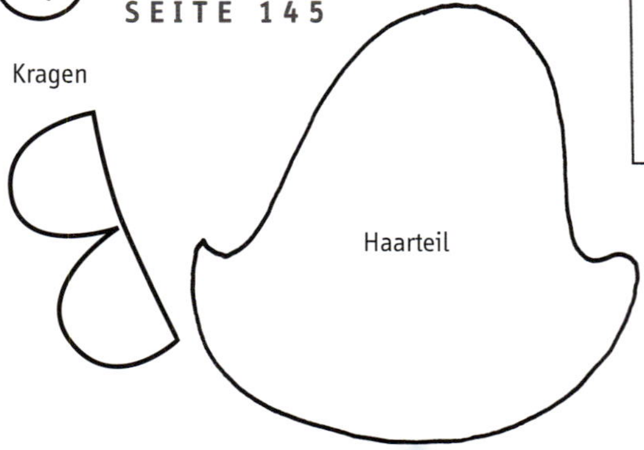

Geburtstags-clown

bitte auf 200% vergrößern

SEITE 146

Volltreffer!

bitte auf 250% vergrößern

SEITE 148/149

Rosalie, das Pferd

SEITE 185

König und Prinzessin

SEITE 151

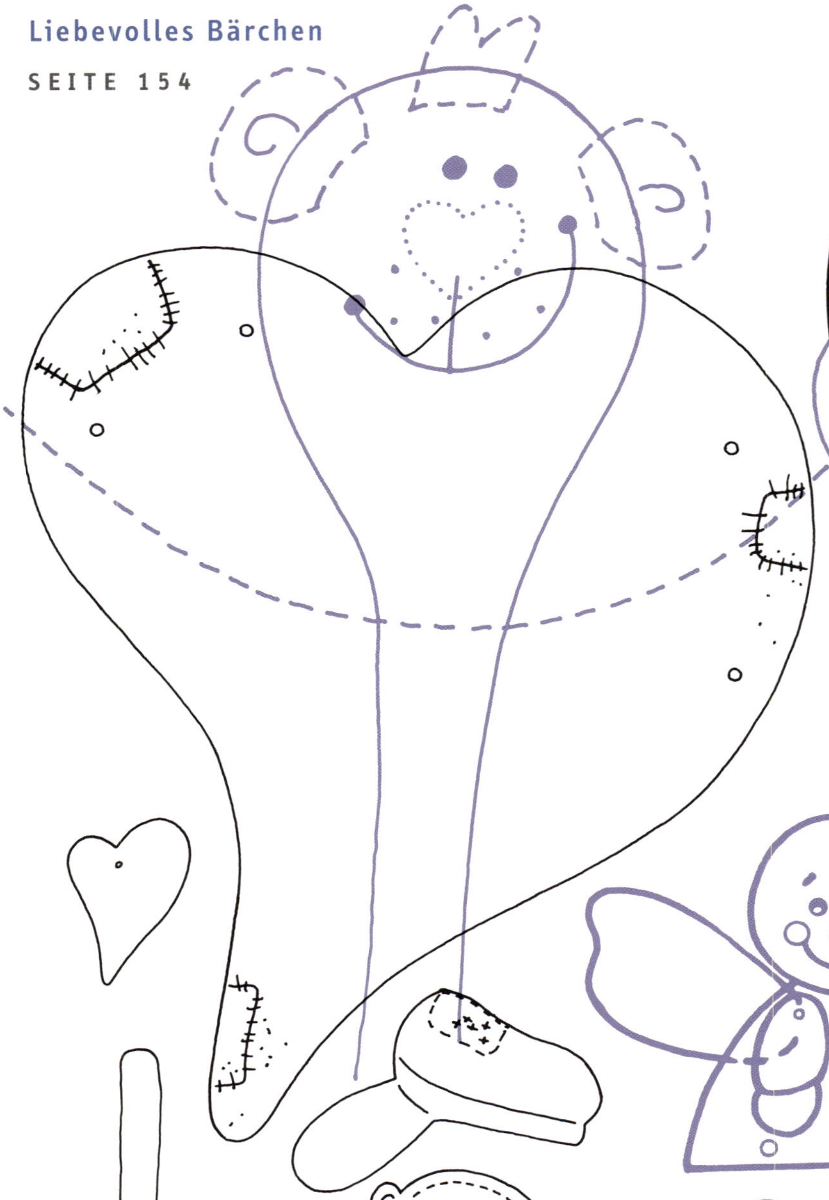

Liebevolles Bärchen

SEITE 154

Herzchen-Blumenhalter

bitte auf 200% vergrößern

SEITE 158

Kantenengelchen

SEITE 186

Mini-Schutzengelchen

SEITE 159

Schutzengelschaukel

bitte auf 140% vergrößern

SEITE 157

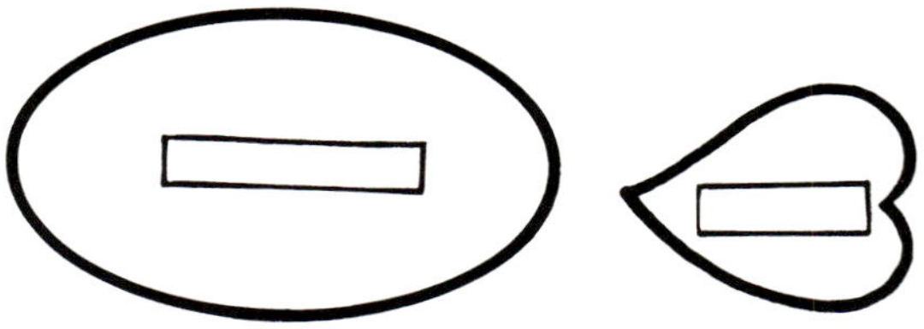

Kater und Bär

SEITE 161

Bäriger Haarschmuck

SEITE 162

Vati ist der Größte

SEITE 160

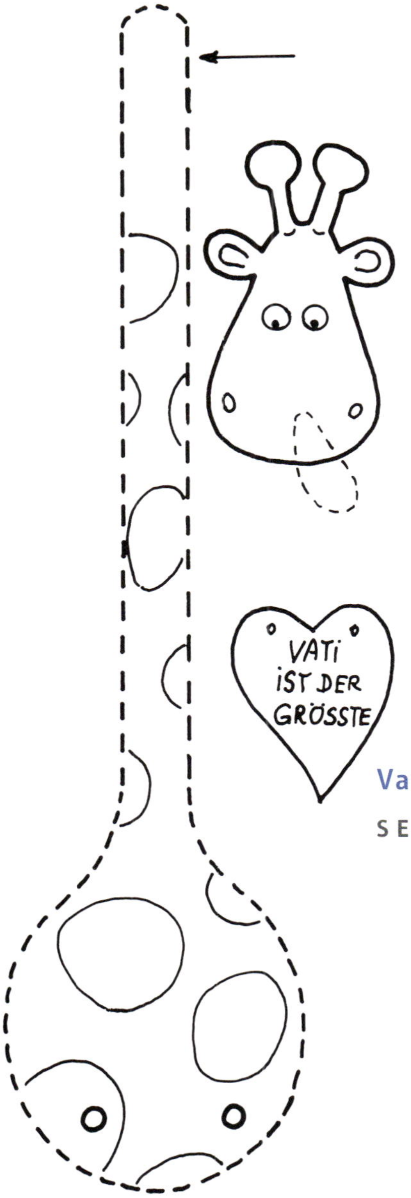

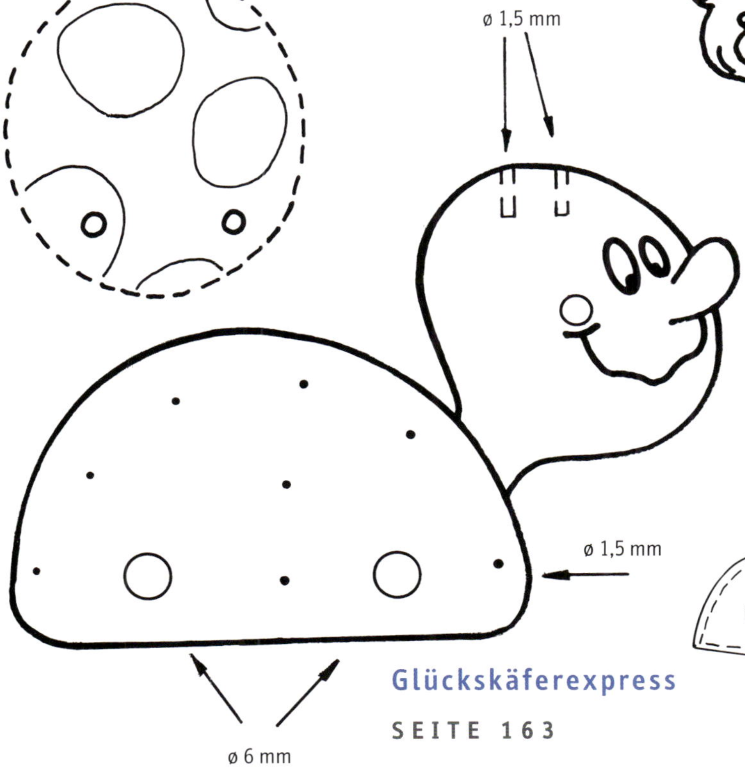

Glückskäferexpress

SEITE 163

Geschenkdosen

bitte auf 250% vergrößern

SEITE 165

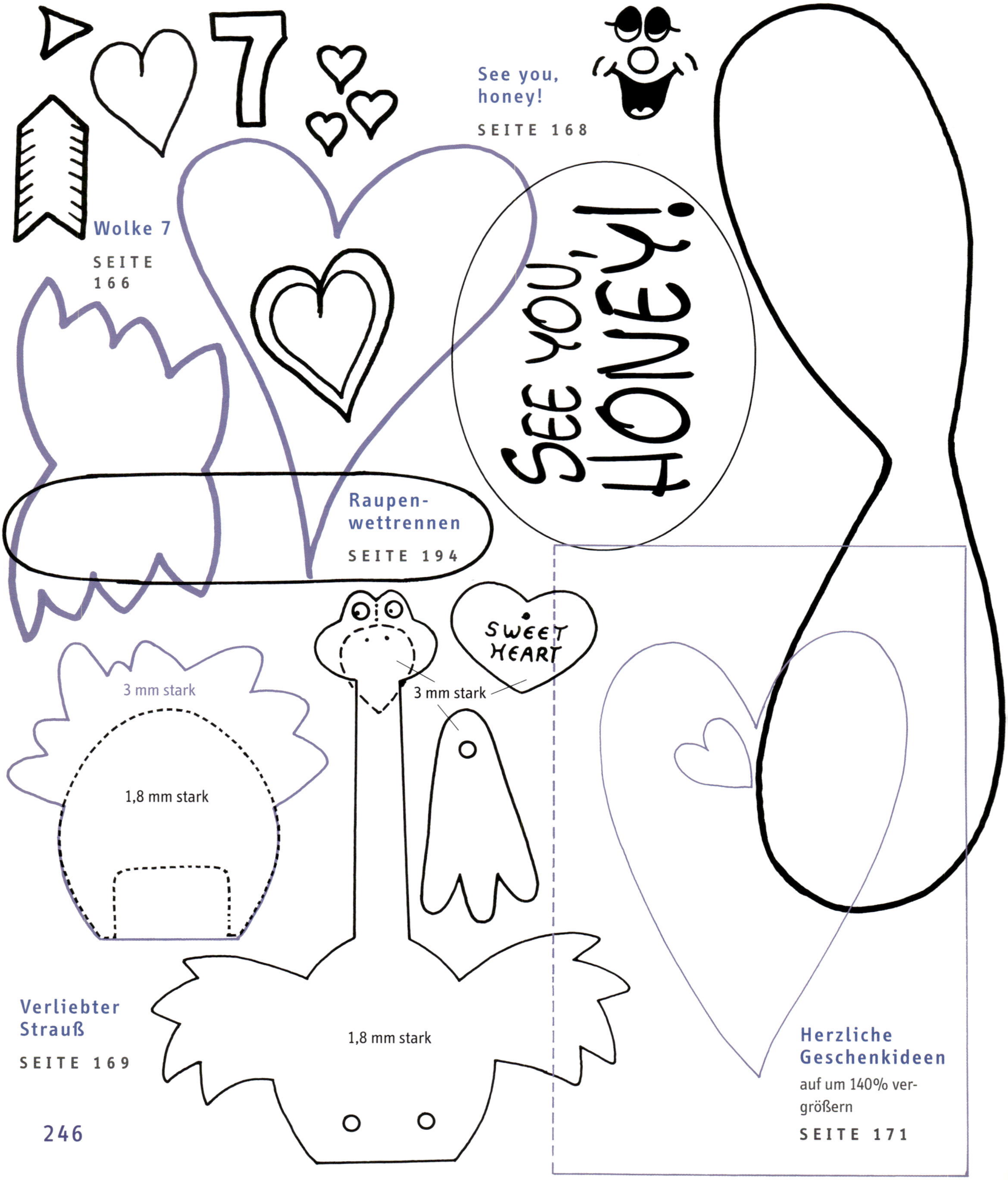

Wolke 7

SEITE 166

See you, honey!

SEITE 168

Raupen-wettrennen

SEITE 194

Verliebter Strauß

SEITE 169

Herzliche Geschenkideen

auf um 140% vergrößern

SEITE 171

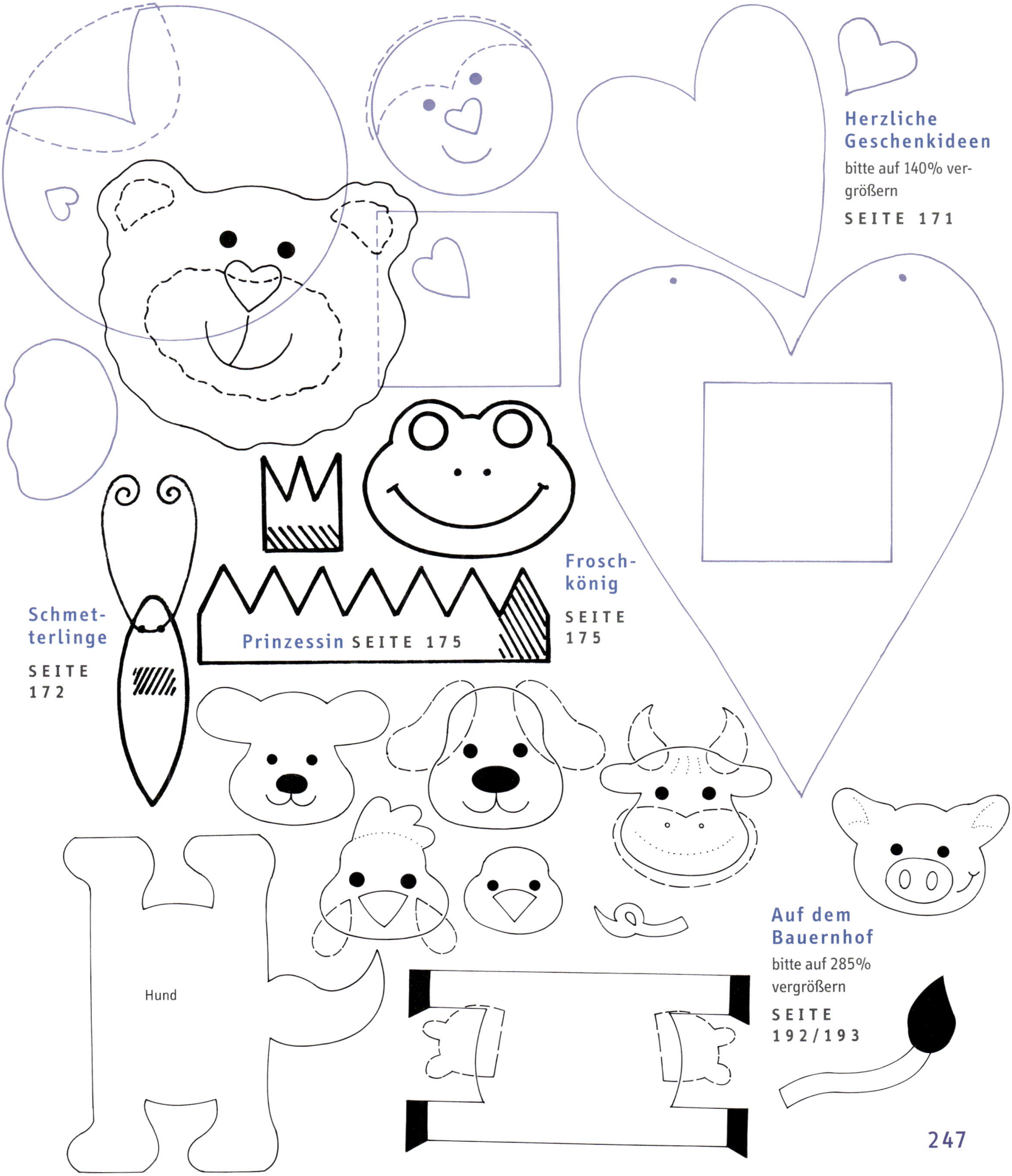

Herzliche Geschenkideen

bitte auf 140% vergrößern

SEITE 171

Frosch-könig

SEITE 175

Prinzessin SEITE 175

Schmet-terlinge

SEITE 172

Auf dem Bauernhof

bitte auf 285% vergrößern

SEITE 192/193

Im Geld schwimmen

SEITE 173

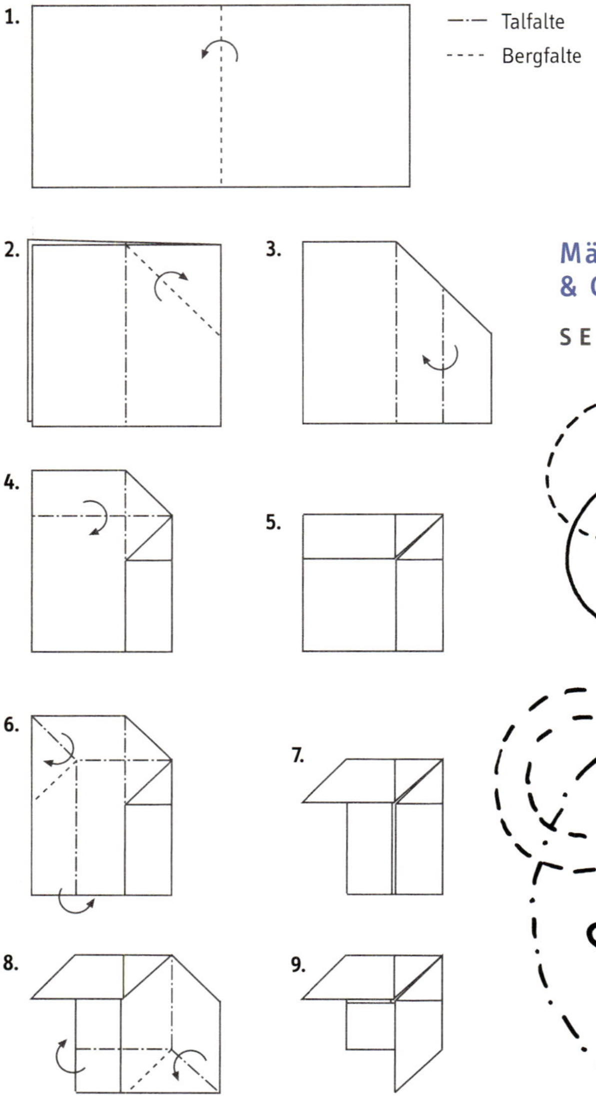

Mäuse, Kohle & Co.

SEITE 176

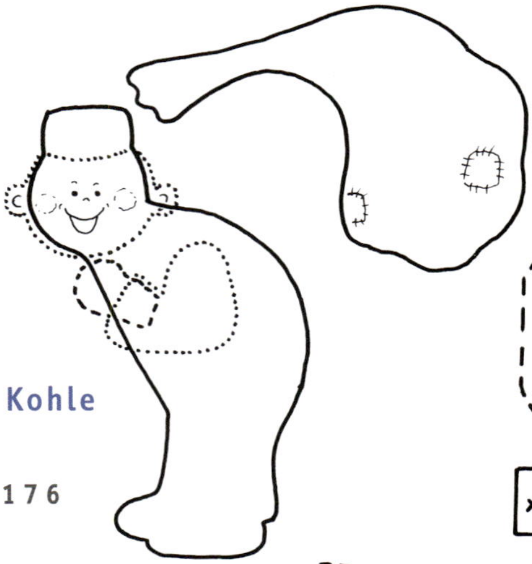

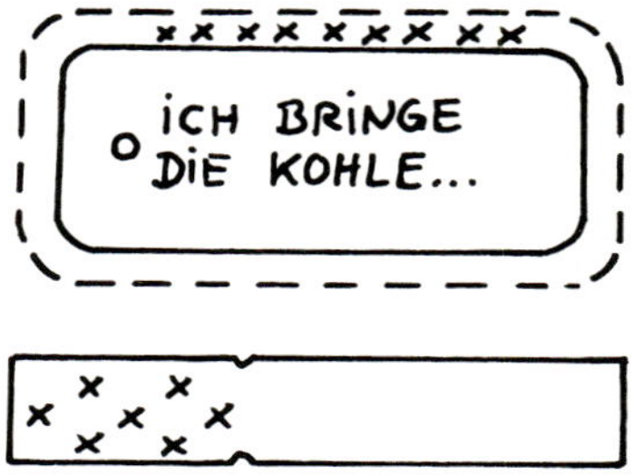

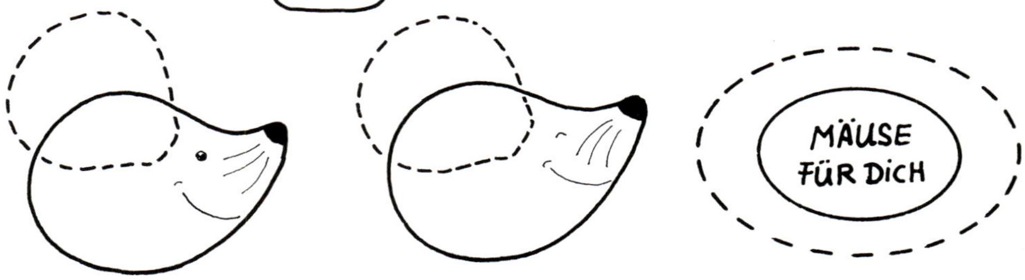

Trostbärchen

SEITE 181

Raupe im Blatt

bitte auf 200% vergrößern

SEITE 195

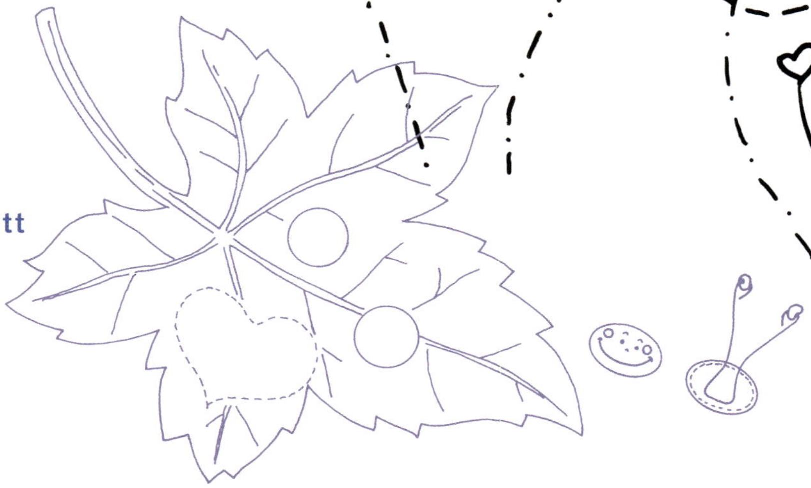

Naschkatze und Schleckmaus

SEITE 179

Eitel Sonnenschein

bitte auf 140% vergrößern

SEITE 182

Seelöwe

bitte auf 285% vergrößern

SEITE 196

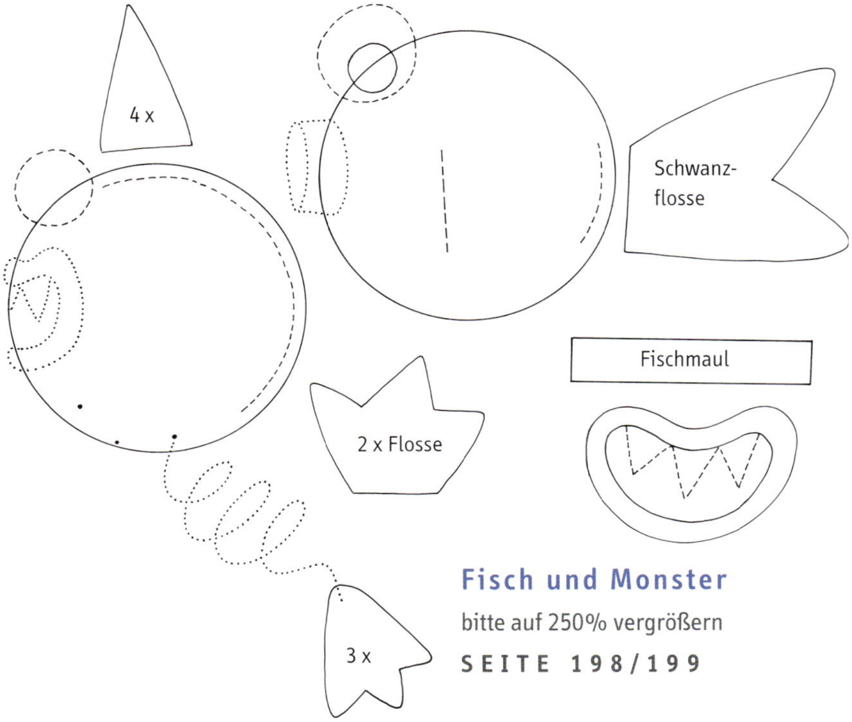

Fisch und Monster

bitte auf 250% vergrößern

SEITE 198/199

Handwerkerwagen

SEITE 207

Zirkusluft

bitte auf 140% vergrößern

SEITE 204

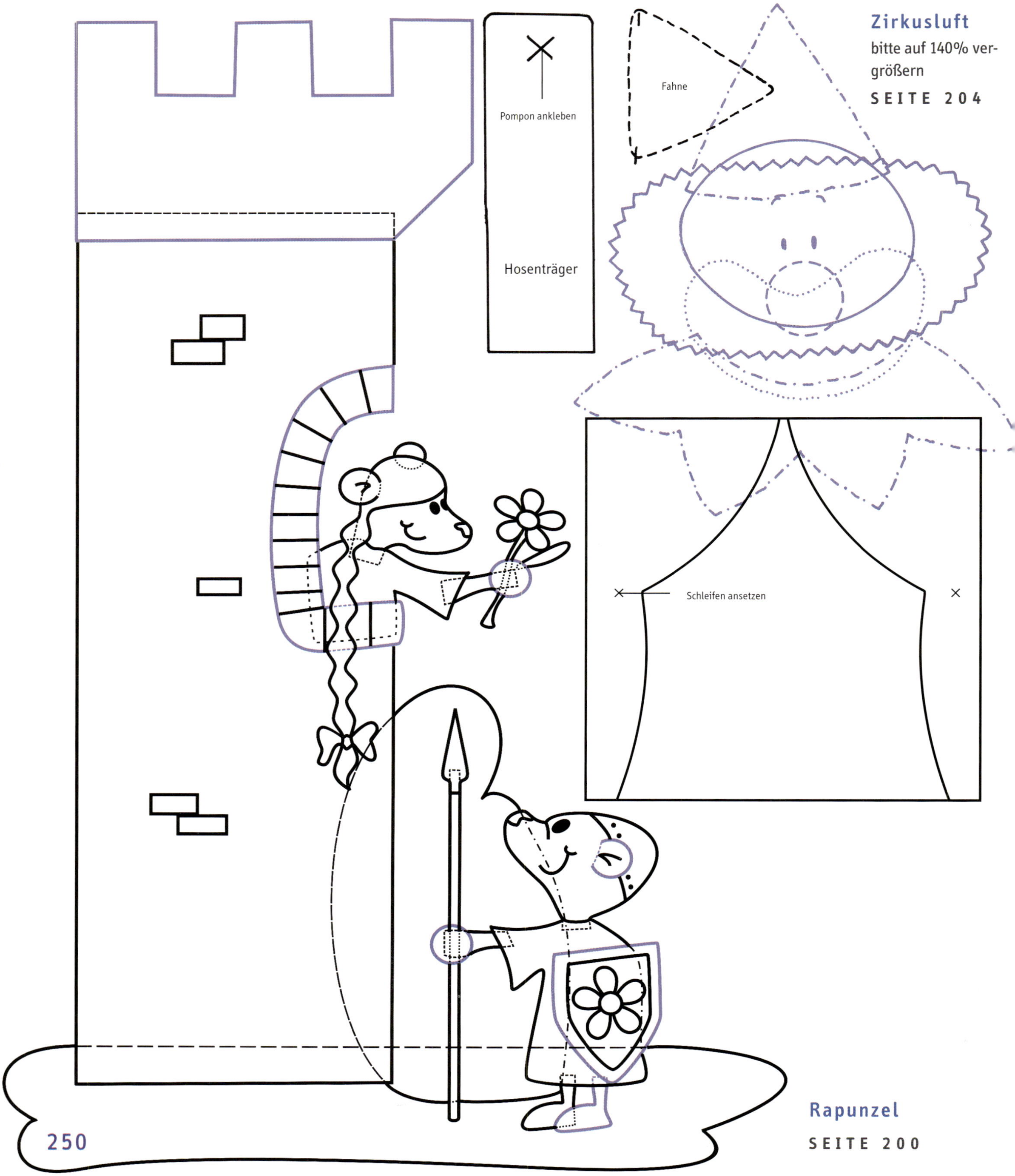

Rapunzel

SEITE 200

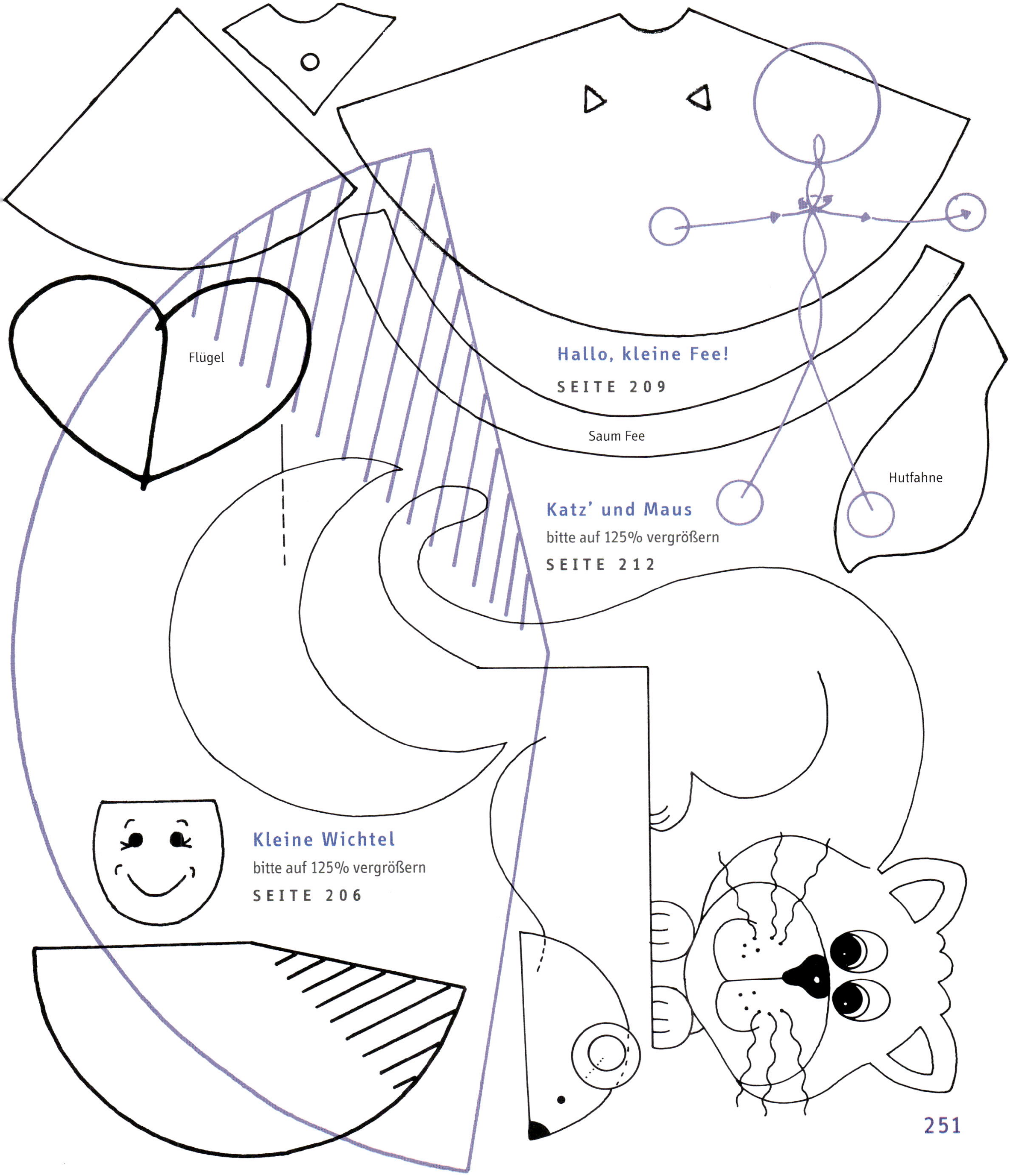

Hallo, kleine Fee!

SEITE 209

Katz' und Maus

bitte auf 125% vergrößern

SEITE 212

Kleine Wichtel

bitte auf 125% vergrößern

SEITE 206

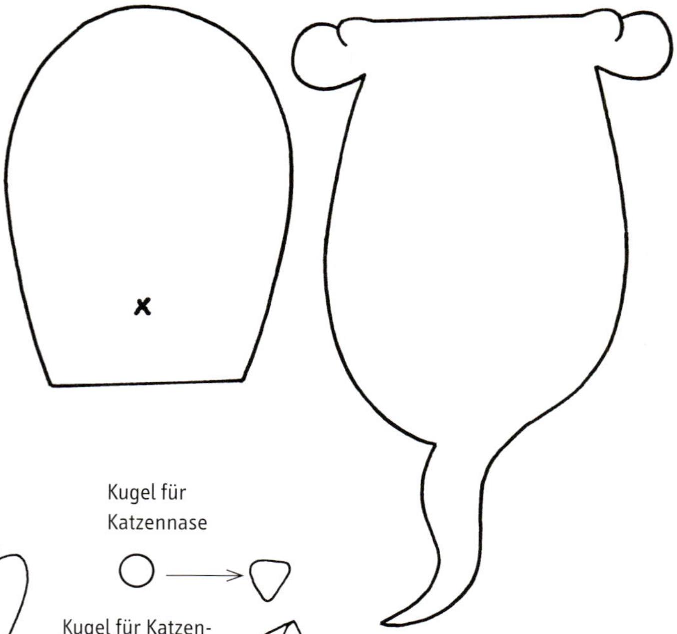

Bello, der PC-Hund

bitte auf 200% vergrößern

SEITE 213

Lustige Fingerpuppen

bitte auf 140% vergrößern

SEITE 214/215

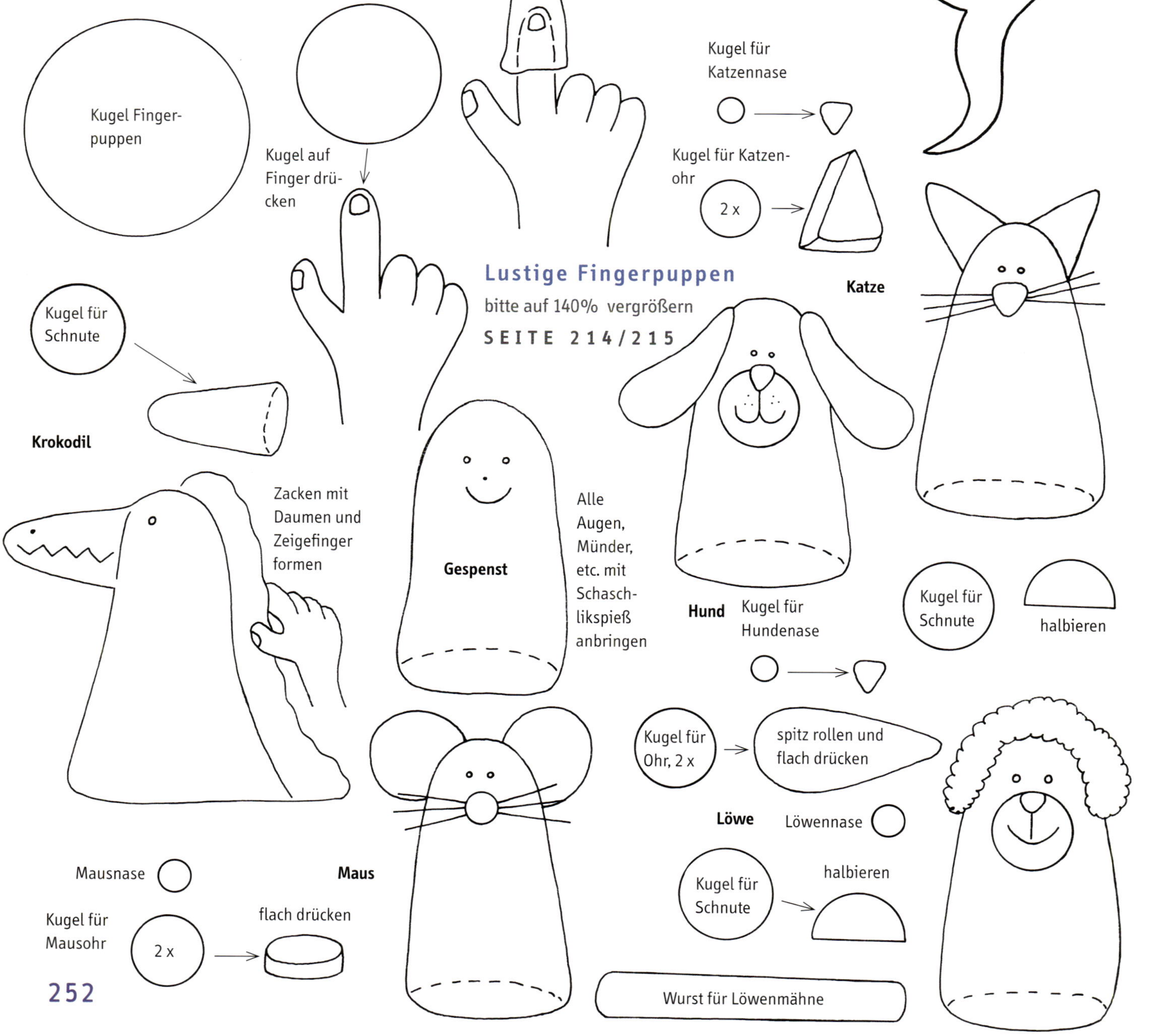

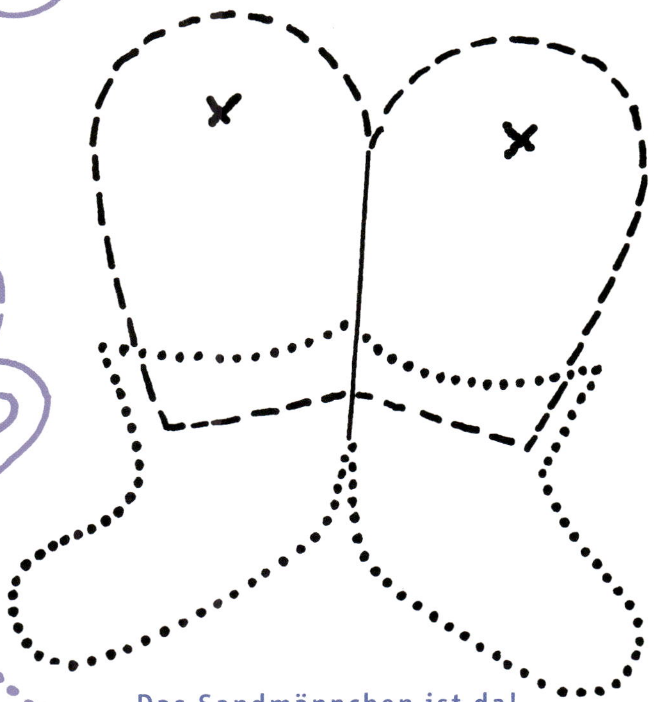

Das Sandmännchen ist da!

bitte auf 111% vergrößern

SEITE 216

Rabe und Tukan

SEITE 188

Einhörner

bitte auf 165% vergrößern

SEITE 210/211

Einhörner

bitte auf 165% vergrößern

SEITE 210/211

Kleiner Rabe

bitte auf 135% vergrößern

SEITE 217

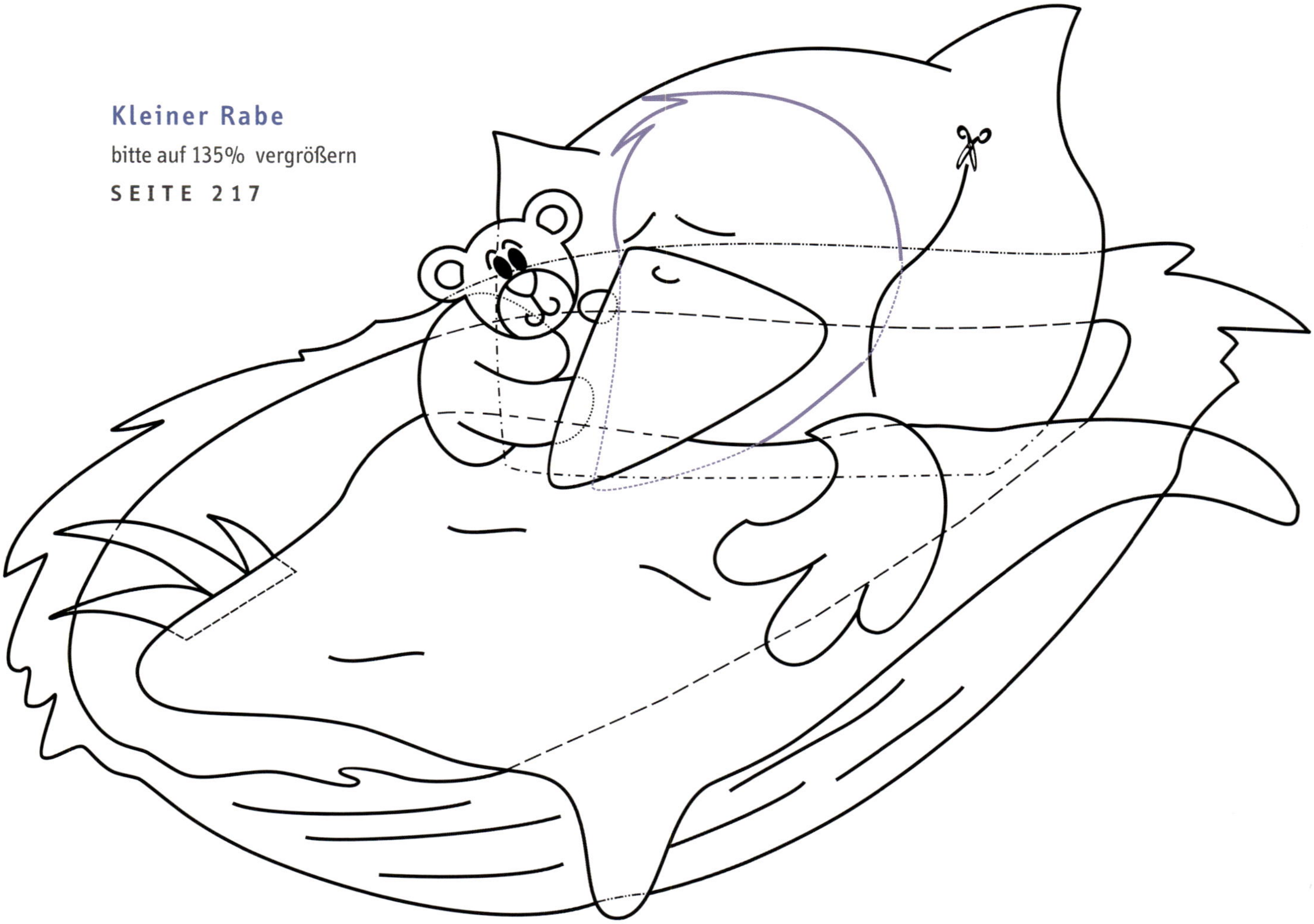

IMPRESSUM

Genehmigte Lizenzausgabe für Verlagsgruppe Weltbild GmbH, Steinerne Furt, 86167 Augsburg

AUTORINNEN UND AUTOREN: Annette Bayer (Seite 172, 175), Monika Berger (Seite 14, 19, 179, 181), Heike Delhez (Seite 34), Tamara Franke (Seite 62, 80, 84, 89, 119, 123, 124, 127, 128/129, 151, 162, 184, 187), Monika Gänsler (Seite 27, 31, 39, 43, 60, 61, 76, 77, 93, 121, 158, 159, 163, 186), Sigrid Heinzmann (Seite 106), Inge Hereth (Seite 200, 217), Andrea Hochstrat (Seite 101, 117), Sieglinde Holl (Seite 42, 173), Sieglinde Holl und Stephanie Göhr (Seite 56, 57), Iparraguirre De las Casas (Seite 131, 132, 149), Angelika Kipp (Seite 41, 65, 192/193, 194), Karin Köppel (Seite 21), Helga Lucassen (Seite 196), Helene Ludwig (Seite 130, 140, 143, 166, 168, 182), Kornelia Milan (Seite 95), Pia Pedevilla (Seite 17, 24, 28, 29, 45, 51, 63, 73, 75, 81, 92, 103, 113, 145, 146, 154, 171, 188, 199), Brigitte Pohle (Seite 203), Anja Ritterhoff (Seite 36, 37, 49, 67, 82, 83, 191, 209, 210, 212), Heidrun Röhr (Seite 109, 136, 139, 152), Heike Roland und Stefanie Thomas (Seite 70, 71, 99, 108), Gudrun Schmitt (Seite 22, 32, 52, 86, 97, 133, 165, 204), Klaus Scholl (Seite 59), Martina Schröder und Marion Vogel (Seite 54, 55, 105), Ankje Serke (Seite 111), Hannelore Süß (Seite 135), Armin Täubner (Seite 20, 30, 40, 46/47, 48, 53, 66, 69, 78, 90, 91, 100, 104, 112, 114, 116, 126, 157, 160, 161, 169, 176, 185, 195), Julia Täubner (Seite 202), Ingrid Wurst (Seite 23, 120, 206, 207, 213, 216)

FOTOS: frechverlag GmbH, Stuttgart; Fotostudio Ullrich & Co., Renningen
UMSCHLAGGESTALTUNG: Atelier Lehmacher, Friedberg (Bay.)
GESAMTHERSTELLUNG: Neografia, a.s. printing house, Škultétyho 1, SK-03655 Martin
Printed in Slovakia

2009 2008 2007 2006
Die letzte Jahreszahl gibt die aktuelle Lizenzausgabe an.

ISBN 3-8289-2547-2

Einkaufen im Internet: *www.weltbild.de*